2020
대한민국
재테크
트렌드

저성장 고착화 시대의
생존 투자법

2020 대한민국 재테크 트렌드

조선일보 경제부 엮음

momentum

"연구하지 않고 투자하는 것은
포커를 하면서
카드를 전혀 보지 않는 것과 같다."

-피터 린치

1장 돈 되는 저평가 서울 부동산 TOP3
이상우, 인베이드투자자문 대표

2장 분양가상한제 시대의 전세 난민 탈출 비법
정숙희, 내꿈사(내 집 마련을 꿈꾸는 사람들의 모임) 대표

3장 앞으로 3년, 똑똑한 한 채에서 답을 찾다
고종완, 한국자산관리연구원장

주식

9장 제로 금리 시대, 서바이벌 올 가이드
서영호, KB증권 리서치센터 전무

글로벌 투자

10장 당신이 잠든 사이 돈이 불어나는 마법, 글로벌 유망주 베스트 10
박진환, 한국투자증권 랩상품부 부서장

부동산 01

이상우

인베이드투자자문 대표. 증권사 애널리스트 출신으로 주거 시장을 중심으로 합리적이면서 분석적인 관점에서 부동산에 접근하는 방법을 전달하고 있다. 어린 시절부터 부동산에 관심이 많았으며, 지금은 자기가 열성적으로 좋아하는 분야의 일을 직업으로 삼는 '덕업일치' 상태로 살고 있다.

돈 되는 저평가
서울 부동산 TOP3

이상우, 인베이드투자자문 대표

　'돈이 되는 저평가 서울 부동산 TOP3'라고 하니 제목부터 굉장히 솔깃해지죠? 사실 2019년 1월부터 4월까지 집값이 약했을 때가 좋은 기회였지만 당시에는 그게 보이지 않았을 겁니다. 2019년 말 현재 가장 큰 문제는 거래가 이뤄지지 않는다는 점입니다. 주식으로 치면 매수 잔량만 있고 매도 잔량이 없기 때문입니다. 아무도 매도하지 않고 사겠다는 사람은 기다리고 있으니 가격이 얼마나 높겠습니까.

　KEB하나은행의 2019년 12월 초 주간상승률을 보면 강남구가

1등입니다. 거래량이 없는 상황에서 사고 싶어 하는 사람은 명확하게 존재합니다. 그럼 2020년에는 어떨까요? 2019년 1월만 해도 사람들은 집값이 오르지 않을 거라고 말했지만 2020년에는 거의 다 오를 거라고 내다봅니다. 많은 사람의 관점이 똑같다는 얘기입니다. 2018년 말에 2019년을 약하게 내다봤던 이유는 하나도 작동하지 않았습니다. 그런데 2020년 시장에는 악재가 별로 없습니다. 그것이 바로 2020년 시장을 좋게 내다보는 이유라고 생각합니다.

2019년에는 12월까지 서울 주택가격이 5.3퍼센트 올랐습니다. 예상치 8.4퍼센트에는 많이 미치지 못하지만 그래도 상당히 좋았어요. 대전의 경우 무려 14퍼센트나 상승했어요. 12월에는 부산, 경남, 경북, 충남도 상승했습니다. 꼭 서울만 고집할 필요는 없습니다. '강남은 무조건 오른다'거나 '지방은 무조건 안 된다'는 얘기는 말이 안 됩니다. 남들이 똑같이 안 된다고 말할 때 바로 그 지점에서 답이 나오는 경향이 있습니다. 그러니 안 된다는 쪽에 너무 귀를 기울이지 않았으면 합니다.

2019년을 상반기와 하반기로 구분해서 보면 상반기에는 전남과 광주, 대전이 강세였고 서울은 상대적으로 좀 약했습니다. 서울보다 대전이 훨씬 더 강했어요. 재밌는 사실은 상승률 1등 지역에 들어가는 것은 무척 어렵지만 2등 지역은 그렇지 않다는 겁니다. 2019년 3~4월에 대전 쪽에 집을 산다고 하면 반대하는 사람이 많았는데 오히려 그때가 기회였습니다. 항상 2등이 될 수 있는 지역을 고르면 생각보다 편하게 수익을 올릴 수 있습니다. 꼭 1등만 고집할 것이 아니라 적절한 수익을 올리겠다는 자세로 선택할 경우 무리하지 않고 꽤 많은 수익을 낼 수 있어요.

2019년 말 현재 서울이 강세를 보이고 있는데 2020년 초에도 이 강세가 이어질 가능성이 큽니다. 원래 연초에 좀 쉬다가 명절 뒤에 올라야 하지 않을까 싶지만 2020년은 명절이 빠릅니다. 여기에 굉장히 중요한 상반기 이슈가 각 지역에 호재를 안겨줄 확률이 높으므로 상반기 시장이 생각보다 강할 겁니다.

18쪽 표에 나타나 있듯 2019년 11월에는 아래에 별도로 정리한 지역 위주로 부동산이 상승했습니다. 2020년에도 그 상승세는 이어질 것이므로 이들 지역에 주목해야 합니다. 서울에서는 송파구와 강남구, 경기도에서는 성남 중원구·수원 영통구·성남 분당구 그리고 더 내려가서 대전과 부산이 강세입니다. 그중 부산은 2019년 10월에야 오르기 시작했습니다. 월간이든 주간이든 이러한 단기 움직임에서 우리는 상당히 많은 것을 볼 수 있습니다.

2019년 12월 초에는 이례적으로 포항과 청주, 김해까지 올랐습니다. 최근 1~2년 동안 우리가 '여기는 안 돼' 하던 지역에서 무언가 새로운 움직임이 나타나고 있는 겁니다. 주식으로 말하면 일종의 변곡점 같은 곳이 종종 보입니다. 그래서 1등만 고집할 게 아니라 2등을 찾아보는 것도 재밌지 않을까 싶습니다.

시장을 항상 주의 깊게 눈여겨보고 결정은 빠른 호흡으로 했으면

2019년 11월 전국 아파트 매매가격 변동

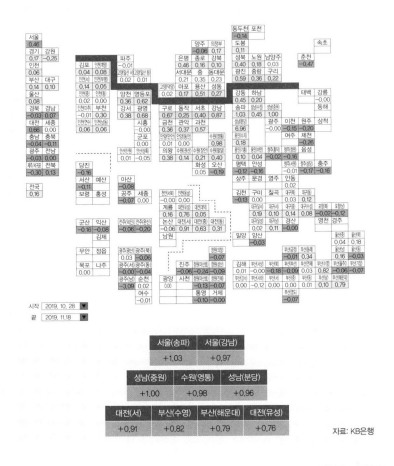

자료: KB은행

합니다. 요즘처럼 거래가 이뤄지지 않을 때는 기다려주는 사람이 없

습니다. 계약금을 내고 생각해볼 정도로 기다려주는 사람이 거의 없

어요. 그만큼 평소에 많이 공부하면서 물건을 봐두었다가 기회가 오

는 순간 바로 계약금을 송금할 수 있는 정도의 자세가 아니면 매수하기 어렵습니다.

2020년 신길과 고덕에 주목하라

다음은 2020년 부동산시장 전망입니다. 다음 표를 보면 최근 몇 년간 주목받아온 지역이 어떻게 달라졌는지 한눈에 들어올 것입니다.

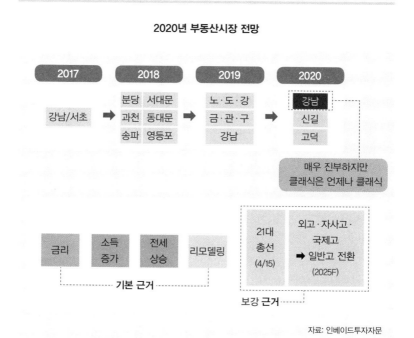

2020년 부동산시장 전망

자료: 인베이드투자자문

보다시피 2020년에는 강남을 비롯해 신길과 고덕이 주목받을 것입니다. '신길과 고덕이라고?' 하면서 의아해하는 사람이 있을지도 모르지만 2018년 말에 2019년을 예측하면서 노도강(노원구, 도봉구, 강북구)과 금관구(금천구, 관악구, 구로구)를 말할 때도 똑같은 반응이 나왔습니다. 2019년에 노도강과 금관구에 주목하라고 한 이유는 새로운 철도노선이 생겨 착공에 들어가기 때문이었지요. 실제로 2019년 가장 중요한 이슈는 금천구의 신안산선과 노원구의 동북선이었습니다.

하지만 2020년에는 철도 이슈가 별로 없습니다. 그 이슈를 빼버리면 대단지가 들어서는 지역이 가장 좋지요. 서울에서 대단지 입주를 고려할 경우 신길과 고덕에 주목하는 것이 맞습니다. 여기에 덧붙여 장위동도 눈여겨볼 만합니다. 앞으로 신도시가 나오기 힘들고 3기 신도시가 등장하려면 아직 멀었습니다. 이런 점을 고려할 때 도심부에 1~2만 세대 지역이 등장하면 사람들은 자연스레 그쪽에 관심을 기울이게 마련입니다. 2019년 말 현재 우리가 4~5년 전 마포구나 성동구의 금호동과 옥수동에서 봐온 일들이 신길과 고덕에서 나타나고 있습니다.

2020년 가장 중요한 이벤트는 바로 총선입니다. 21대 총선이 2020년 4월에 있는데 이럴 때 각 지역 현안과 관련된 단지가 움직입니다. 또 외고의 일반고 전환이나 정시비율 확대 같은 교육 이슈도 부동산에 영향을 주므로 총선 관련 이벤트에 주목할 필요가 있어요.

45세가 넘으면 무조건 청약하라

2019년 말 현재 부동산시장에서 가장 저평가된 것은 '청약'입니다. 구체적으로 45세가 넘은 사람은 무조건 청약을 해야 합니다. 단, 45세 이하는 굳이 청약을 할 필요가 없습니다. 도전해봐야 어려우니까요. 그렇다고 수도권으로 옮겨가서 청약을 하는 것은 권하고 싶지 않습니다. 차라리 기다렸다가 나중에 서울에서 청약하는 것이 나을 정도로 청약에 따른 이윤 회수가 굉장히 커지고 있습니다. 알다시피 그저 3~4억 원 정도가 아니라 청약에 성공하면 13억 원씩 이익이 납니다.

무작정 청약만 기다릴 수는 없다고요? 아마 3기 신도시도 좋고 과천 같은 곳도 좋은데 도대체 어느 세월에 택지를 만들어 분양할 것인지 갑갑할 겁니다. 22쪽 표를 보면 2022년부터 7만 호씩 분양해 앞으로 30만 호를 분양하겠다고 하지만 저 일정을 제때 진행할지는 미지수입니다. 실제로 현재 과천 지식정보타운도 일정대로 진행되지 않고 있습니다.

또 교통망을 살펴보면 사람들이 어디에 몰릴지 빤히 보입니다. 그러다 보니 청약을 기다리는 사람들의 심정이 거의 비슷합니다. 저런 계획을 바라보고 그 지역에 들어가 1년 이상 살며 1순위 청약 자격을 받아봐야 어차피 45세 이상인 사람만 가능성이 있을 뿐입니다.

23쪽 표는 2019년 12월 정부가 발표한 분양가상한제 적용 지역

대규모 택지(18만 호) 공급 계획: 3기 신도시는 2022년 이후 공급

지구	공급(만 호)	교통	
남양주 왕숙 1, 2	6.6(5.3+1.3)	경의중앙선/GTX-B 신설역	~2021 ↓ 7.0만 호
하남 교산	3.2	3호선 연장	~2022 6.7만 호
인천 계양테크노	1.7	–	2023 5.8만 호
과천	0.7	GTX-C, 위례과천선 노선 연장	2024 6.1만 호
고양 창릉	3.8	고양선	2025 4.4만 호
부천 대장	2.0		2026~
	18.0		

입니다. 모두 322개 지역인데 2019년 11월에 발표한 27개 지역에서 서울 13개 구 전 지역과 경기 3개 시의 13개 동, 정비사업 이슈가 있는 서울 5개 구 37개 동으로 대폭 확대했습니다.

아무튼 청약 시장이 이 안에서만 나올 가능성이 크기 때문에 분양가상한제 지역으로 선정한 것입니다. 그러므로 45세가 넘고 70점 이상이면 이들 지역에 청약을 노려보는 것이 좋습니다. 자신의 점수를 계산해보고 50점 미만이면 청약에서 빨리 발을 빼라고 권하고 싶습니다.

2019년 상반기만 해도 10점이나 20점으로도 당첨이 가능했으나 하반기에는 전혀 그런 일이 없었습니다. 오히려 하반기에 이르자 당첨 가능성 점수가 70점을 넘어섰습니다. 반면 수도권은 청약이 그리

분양가상한제 지역

집값 상승 선도 서울 13개 구 전 지역		
강남, 서초, 송파, 강동, 영등포, 마포, 성동, 동작, 양천, 용산, 중구, 광진, 서대문		
정비사업 이슈 5개 구 37개 동		
강서구	5개 동	방화, 공항, 마곡, 등촌, 화곡
노원구	4개 동	상계, 월계, 중계, 하계
동대문구	8개 동	이문, 휘경, 제기, 용두, 청량리, 답십리, 회기, 전농
성북구	13개 동	성북, 정릉, 장위, 돈암, 길음, 동소문동2·3가, 보문동1가, 안암동3가, 동선동4가, 삼선동1·2·3가
은평동	7개 동	불광, 갈현, 수색, 신사, 증산, 대조, 역촌
집값 상승 선도 경기 3개 시 13개 동		
광명시	4개 동	광명, 소하, 철산, 하안
하남시	4개 동	창우, 신장, 덕풍, 풍산
과천시	5개 동	별양, 부림, 원문, 주암, 중앙

자료: 국토교통부

어렵지 않았습니다.

단지로만 보면 2019년에는 수도권 남쪽이나 북쪽보다 서울 분양이 꽤 많았습니다. 물량이 적어서 그렇지 단지는 많았어요. 지나고 보니 2019년 상반기에 10점으로 당첨된 사람이 청약통장을 알차게 사용한 사례로 남은 셈입니다. 2020년에도 이런 기회가 어느 정도 나올 겁니다.

인천의 경우 2019년 분양이 아주 많았는데 마치 서울처럼 가점이 너무 높습니다. 인천은 청약으로 들어갈 게 아니라 조합원이 되는 것이 낫습니다. 즉, 인천은 조합원으로 들어가는 것이 바람직하며 청약으로 하는 것은 무리라고 봅니다.

서울에도 싼 집이 있다

그다음으로 모두들 관심이 많은 주제가 '진짜 싼 물건'이죠? 과연 서울에 싼 집이 있을까요? 당연히 있습니다. 일반적인 생각과 달리 싼 집은 언제나 숨어 있는데 잘 찾아보면 기회를 얻을 수 있습니다.

정부 발표에 따르면 서울의 주택보급률은 90퍼센트 중후반이지만 대다수는 아무리 봐도 집이 많다고 생각합니다. 다음 표에서 제일 위쪽을 100으로 본다면 가장 아래는 50인데 이걸 보면 '우리가 생각하는 주택보급률이 과연 100일까' 하는 생각이 들 겁니다. 여기에다 주택 중 아파트가 60퍼센트를 차지하니 이를 계산하면 아파트 분량이 훨씬 적다는 게 보일 것입니다.

핵심은 '저렴한 집'을 구할 때 빌라나 다세대를 고려하지 말고 아파트를 찾는 데 있습니다. 적어도 투자 관점이라면 설령 나홀로 아파트일지라도 아파트가 훨씬 낫습니다. 만약 조합원을 목적으로 한다면 빌라를 구입하는 것도 좋습니다.

2020년에는 당장 새집에서 살고 싶은 욕구와 입시제도 변화에 따른 학군이 중요해지는 장이 들어설 전망입니다. 다시 말해 인구감소와 가계부채 같은 이성적인 논리가 아니라 당장의 필요에 따른 장이 서면서 집값이 강세를 이어갈 것으로 보입니다.

더구나 2020년에는 서울의 아파트 입주량이 줄어듭니다. 구체적으로 말해 서북과 서남에는 입주가 많지만 동북은 모두 감소합니다. 사실 동북 지역은 아파트 값이 상당히 저렴합니다. 사람들은 주로 동남에 관심을 집중하지 동북에는 별로 눈길을 주지 않습니다. 가격

수도권 주택보급률

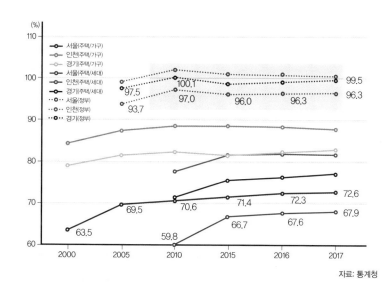

자료: 통계청

만 봐도 서북은 많이 올랐으나 동북은 생각보다 오르지 않았어요.

2020년 서남 지역 입주가 대폭 증가하는 이유는 구로구 항동과 영등포구 신길동 입주 때문입니다. 입주가 많으면 많은 대로 기회가 있고 또 값이 오르지 않은 지역은 그 나름대로 숨은 기회가 있으니 잘 찾아보기 바랍니다.

다음 표에 나오는 것처럼 지난 10년간의 전세 가격과 매매가격 상승을 보면 10년 전의 주택 갭과 지금의 주택 갭이 똑같습니다. 그 때도 평균 갭이 4억 5,000만~5억 원이었고 지금도 4억 5,000만~

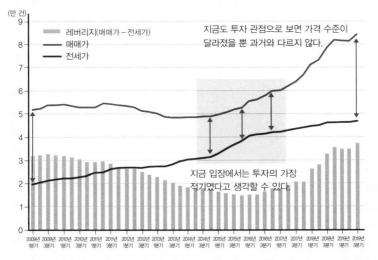

서울 아파트 평균 매매가와 전월세가

자료: KB은행

5억 원입니다. 그러니까 평균 갭이 1억 5,000만 원이던 3~4년 전의 생각을 빨리 버려야 지금 투자가 가능합니다. 평균가격이 9억 원이고 갭이 4억 5,000만 원이므로 전세율이 딱 절반인데 그 상황을 받아들이고 접근해도 충분히 수익이 날 거라고 봅니다. 싼 것을 찾느라 굳이 외곽으로 가서 갭이 1억 5,000만 원인 물건을 찾지 않아도 서울에 기회가 상당히 많습니다.

세금을 피하려고 하면 투자의 길이 보이지 않는다

현재 주택시장을 설명하는 세 가지 키워드는 가구소득과 PIR(Price Income Ratio, 소득 대비 주택가격비율) 그리고 적정주택가격입니다. PIR은 다소 논란이 있지만 현재의 주택가격을 10으로 나눠보면 그곳에 사는 사람들의 소득이 대충 나옵니다.

드러내놓고 말하지는 않지만 '소득에 몇 배를 곱해서 얼마쯤 집이면 적정가인가' 하는 계산은 거의 다 해봅니다. 예를 들면 연 1억 6,000만 원을 버는 사람은 15억 5,000만 원짜리 집을, 2억 5,000만 원쯤 버는 사람은 25억 원짜리 집을 선호합니다. 문제는 현재 신축 아파트가 줄어들면서 자꾸만 배수가 오른다는 데 있습니다. 한마디로 수급 균형이 틀어진 것입니다.

2019년 말 현재 아파트만 놓고 보면 수요는 많은데 공급은 약합

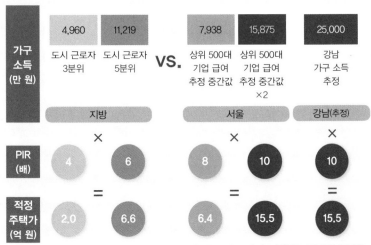

현재 주택시장을 설명하는 세 가지 키워드

가구 소득 (만 원)	4,960 도시 근로자 3분위	11,219 도시 근로자 5분위	VS.	7,938 상위 500대 기업 급여 추정 중간값	15,875 상위 500대 기업 급여 추정 중간값 ×2	25,000 강남 가구 소득 추정
	지방			서울		강남(추정)
PIR (배)	× 4	6		× 8	10	× 10
적정 주택가 (억 원)	= 2.0	6.6		= 6.4	15.5	= 15.5

주: 전국(지방) 소득은 전국 도시근로자 가구의 월평균 소득에 근거해 산출
자료: 통계청, 금융감독원

니다. 여기에다 2020년에는 임금이 약간 오르지요. 이 경우 광역시든 서울의 인기 지역이든 아니면 강남이든 상승률은 비슷하게 나타날 겁니다. 물론 상승률은 문제될 것이 없지만 기초 금액 자체가 달라서 폭이 너무 커지는 문제가 발생합니다. 지금 1주택자가 이사를 가지 못하는 상황이 벌어지고 있지요. 내 집도 많이 올랐지만 다른 집은 더 많이 올랐기 때문입니다. 이사를 고려할 때는 특별한 상황이 아닌 한 더 넓고 쾌적한 곳을 선호하게 마련인데 그게 막혀버린 것이지요.

이젠 생각을 바꿀 필요가 있습니다. 세금을 내지 않는 쪽에서만 왔다 갔다 하면 한계가 뚜렷합니다. 적절히 세금을 내자는 쪽으로 생각을 전환하지 않으면 이사는 꿈도 꾸기 어렵습니다. 앞으로 투자는 세금을 적극 내겠다는 자세로 도전해야 합니다.

사실 서울에서 가장 싼 집은 20년에서 25년이 넘은 집입니다. 단지도 작고 오래된 집이다 보니 인기가 없으며 가장 저평가를 받고 있습니다. 과연 이들 단지는 리모델링을 할까요? 저는 단지가 작을 경우 오히려 리모델링하기가 쉽다고 봅니다.

예전에는 분양분에 따른 분담금을 줄이는 방법으로 수직증축을 많이 활용했는데 그러다 보니 내력벽 20퍼센트 철거를 허용할 것이냐 말 것이냐를 두고 논란이 많았습니다. 하지만 지금은 수직증축이 그리 중요하지 않습니다. 내가 돈을 내고 리모델링을 추진해 내 집이 얼마까지 갈 것인가만 보면 됩니다. 이것이 더 용이한 곳은 1,000세대가 넘는 단지가 아니라 몇 백 세대가 있는 단지입니다.

이미 강남과 서초에서는 작은 단지에서 리모델링을 추진하고 있습니다. 안전진단을 시행하면 1988년 언저리에 지은 아파트도 안전하다고 나오는 상황이라 재건축은 몹시 힘듭니다. 거꾸로 리모델링은 안전하기 때문에 오히려 가능합니다. 리모델링은 2단계의 안전진단을 거쳐야 하는데 그 검사에서 안전하지 않다고 나오면 리모델링이 아니라 3~4년 더 기다려서 재건축을 하면 됩니다.

결국 제가 볼 때 24~25년 차 아파트는 꽃놀이패를 쥔 것이나 마

주목해야 할 리모델링 가능 아파트

단지	세대(전)	세대(후)	세대(증가)	수주일	시공사	현황
둔촌 현대1차	498	572	74	2016.06	포스코건설	–
둔촌 현대3차	160	176	16	2015.07	쌍용건설	–
송파 성지	298	342	44	2015.09	포스코건설	2차 안전진단 통과
개포 대청	822	902	80	2014.10	포스코건설	–
개포 대치2차	1,753	1,753	–	2016.03	대림건설 현대산업개발	–
개포 우성9차	232	232	–	2015.11	포스코건설	착공
등촌 부영	712	818	106	2017.11	포스코건설	–
신정 쌍용	270	310	40	2015.04	포스코건설	–
목동 우성2차	1,140	1,311	171	–		
이촌 현대맨숀	653	750	97	2015.09	포스코건설	사업시행인가
옥수 극동	900	1,035	135	2017.09	쌍용건설	–
응봉 대림1차	855	983	128	2017.05	쌍용건설	–
청담 건영	240	269	29	2018.09	GS건설	–
둔촌 현대2차	196	220	24	2019.07	효성	–
잠원 훼미리	288	331	43	2019.04	포스코건설	–
반포 푸르지오	237	266	29	–		–
잠원 동아	991	1,139	148	–		–
잠원 롯데캐슬 갤럭시 1차	256	294	38	–		–

찬가지입니다. 어차피 안전진단이 나왔다면 리모델링을 추진할 수 있으니까요. 이처럼 소단지에는 대단지보다 결과를 빨리 낼 수 있는

방법이 있습니다. 더구나 지금은 특정 건설사만 참여하던 리모델링 시장에 여러 건설사가 들어오고 있어요. 이것은 앞으로 이 시장의 파이가 더 커질 거라는 의미입니다. 이런 것이 결국 경쟁 강화로 이어지면 조합원들은 더 좋은 결과를 얻습니다.

분담금을 좀 내더라도 정비 사업을 추진하는 게 맞습니다. 가령 청담 건영아파트는 GS건설이 공사비 수주를 해놨는데 분담금이 꽤 나올 예정입니다. 그래도 조합에서 리모델링을 했을 때 얻는 수익을 계산해보고 분담금을 낼 의향이 있다고 의사표시를 해서 진행하는 것이지요. 이젠 생각을 바꿔야 합니다.

단, 리모델링 단지는 인기 지역만 보는 것이 좋습니다. 강북 쪽은 재건축과 재개발이 답이라고 생각합니다. 리모델링을 한 아파트도 충분히 20억 원이 넘어갈 수 있지만 여기에는 조건이 붙습니다. 즉, 인기 지역만 그렇지요.

리모델링을 할 때 평면 다양성을 고려해 부채꼴이나 대각선 혹은 사선 모양으로 디자인하는 곳이 더러 있는데 이런 곳은 인기가 없습니다. 이 경우 가구를 맞추기도 어렵고 쓸모없는 공간이 너무 많이 생깁니다. 또 가로나 세로로 너무 길게 지으면 집에 들어갔을 때 사람들이 마치 동굴이 펼쳐진 듯한 느낌을 받아서 싫어합니다.

최근에 새로 지은 아파트를 방문해보고 리모델링 모습을 그려보십시오. 획기적으로 진화한 아파트 디자인을 직접 눈으로 보면 아마 깜짝 놀랄 것입니다.

강세를 유지할 서울 전세가

이제 전세가를 생각해봅시다. 전세가가 오르면 갭투자를 하는 사람의 입장에서는 아주 편합니다. 돈이 많이 들어오니까요. 그런데 2019년 상반기에 역전세가 발생하면서 고생한 투자자가 많습니다. 일산 아파트가 2019년 9월까지 가격이 하락한 이유가 여기에 있습니다.

2020년에는 어떨까요? 지난 2년간 전세가가 오르지 않아 2019년 하반기부터 전세가가 빠른 속도로 올랐습니다. 전세가는 집을 사려던 사람이 사지 않고 기다려서 오르는 게 아니라 집을 사던 사람들이 사지 않아서 오르는 겁니다. 전세를 끼고 집을 사던 사람들이 줄어들면 전세 공급량도 줄어들기 때문에 전세가가 오릅니다. 다시 말해 청약을 기다리는 대기자가 늘어나서 전세가가 오르는 게 아니라는 얘기입니다.

서울의 어느 지역에 아파트가 많은지 볼까요? 다음 지도를 보면 파란색 사각형으로 표시된 부분이 나오는데 서울에는 바로 이 지역에 아파트가 몰려 있습니다. 나머지 지역에는 별로 없지요. 사람들이 전세로 살고 싶어 하는 지역도 이곳이지 다른 지역에는 그다지 가고 싶어 하지 않습니다.

1970년대에 나온 신문기사 중에 '서울은 초만원'이라는 제목이 있었습니다. 당시에 그랬다면 지금은 더 초만원이 아닐까요? 당연히

무한확장이 불가능한 서울

전세 수요는 더 늘어날 수밖에 없습니다. 예를 들어 수도권에 나가 살아본 사람은 대부분 수도권의 새 아파트보다 서울 시내 전세가 더 낫다는 생각을 합니다. 광역버스를 한 번 타보면 답은 금방 나오거든요.

그래서 서울 전세가는 강세를 유지할 가능성이 큽니다. 34쪽 그래프는 전국의 전·월세 거래량과 매매 거래량을 보여주고 있습니다. 보다시피 매매 거래량은 줄어드는데 전·월세 거래량은 늘어나고 있습니다. 여기서 집을 사본 사람은 한 가지를 딱 알아챕니다.

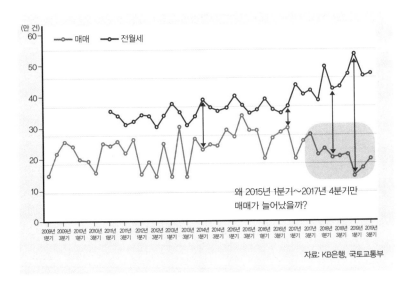

전국 주택 매매/전·월세 거래량

(만 건)

왜 2015년 1분기~2017년 4분기만
매매가 늘어났을까?

자료: KB은행, 국토교통부

'아, 사람들이 갭투자를 많이 하지 않았구나!'

갭투자가 늘어나면 전세가가 내려가고 갭투자가 줄어들면 전세가가 생각보다 상승합니다. 서울의 경우에는 이것이 더 강하게 나타나지요. 2015년부터 2018년까지 서울은 매매 거래량이 늘어났는데 당시 서울에서는 갭이 작아 집을 사기가 편했습니다. 알다시피 3~4년 전에는 서울에서 갭이 아주 작았습니다.

2019년 말 현재는 어떤가요? 한마디로 거래량이 늘어나기 어려운 구조입니다. 정부 규제로 대출이 나오지 않아서가 아니라 갭이 너무 크기 때문입니다. 강남권에서 갭을 끼고 사려면 12~13억 원에 이르고 강북에서도 인기 단지는 갭만 7~8억 원입니다. 인기가 없는 곳도 갭이 4~5억 원입니다. 흔히 갭 1억 원짜리나 5,000만 원짜리를 4~5개 사는 걸 선호하는 갭투자자들이 갭 5억 원짜리 한두 개를 사는 것은 쉽지 않습니다. 지금 갭이 너무 커서 서울에 전세 공급이 줄었으니 전세가는 한동안 오를 겁니다.

이렇게 전세가가 오르면 매매가는 가만히 있을까요? 지금 집을 사는 사람은 실수요자고 투자자는 거의 움직이지 않고 있습니다. 이에 따라 매매가가 계속 오르고 전세가도 함께 오르는 현상이 나타나는 겁니다.

몇 년 전까지 전세가가 계속 오른 것은 많은 사람이 집값이 오르지 않을 거라는 정보를 믿고 전세 계약을 한 결과인데 지금은 그런 사람이 별로 없습니다. 따라서 앞으로 갭이 줄어들 거라는 기대감은 버려야 합니다.

똑같은 현상이 지방에도 나타나고 있습니다. 예를 들면 지방 광역시 전세가가 빠르게 올라가고 있는데 사람의 심리가 어디서든 도시에서 살고 싶어 하기는 마찬가지라 이는 당연한 일입니다.

서울은 매매가 1등이 송파인데 전세가도 송파가 1등입니다. 그런데 특이하게도 요즘 전세 가격 상승률 상위 지역에 생각지도 않던 지역이 종종 들어 있습니다. 이를테면 성북구 길음동은 아파트가 없던 동네에 신축이 대거 들어가면서 동네 전세가가 확 바뀌었습니다. 강북의 다른 인기 없던 지역도 동네 전체가 레벨이 올라가면서 전세가가 오르고 있습니다. 매매가와 전세가가 오르는 이유가 똑같다는 얘기입니다. 대전과 대구에서도 낡은 집이 모여 있는 지역보다 새 집을 지은 곳의 인기가 치솟고 있습니다.

주목해야 할 서울 뉴타운들

워낙 신규 분양 물량이 부족하다 보니 사람들이 뉴타운에 많은 관심을 보이고 있습니다. 대표적으로 신길 뉴타운 3구역이 2019년 12월 초부터 분양을 했는데 큰 주목을 받았습니다. 다음 표는 신길 뉴타운 현황을 한눈에 보여주고 있습니다. 여기서 회색 부분은 진행하지 못하는 곳이고 파란색 부분만 진행하고 있습니다. 투명한 곳은 이미 입주한 단지입니다.

사실은 각각 다른 단지지만 서로 이웃하고 있다 보니 초대형 단지를 형성한 효과를 내고 있습니다. 7구역부터 14구역까지 진행하는데 흔히 말하는 초품아(초등학교를 품은 아파트)까지 갖추고 있어서 대단지 효과를 톡톡히 내고 있는 겁니다. 송파구의 헬리오시티 같은 9,500세대짜리가 아니어도 이렇게 합친 것이 1만 세대에 이르면 생각지도 않던 지역에 신도시 하나가 생긴 것과 똑같습니다. 더구나 인프라가 나쁘지도 않아요.

마포구나 성동구에서 뉴타운을 진행할 때와 달리 지금 다른 지역

신길 뉴타운 현황

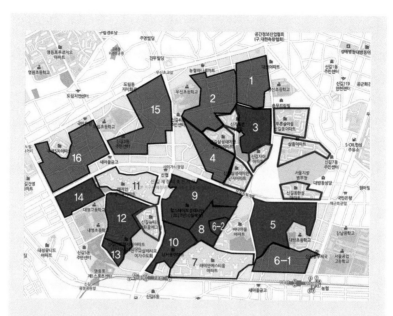

구역	상태	세대 (전)	세대 (후)	시공사	구역	상태	세대 (전)	세대 (후)	시공사
1	해제	–	985		9	착공	–	1,120	현대건설
2	해제	–	941		10	–	–	646	대우건설
3	–	–	785	포스코건설	11	입주	–	949	삼성물산
4	해제	–	776		12	착공	–	811	GS건설
5	착공	–	1,502	SK건설	13	–	–	266	
6-1	해제	–	635		14	착공	–	573	현대산업개발
6-2	–	–	–		15	해제	–	1,649	
7	입주	–	1,722	삼성물산	16	해제	–	1,246	
8	착공	–	641	GS건설					

뉴타운에는 학교가 많습니다. 특히 영등포구의 경우 학교가 많기 때문에 군이 학교 부지를 확보할 필요 없이 뉴타운 진행이 가능합니다. 즉, 영등포구 신길동은 교통요지에다 신축 단지고 여의도와 가깝다는 이점까지 있습니다.

2020년 2월에는 신길 센트럴자이, 10월에는 힐스테이트 클래시안이 입주를 시작합니다. 여기에 신길 파크자이도 2020년 입주하면서 2020년에 모두 4개 단지가 입주할 예정입니다. 전세가는 약간 꺾일 수도 있지만 매매가는 계속 올라갈 가능성이 큽니다. 신축 아파트가 상당히 부족하기 때문입니다.

예전에는 입주를 많이 하는 지역에 가면 집을 사기가 상대적으로 쉬웠습니다. 누군가는 팔았으니까요. 하지만 요즘은 1주택자도 2년을 거주해야 양도세 효과를 보기 때문에 거의 팔지 않습니다. 그러니 입주할 때까지 기다릴 필요가 없습니다. 2019년 헬리오시티는 사람들에게 '전세 물량이 빠지는 데 그리 오래 걸리지 않는다', '매매는 거의 기다려주지 않는다', '전세가가 많이 오른다'는 세 가지 상황을 다 보여주었지요.

고덕·상일·명일 지역은 어떨까요? 고덕 아이파크 2011년, 고덕 래미안힐스테이트 2017년 그리고 고덕숲 아이파크가 2018년 입주를 했습니다. 고덕 그라시움 2019년 9월, 센트럴 아이파크와 베네루체가 2019년 12월에 입주하면서 2020년 2월에 입주하는 고덕 자이만 남았습니다. 2020년 고덕에서는 분양만 많아요.

명일동 역시 재건축 이슈가 아주 많습니다. 대단지 외에 중단지에서도 무얼 하겠다는 곳이 빠른 속도로 늘어나고 있지요. 옆 단지에 새 아파트가 들어서면 기존 단지도 새로 짓고 싶은 것은 인지상정입니다.

장위에서는 2017년 꿈의숲 코오롱 하늘채에 이어 장위 포레카운티와 장위 퍼스트하이가 입주했고 이제 꿈의숲 아이파크밖에 없습니다. 그 외에는 진행하는 중이라 조합원도 아직 늦지 않았습니다. 조합원 자격을 사도 괜찮다는 말이지요. 물론 지금은 장위도 10억 원 이상으로 올랐습니다. 많은 사람이 입주를 해야 집을 사려고 하지만 눈으로 확인하고 나서 구입하려고 하면 기회는 별로 없습니다.

마지막으로 강남을 얘기하지 않을 수 없는데 의외로 강남에도 저평가된 곳이 많습니다. 물론 리모델링도 염두에 두어야 합니다. 마음에 드는 곳이 있고 대단지와 '초품아' 같은 것에 얽매이지 않는다면 여전히 기회는 있습니다.

초저금리에다 수익이 나지 않는 상황이라면 돈을 빌려서 투자하는 것도 한 방법입니다. 특히 상업용 부동산의 경우 금리가 낮은 상황에서는 조금만 움직여도 매매가가 크게 달라집니다. 상업용 부동산은 금리와 수익률이 무척 중요한데 지금 수익률이 빠르게 올라가는 이유는 금리가 내려가고 있기 때문입니다. 그래서 사람들이 돈을 은행에 넣어두는 대신 부동산에 투자하는 거지요. 알다시피 지금 부동산에서 수익이 많이 나고 있습니다. 만약 '머스트 해브 아이템'으로 변한 지역이라면 생각대로 움직여도 상관없습니다.

앞서 특정 지역에는 학교가 많은데 또 다른 지역에는 학교가 없다고 했지요. 초등학교는 있어도 중학교와 고등학교는 있는 곳에만 있습니다. 도시가 처음 만들어질 때 사람들이 많이 살던 동네는 학교가 있고 요즘 새로 들어선 동네는 그렇지 않습니다. 당연히 사람들은 학교가 있는 동네로 모여듭니다.

지금은 결단의 문제일 뿐 사느냐 마느냐로 고민하면 절대 이길 수 없습니다. 기회가 오면 언제든 지불할 각오를 하고 있어야 합니다. 집을 한번 봐야겠다고 생각하면 구매하기가 어렵습니다. 항상 머릿속에 준비를 갖추고 구체적인 방법을 준비하고 있다가 기회가 왔을 때 신속하게 결정하는 것이 가장 중요합니다.

정숙희

청약과 분양권을 기초로 내 집 마련 전문 강사로 활동 중이다. 청약 당첨자 890명을 배출해 '당첨명
당'이란 수식어가 붙은 네이버 카페 '내꿈사(내 집 마련을 꿈꾸는 사람들의 모임)'를 운영하고 있다.

2장

분양가상한제 시대의
전세 난민 탈출 비법

정숙희, 내꿈사(내 집 마련을 꿈꾸는 사람들의 모임) 대표

청약은 운이 아니라 전략입니다. 그렇기 때문에 청약을 열심히 공부하면 기대한 결과를 얻을 확률이 아주 높습니다.

1977년 주택공급에 관한 규칙이 신설된 이래 현재까지 150번 정도 바뀌었습니다. 많은 사람이 청약에 관심을 보이지만 정작 입주자 모집 공고를 제대로 읽는 사람은 손에 꼽을 정도입니다. 워낙 깨알 같은 글씨로 써놓아 그냥 지나치기 십상인데 이것이 문재인 정부 들어 10번 넘게 바뀌었습니다. 그래서 이전 공급 규칙만 알고 있으면 부적격 판단을 받기가 쉽습니다.

일단 2019년 2월 1일부터 무순위 제도가 생겼어요. 원래 아파트 미계약분, 즉 미달 물량이 나오면 이것을 건설사 재량으로 소진했습니다. '줍줍'이란 말을 들어보셨죠? 건설사가 홈페이지에서 인터넷 접수를 받거나 현장에서 접수받아 '줍줍'으로 이들 물량을 소진했지요. 하지만 이것은 일명 깜깜이 방식이라 아는 사람만 가져갈 수 있습니다.

대표적으로 2019년 상반기에 분양한 홍제 해링턴플레이스가 1순위에서 경쟁률 8 대 1로 마감했는데 잔여 세대가 무더기로 쏟아졌습니다. 인터넷 접수에서 경쟁률이 높았지만 또다시 미계약이 많이 나왔죠. 그러다 보니 현장 줍줍으로 갔는데 이때는 다주택자도 얼마든지 신청할 수 있습니다. 결국 현금 부자인 다주택자들이 줍줍 물량을 싹쓸이했지요.

이것을 방지하겠다고 정부가 무순위 제도를 만들어 아파트투유에서 접수받기 시작했습니다. 접수는 사전과 사후로 나뉘는데 사전 접수는 특별 공급 이전에 받고, 사후 접수는 1순위와 2순위까지 마감하고도 물량이 남았을 경우에 받습니다. 이는 건설사가 미계약 물량을 암암리에 털어버리던 것을 사람들에게 공정하게 알리고 소진하겠다는 의도였지만 부작용이 생겼습니다. 2019년 2월 1일 이후 입주자 모집 승인신청분부터 아파트 투유에서 무순위 접수를 받았습니다. 그리고 서울에서는 2019년 4월에 분양한 청량리역 한양수자인 192(사전 접수)부터 무순위 접수가 시행되었습니다. 그러나 정부

와의 취지와는 다르게 무순위에서도 잔여 세대 물량이 소진되지 않아 또 현장 줍줍까지 갔고 현금 부자 다주택자들이 줍줍 물량을 싹 쓸이하는 일이 또다시 발생하게 되었습니다.

그러자 2019년 5월 20일 정부는 예비 당첨 500퍼센트, 즉 5배수를 발표했지요. 이것은 전 지역이 아니라 투기과열지구에만 적용합니다. 사실상 다주택자가 서울에 새 아파트를 갖는 방법은 줍줍밖에 없었는데 5월 20일 이후 줍줍 시대는 끝났다고 봐야 합니다. 예비 당첨을 500퍼센트로 뽑으면 미계약이 나올까요? 그럴 확률은 제로지요. 특히 지금처럼 분양가가 싼 시대에는 예비 당첨 500퍼센트 내에서 거의 다 계약이 완료됩니다. **이후 한 달 만에 정부는 고분양가 사업장 심사 기준을 강화했습니다.**

분양가 심사는 주택도시보증공사(HUG, 이하 허그)에서 하는데 해당 지역에 1년 이내에 분양한 단지가 있을 경우 새로 분양하는 단지의 분양가는 직전 분양한 단지의 100퍼센트를 넘어서 책정하지 못했습니다. 1년 이내 분양 기준은 변경하지 않아 동일합니다. 그런데 두 번째 심사 기준으로 1년을 초과했을 경우 분양가 책정 기준이 원래 직전 분양가의 110퍼센트이던 것을 105퍼센트로 낮췄습니다.

1년 이후에 분양할 때 직전 분양가를 그대로 책정하면 조합원 입장에서는 좋을까요? 일반분양을 비싸게 팔아야 수익이 나는 조합 입장에서는 좋지 않지요. 예를 들어 장위 꿈의숲 아이파크는 분양 당시 84제곱미터가 6억 원 초반대였습니다. 2018년 9.13 규제 이전

고분양가 사업장 심사 기준

구분	세부내용
① 1년 이내 분양 기준	**비교 사업장** 해당 지역에서 입지, 단지 규모, 브랜드 등이 유사한 최근 1년 이내 분양한 아파트를 비교 사업장으로 함 **심사 기준** 당해 사업장의 평균분양가를 비교 사업장의 평균분양가 이내 또는 당해 사업장의 최고분양가를 비교 사업장의 최고분양가 이내에서 심사
② 1년 초과 분양 기준	**비교 사업장** 해당 지역에서 입지, 단지 규모, 브랜드 등이 유사한 분양한지 1년을 초과한 아파트를 비교 사업장으로 함 **심사 기준** 당해 사업장의 평균분양가를 비교 사업장의 평균분양가에 주택가격변동률 적용 금액과 비교 사업장 평균분양가의 105% 중 낮은 금액 이내에서 심사
③ 준공 기준	**비교 사업장** 해당 지역에서 입지, 단지 규모, 브랜드 등이 유사하며 준공된지 10년이 지나지 않은 아파트를 비교 사업장으로 함 **심사 기준** 당해 사업장의 평균분양가를 비교 사업장의 평균매가 이내에서 심사 – 또한, 당해 사업장의 평균분양가를 비교 사업장의 평균분양가에 주택가격변동률 적용 금액과 HUG가 공표하는 국가통계 "해당 지역 최근 1년간 평균분양 가격" 중 높은 가격 이내에서 심사
*비교 대상 아파트를 ① 1년 이내 분양 → ② 1년 초과 분양 → ③ 준공 기준 순으로 선정	

자료: 주택도시보증공사

서울 아파트 가격이 엄청나게 올랐는데 이후 분양해야 하는 장위 4구역과 10구역이 꿈의숲 아이파크와 동일한 가격으로 분양해야 한다면 조합원 입장에서 동의하고 싶을까요? 아니지요. 이들 사업장은 직전 분양 단지보다 분양가를 10퍼센트를 높이기 위해 사업을 1년 연기했습니다. 10퍼센트가 뭐 그리 큰 차이인가 싶을지도 모르지만 억 단위 집에서는 10퍼센트가 굉장히 큰 금액입니다. 아무튼 사업을 연기해 1년 뒤 110퍼센트로 분양가를 책정하려 했는데 정부가 고분양가 심사 기준을 강화해 110퍼센트에서 105퍼센트로 낮춰버린 겁니다.

한 해 평균 물가상승률이 대략 3퍼센트입니다. 한데 5퍼센트밖에 올리지 못하니 사업을 1년 동안 지연하느라 지불한 막대한 금융이자와 사업비, 물가상승률까지 감안하면 조합원 입장에서는 크게 수익이 나지 않는 구조가 되어버린 것이지요.

이렇게 고분양가 심사 기준을 강화하자 강남 재건축과 강북의 입지 좋은 단지들이 후분양을 하겠다고 돌아섰습니다. 이것이 민간택지 분양가상한제(이후 분상제)의 배경입니다. 그럼 정부는 민간택지에 분상제를 도입하면 부작용이 따를 거라는 사실을 모를까요? 당연히 알겠죠. 알면서도 이 카드를 꺼내들 수밖에 없는 배경을 우리는 이해해야 합니다.

정부는 서울에 아파트가 부족해서 가격이 오른다는 것을 분명 알고 있을 것입니다. 그래서 3기 신도시 공급을 발표했지만 아무리 빨리 공급하려 해도 여기에는 많은 절차가 필요합니다. 국토부에서는 빠르면 2021년 말부터 3기 신도시 일반분양을 하겠다고 했으나 여러 전문가가 2022년에야 시작할 수 있을 거라고 내다봅니다.

흥미롭게도 정부는 서울에 물량이 그리 부족하지 않다고 주장하는데 그 이유는 10월 1일 발표 당시 관리처분계획 인가를 받은 단지가

민간택지 분양가상한제 발표전 후분양 확정·논의 단지

위치	단지	원래 분양시기	시공사	비고
강남 삼성	상아2차(래미안 라클라시)	2019년 5월	삼성	대의원회 확정
서초 반포	신반포3차·23차·경남(래미안 원베일리)	2019년 12월	삼성	사실상 확정
서초 반포	반포 우성	2019년 말	롯데	논의 중
송파 신천	미성 크로바	2019년 하반기	롯데	후분양 확정
동작 흑석	흑석 3구역	2019년 하반기	GS	내부 확정
강남 역삼	개나리4차(역삼 아이파크)	2019년 하반기	HDC	조합 내 논의 중
강동 둔촌	둔촌 주공	2019년 말	현대 등 4개	아파트 부문 후분양 검토
영등포 여의도	브라이튼 여의도	2019년 7월	신영	사실상 확정
중구 입정	힐스테이트 세운	2019년 6월	현대ENG	조합 내 논의 중
서초 방배	방배 5구역	2019년 11월	현대	조합 내 논의 중
강남 대치	대치 구마을1단지	2019년 12월	대우	조합 내 논의 중
강남 개포	개포 주공1단지	2019년 말	현대	조합 내 논의 중
강남 개포	개포 주공4단지	2019년 말	GS	조합 내 논의 중
경기 과천	과천 퍼스트써밋	후분양 확정	대우	7월 이후 후분양

자료: 해당 조합, 직방, 부동산114

6만 8,000호에 달하기 때문입니다. 이 단지들을 3기 신도시 공급 전에 분양하기만 해도 서울에 공급 절벽은 오지 않을텐데, 일반분양이 가능한 이 노른자 입지 단지들이 모두 후분양을 하겠다고 돌아선 것입니다. 이번 정부는 재건축, 재개발 정비사업으로 서울의 부족한 공급을 해소하려는 계획은 없어 보입니다. 재건축초과이익환수제, 안전진단 강화 등 정비사업에 대한 규제가 심한 편입니다. 그래서 이번 정부의 민간택지 분양가상한제라는 카드는 필연적인 선택이지 않았나 싶습니다.

규제가 심할수록 부작용도 커지는 분양시장

서울 청약자들 사이에 가장 관심이 많은 곳은 둔촌 주공입니다. 정부가 분상제를 시행하겠다고 하자 둔촌 주공에서는 분할 분양 방식을 제시했습니다. 재정상 리스크가 낮은 9억 원 이하짜리 59제곱미터 이하는 수익이 좀 낮더라도 선분양하고, 59제곱미터 초과는 어차피 9억 원이 넘어서 대출이 불가능하므로 재정상의 리스크를 감수하고 후분양하겠다는 이야기였지요.

현재는 무산되었지만 저는 당시 관련 기사를 보고 '뛰는 정부 위에 나는 조합이 있다'는 생각이 들었습니다. 규제가 심할수록 역설적으로 부작용도 커질 수밖에 없습니다. 지금 서울 아파트 매매가와 전세가가 계속 오르고 있는 이유가 무엇일까요? 바로 분상제 때문입니다.

정부가 분상제를 처음 언급한 것이 2019년 7월 8일입니다. 일단 분상제를 도입하면 아파트 가격이 더 싸집니다. 지금 허그에서 규제하는 가격보다 5∼10퍼센트는 더 싸지지요. 2020년에 로또 분양 전성시대가 열릴 거라고 예측하는 이유가 여기에 있습니다.

사실 재개발 사업 초기 단계인 사업장은 규제가 과도할 경우 이번 정부에서 무리하게 사업을 추진할 이유가 없습니다. 이 구역들이 차라리 사업을 중단하는 것이 낫겠다고 판단하면 공급 물량은 더 줄어들 것입니다. 정부는 분상제 유예기간을 2020년 4월 28일까지 주었고 이 직전에 관리처분계획 인가를 받은 단지들은 밀어내기 분양을 하려고 서두르는 단계입니다. 분상제 이후 분양하면 조합의 타격이 더 크기 때문이지요.

강한 규제가 나올 경우 잠깐은 얼어붙을 수 있으나 장기적으로 보면 부작용이 더 큽니다. 근본 원인을 해결하지 않는 한 서울의 아파트 공급은 더 부족해질 수밖에 없으니까요. 특히 새 아파트는 수요 대비 공급의 차이가 너무 커서 희소성이 아주 높습니다.

2019년 주택을 많이 구매한 연령대가 30대라는 통계가 나왔는데 사실 30대는 가점이 높지 않아 일반 매매로 많이 돌아섰습니다. 서울은 85제곱미터 이하가 100퍼센트 가점제이므로 40대 이상인 분은 높은 가점을 활용해 청약 전략을 잘 짜기 바랍니다. 가점이 높지 않은 30대는 특별 공급이나 추첨제가 있는 비조정 지역을 노리는 등 다른 전략을 모색해야 합니다. 물론 장기적으로 보면 가장 귀하고 오를 수밖에 없는 지역은 서울입니다.

과거에도 분상제를 시행한 적이 있습니다. 1989년에서 1998년 말까지 분양가 원가 연동제를 시행했는데 당시 서울 아파트 매매가격은 보합 내지 조정을 받았습니다. 그런데 이 규제가 끝나자마자 아파트 가격이 미친 듯이 상승했지요. 또 노무현 정부 시절인 2007년에서 2014년 말까지 민간택지 분상제를 실시했습니다. 이때 역시 보합 내지 조정을 받았어요. 한데 역시나 규제가 끝나고 멸실 물량에 비해 공급이 부족하자 서울 아파트는 6년 내내 상승하게 됩니다.

아무튼 서울이 과열되면 또다시 강한 규제가 나올 확률이 높습니다. 그렇지만 그 규제가 근본 원인을 해결하지 못할 경우 과거와 같은 부작용이 일어나지 않으리란 보장은 할 수 없습니다.

무주택자에게 유리한 정책들

2019년에는 거의 한 달 단위로 계속 부동산시장 이슈가 바뀌었습니다. 청약 시장에 잠깐이라도 관심을 끄면 트렌드를 따라가기 힘들 정도입니다.

정부는 왜 민간택지 분상제를 도입한 걸까요? 분양가는 택지비와 택지 가산비, 건축비와 건축 가산비로 산정하는데 정부가 일정 상한선을 두고 투입 원가를 고려해 분양가를 산정하도록 유도하려는 것입니다. 합리적인 분양가로 유도하겠다는 것이 정부의 방침이지요.

원래 관리처분계획 인가를 받은 단지들은 분상제에 해당되지 않

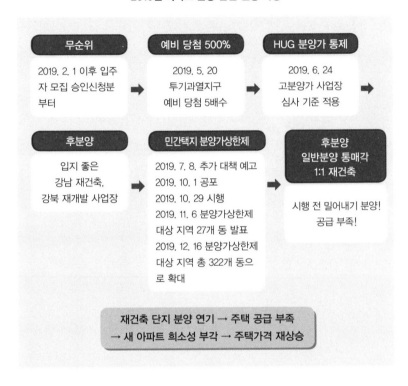

2019년 아파트 분양 관련 변동 사항

무순위	예비 당첨 500%	HUG 분양가 통제
2019. 2. 1 이후 입주자 모집 승인신청분부터	2019. 5. 20 투기과열지구 예비 당첨 5배수	2019. 6. 24 고분양가 사업장 심사 기준 적용

후분양

입지 좋은 강남 재건축, 강북 재개발 사업장

민간택지 분양가상한제

2019. 7. 8. 추가 대책 예고
2019. 10. 1 공포
2019. 10. 29 시행
2019. 11. 6 분양가상한제 대상 지역 27개 동 발표
2019. 12. 16 분양가상한제 대상 지역 총 322개 동으로 확대

후분양 일반분양 통매각 1:1 재건축

시행 전 밀어내기 분양!
공급 부족!

재건축 단지 분양 연기 → 주택 공급 부족
→ 새 아파트 희소성 부각 → 주택가격 재상승

습니다. 한데 정부가 새로운 게임 룰을 만들어 그걸 바꿔버렸죠. 그 중 중요한 것 세 가지만 살펴보겠습니다.

첫째, 재건축·재개발 사업 등도 '최초 입주자 모집 공고 신청분'부터 분상제를 적용합니다. 모든 사업의 입주자 모집 공고 신청분부터 적용하되 재건축, 재개발, 지역주택조합은 일정 요건 충족 시 유예기간을 6개월 부여했습니다. 10월 1일 발표 기준 서울은 관리처분계획 인가를 받은 6만 8,000호가 아직 일반분양을 하지 않아 입주자 모집 공고가 나오지 않았습니다. 결국 이 6만 8,000호가 모두 분상제를 적용받을 수 있는 잠재적 단지가 되어버린 셈입니다.

분상제 지역 지정 요건을 보면 '투기과열지구로 지정한 지역'이 여기에 해당합니다. 그다음에 아래 표에서 보듯 정량 요건 판단에서 ⓑ, ⓒ, ⓓ 중 하나만 해당해도 분상제 지역으로 묶여버립니다.

사실 서울은 전체가 투기과열지구입니다. 국토부는 2019년 11월 6일 27개 동을 분상제 지역으로 발표하고 앞으로 아파트 가격이 계속 오르면 27개 동을 넘어 분상제 지역을 추가로 더 지정할 계획이

민간택지 분상제 지역 지정 정량 요건 개정 전·후

구분		개정 전	개정 후
필수 요건	주택가격 ⓐ	직전 3개월 주택가격상승률이 물가상승률의 2배 초과	주택가격상승률이 물가상승률보다 현저히 높아 투기과열지구로 지정된 지역
선택 요건	분양가격 ⓑ	직전 12개월 분양가격상승률이 물가상승률의 2배 초과	직전 12개월 평균 분양가격상승률이 물가상승률의 2배 초과(단, 분양 실적 부재 등으로 분양가격상승률 통계가 없는 경우 주택건설지역의 통계를 사용)
	청약 경쟁률 ⓒ	직전 2개월 모두 5:1(국민주택 규모 10:1) 초과	좌동
	거래 ⓓ	직전 3개월 주택거래량이 전년 동기 대비 20% 이상 증가	좌동
정량 요건 판단		ⓐ+[ⓑ or ⓒ or ⓓ]	

라고 했습니다(2019년 12월 16일 총 322개 동으로 추가 지정함).

다른 한편으로 분상제 유예기간을 4월 28일까지 주고 있는데 이는 정부가 총선을 의식하고 있다는 의미입니다. 문재인 정부는 완전히 무주택자 편입니다. 청약제도를 보면 무주택자에게 유리하도록 계속 제도를 바꾸고 있습니다.

둘째, 투기과열지구 분상제 주택 전매제한 기간을 최대 10년으로 확대했습니다. 일반 시세의 80퍼센트 미만으로 분양할 경우 전매제한을 최대 10년(2019년 10월 29일 시행)으로 확대하고, 투기과열지구 재당첨 제한을 10년(2019년 12월 16일 대책)으로 확대했습니다.

공공택지든 민간택지든 인근 시세의 80퍼센트 미만으로 분양하면 모두 전매제한 기간을 최대 10년으로 봐야 합니다. 특히 강남 4구는 무조건 10년입니다. 인근 시세가 너무 많이 올라서 거의 다 80퍼센트 미만으로 분양가가 나오기 때문에 모두 전매제한 기간을 10년으로 보는 것이 합리적입니다.

셋째, 가장 중요한 부분으로 민간택지 분양가상한제 주택은 5년 범위에서 거주의무 기간을 부과할 예정입니다.(현재 국회 계류 중이며 통과 시 즉시 시행될 예정입니다.)

분상제는 이미 공공택지에서 시행하고 있습니다. 가령 북위례와 과천 지식정보타운처럼 공공택지에서 분양하는 공공분양 단지는 모두 분상제를 적용받습니다. 공공택지도 분양가에 따라 8년이던 전매

제한이 최대 10년으로 늘어났습니다. 그리고 원래 거주의무 기간은 공공분양에만 있었으나 이것을 민간분양에도 넣을 예정이라고 합니다.

거주의무 기간에는 당첨자가 반드시 들어가서 살아야 합니다. 한마디로 전세를 줄 수 없습니다. 지금까지는 자금이 부족한 사람이 청약에 당첨될 경우 세입자의 전세금으로 잔금을 치르는 방식으로 서울 새 아파트를 구입했습니다. 그러나 거주의무 기간이 생기면서 무조건 본인이 입주해야 합니다.

서울의 경우 분양가 9억 원 이하만 중도금 대출이 가능하며 분양가의 40퍼센트밖에 나오지 않습니다. 그러므로 나머지 60퍼센트 자금계획을 세우지 않으면 분상제 규제를 받는 서울 322개 동(60쪽 표 참고)에서 분양하는 단지에 당첨되어도 입주하기 어렵습니다. 한마디로 가점과 자금까지 갖춘 사람만 분상제 지역에서 분양하는 단지에 들어갈 수 있습니다. 대표적으로 강남 3구에서 당첨되면 10억 원 프리미엄은 보장받겠지만 대신 10년 전매제한과 거주의무 기간을 지켜야 합니다.

또 시장 교란 행위 조사를 강화했습니다. 이제 불법이나 허위로 청약해서 부정행위로 당첨되면 적발시 10년간 청약이 금지됩니다.

입주 물량이 급감할 2021년

알다시피 지금 집값이 많이 오르고 있습니다. 가장 큰 원인은 서울에 입주 물량이 부족한 것에 있는데 과연 정부가 이 사실을 모를까요? 당연히 알 겁니다. 당장 2021년에 서울의 입주 물량이 대폭 급감합니다. 입주 물량이 줄어들면 매매가와 전세가는 모두 뛸 수밖에 없습니다. 그러다 보니 규제의 끝판왕이라 할 만한 계약갱신청구권과 전월세상한제 이야기가 나오고 있습니다.

현재 계약갱신청구권은 임차인이 더 거주하길 희망하면 자동으로 2년 더 계약을 갱신할 수 있는 제도입니다. 결국 4년 동안 거주할 수 있는 거지요. 전월세상한제는 지금은 임대 사업자들만 임대료 인상률을 5퍼센트 이내로 규제하고 있지만 임대 사업자가 아니어도 모두 5퍼센트 이내로 규제하겠다는 내용입니다.

이처럼 시장 흐름을 거스르는 과한 규제정책을 펴면 부작용이 없을까요? 가령 임대인이 임차인을 들일 때 전세 가격을 최대한 올릴 수 있습니다. 갑자기 전세가가 계단식으로 상승할 수도 있고요. 입주 물량이 급감하는 2021년에는 전세 가격이 폭등하고 전세 물건이 매우 귀해질 수 있습니다. 안타깝게도 아직 전세 수요는 많습니다. 특히 서울에서 청약을 준비하는 사람은 서울 주소지를 절대 뺄 수 없습니다. 거주 조건 1년 이상을 채워야 1순위 자격을 부여받기 때문입니다. 게다가 2020년 2월 말에는 수도권 투기과열지구와 대규모

택지개발지구의 우선공급 대상자 선정 기준이 2년 이상 거주로 강화될 예정입니다. 분상제 이후에는 로또 청약에 대한 기대감으로 전세로 거주하며 청약을 준비하는 대기수요가 더욱 늘어날 전망입니다.

앞서 말했듯 관리처분계획 인가를 받은 단지가 6만 8,000호입니다. 국토부는 3기 신도시 입주자 모집 공고를 내기 전에 이들 단지가 분양하면 공급은 충분할 거라고 여겨 계속 공급이 충분하다고 주장합니다. 그러나 이들 단지를 2020년 4월 28일, 즉 분상제 유예기간 안에 모두 분양하기는 쉽지 않아 보입니다. 그 기간 안에 분양이 가능한 곳은 2만 5,000호 정도입니다.

사실 관리처분계획 인가를 받아도 이주하고 철거하는 데 상당한 시간이 걸립니다. 이주하는 데 4~6개월이 걸리고 철거에도 3~4개월이 필요하기 때문에 아무리 빨리 분양할지라도 이 과정에 최소 6개월, 최대 1년 이상 소요됩니다.

만약 2020년 4월 이전에 분양하려면 2019년 말 현재 철거 단계에 있어야 합니다. 58쪽 표에서 굵은 선으로 표시한 곳 중 대치 구마을 2지구는 르엘 대치로 분양을 완료한 지역입니다. 이곳 최저 가점이 64점이었는데 이것은 3인 가족 만점 통장입니다. 그다음으로 르엘 신반포 센트럴로 분양을 완료한 반포 우성은 놀랍게도 전 평형 최저 가점이 69점이었습니다. 이건 4인 가족 만점 통장이에요. 저도 이렇게 점수가 높은 통장이 많은 줄 몰랐어요. 하지만 이건 시작에 불과합니다. 분상제를 본격 시행하는 2020년 5월에는 분양가가 더

관리처분계획 인가 후 분양 준비 중인 서울 재개발·재건축

위치	단지	현재 상황
강남 둔촌	둔촌 주공	철거 중
강남 개포	개포 그랑자이(개포 주공4단지)	착공
강남 개포	개포 주공 1단지	철거 중
강남 청담	청담 삼익	관리처분계획 무효 소송 중
강남 대치	대치 구마을 1지구	이주 중
강남 대치	대치 구마을 2지구	HUG 분양 보증 획득
강남 대치	대치 구마을 3지구	이주 중
서초 반포	반포 주공 1단지 1·2·3지구	관리처분계획 무효 소송 중
서초 반포	래미안 원베일리(신반포 3차·23차·경남)	철거 중
서초 반포	반포 우성	HUG 분양 보증 획득
서초 방배	방배 5구역	이주 중
송파 신천	미성 크로바	철거 중
송파 신천	잠실 진주	철거 중
송파 문정	문정동 136	이주 중
동작 흑석	흑석 3구역	조합장 해임
동작 흑석	흑석 9구역	관리처분계획 인가 신청
중구 입정	힐스테이트 세운	착공
마포 아현	아현 2구역	착공
동대문 용두	용두 6구역	이주 중
서대문 홍은	홍은 13구역	이주 중
은평 증산	증산 2구역	착공
은평 대조	대조 1구역	이주 중

씨서 상상하지 못하던 고가점 통장이 쏟아져 나올 겁니다. 그러니까 가점 전략을 잘 세워야 하는데 그건 뒤에서 더 자세히 살펴보겠습니다.

개포 주공 1단지는 유예기간 안에 분양할 수 있을지 장담하기 어렵습니다. 전철연(전국철거민연합회)과 상가들 때문에 철거가 빨리 이뤄지지 않고 있거든요. 입지가 좋은 청담 삼익은 관리처분계획 무효 소송 중이었는데 다행히 승소했습니다. 그렇지만 유예기간 전에 분양하기는 힘들어 보입니다. 대치 구마을 1지구도 이주 중이라 유예기간에는 어려워 보입니다. 래미안 원베일리 신반포 3차와 경남은 일반분양을 임대 사업자에게 통매각하려는 행정소송을 취하하고 유예기간 내에 분양을 하려고 박차를 가하고 있습니다. 일반분양이 굉장히 많은 방배 5구역은 2019년 말 현재 이주 중입니다. 이 단지도 유예기간 이전에 할지 이후에 할지 확실치 않습니다. 잠실 진주는 거의 후분양으로 가닥을 잡았습니다. 결론을 말하자면 58쪽 표에서 유예기간 안에 분양할 수 있는 단지가 매우 적습니다.

한데 허그의 분양가 심사를 통과해도 지자체에서 발목을 잡는 경우도 있습니다. 지자체들이 더 깐깐하게 고분양가를 규제하고 있기 때문입니다. 대표적으로 과천 지식정보타운의 2019년 분양 계획은 지자체와 건설사 간의 줄다리기로 물 건너갔습니다.

3기 신도시는 신중하게 접근하라

그럼 분상제 적용 지역을 살펴봅시다. 국토부는 2019년 11월 6일 분상제 적용 지역 27개 동을 발표했는데 강남 4구는 거의 다 들어갔고 그 나머지도 핀셋으로 콕 집듯 동 단위로 지정했습니다. 여기에다 국토부는 신속한 추가 지정까지 예고했고, 2019년 12월 16일 집값 상승 선도 지역으로 서울 13개 구를 모두 지정했습니다. 게다가 서울 정비사업 이슈가 있는 5개 구 37개 동과 경기도 3개 시 13개 동도 추가로 지정했습니다.

12.16 대책 이후 분상제 적용 지역

구분			지정
집값 상승 선도 지역	서울		강남, 서초, 송파, 강동, 영등포, 마포, 성동, 동작, 양천, 용산, 중구, 광진, 서대문
	경기	광명(4개 동)	광명, 소하, 철산, 하안
		하남(4개 동)	창우, 신장, 덕풍, 풍산
		과천(5개 동)	별양, 부림, 원문, 주암, 중앙
정비 사업 등 이슈 지역	서울	강서(5개 동)	방화, 공항, 마곡, 등촌, 화곡
		노원(4개 동)	상계, 월계, 중계, 하계
		동대문(8개 동)	이문, 휘경, 제기, 용두, 청량리, 답십리, 회기, 전농
		성북(13개 동)	성북, 정릉, 장위, 돈암, 길음, 동소문동2·3가, 보문동1가, 안암동3가, 동선동4가, 삼선동1·2·3가
		은평(7개 동)	불광, 갈현, 수색, 신사, 증산, 대조, 역촌

집값 상승 선도 지역 중에서 정비 사업이 가장 많은 곳은 서초구입니다. 서초구에는 총 37개 단지가 있고 강남에는 25개, 송파에는 17개 단지가 있습니다. 한마디로 분상제가 강남, 서초, 송파를 저격했다고 볼 수 있는데 이는 앞으로 새 아파트가 더 귀해질 거라는 의미입니다.

2019년 말 현재 서울에 신축 아파트는 단 10퍼센트에도 미치지 못합니다. 다음 그래프에 나타나 있듯 5년 이하 아파트 준공 비중이 8.98퍼센트입니다. 서울 인구가 대략 1,000만 정도인데 그중 약 9퍼센트만 5년 이내의 신축 아파트에서 살 수 있는 겁니다.

더 무서운 건 정부 규제의 영향으로 사업시행인가를 받는 단지가

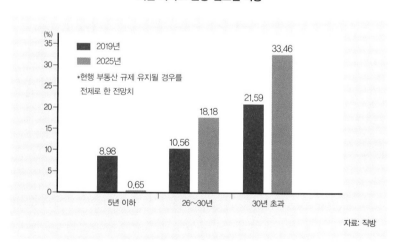

서울 아파트 준공 연도별 비중

자료: 직방

계속 줄어들 경우 5년 이내 신축 아파트가 1퍼센트 아래로 떨어진다는 점입니다. 겨우 0.65퍼센트에 불과합니다. 그러므로 만약 가점이 낮지만 가용자금이 있다면 하루라도 빨리 5년 이내 신축을 매수하는 플랜을 생각해봐야 합니다.

물론 정부는 2021년 말부터 3기 신도시에서 주택을 공급하겠다고 하지만 말처럼 쉽지는 않습니다. 국토부 보도자료를 보면 30만 호를 공급하겠다고 합니다. 입주자 모집 공고를 내고 분양을 시작해도 실제 입주는 그때부터 3년 뒤에 이뤄집니다. 그렇다면 실제 입주는 2025년 이후일 확률이 높아요. 그래서 저는 3기 신도시 분양을 기다리는 것보다 청약이나 매매 방법으로 하루빨리 내 집을 마련하는 플랜을 고려해보길 추천합니다.

한 가지 흥미로운 것은 2기 신도시가 전형적인 베드타운으로 남자 3기 신도시 발표때 '3기 신도시 광역교통 개선 대책'도 함께 발표하고 3기 신도시는 자급자족 도시로 만들겠다고 한 점입니다. 예를 들어 남양주 왕숙지구에 판교 테크노밸리 2배 정도의 일자리를 창출하겠다고 했지요. 물론 그 기업을 다 유치할 수 있을지는 의문입니다. 2기 신도시보다 물리적인 거리가 서울과 가깝고 교통 호재가 있어 좋지만 청약자 입장에서 분명 염두해야 할 부분이 있습니다.

우선 아파트 입주가 먼저인지, 기업 입주가 먼저인지 따져봐야 합니다. 또 아파트 입주가 먼저인지, 교통이 먼저 뚫리는지도 중요합니다. 당연히 입주가 먼저입니다. 입주하고 수년 뒤 기업이 들어오고 다시 수년 뒤 교통이 뚫립니다. 결국 신도시에 입주하면 수년간 고생할 각오를 해야 합니다. 여하튼 3기 신도시는 1기나 2기 신도시보다 서울 접근성이 확실히 우수합니다.

청약에 유리한 청약 점수 커트라인

이제부터 정말 중요한 청약 가점을 생각해봅시다.

아래 표에 나와 있듯 3인 가족 만점 통장이 64점입니다. 이 조건을 충족하려면 15년 동안 무주택을 유지하고 통장 가입 기간이 15년을 넘어야 합니다. 그리고 4인 가족 만점 통장은 69점입니다.

흥미롭게도 이렇게 높은 가점 통장이 흔하게 쏟아지고 있습니다. 특히 강남권은 64점은 되어야 당첨을 바라볼 수 있습니다. 65쪽 표

부양가족 수 기준 청약통장 만점 기준 점수

만점통장	무주택기간	부양가족 수	통장가입기간	총 점수
3인 가족	32	15	17	64
4인 가족	32	20	17	69
5인 가족	32	25	17	74
6인 가족	32	30	17	79
7인 가족	32	35	17	84

2장 부동산 분양가상한제 시대의 전세 난민 탈출 비법

는 84제곱미터를 기준으로 2019년 한 해 동안 서울에서 분양한 단지들의 최저 당첨 커트라인을 정리한 것입니다.

보다시피 A, B, C, D 등 타입별로 정리를 했는데 청량리역 한양수자인과 롯데캐슬은 워낙 분양하는 타입이 많아서 두 칸으로 구분했습니다. 아래 칸은 H, I, J 타입순으로 보면 됩니다. 여기서 중요한 것은 접수 건수입니다. 접수 건수는 들어온 1순위 통장 개수를 말하는데 서울의 인기 단지는 2순위까지 가지 않고 기타 지역까지 넘어가지도 않습니다. 다시 말해 경기도에 사는 사람이 서울에 넣고 싶다면 다른 플랜을 준비해야 합니다.

통장이 많이 들어오면 경쟁률은 당연히 높아집니다. 청량리역 롯데캐슬의 경우 1만 9,754개 통장이 들어왔는데 일반분양이 워낙 많아 평균 경쟁률은 16 대 1에 그쳤어요. 재밌게도 롯데캐슬에는 9억 원 초과와 9억 원 이하가 있습니다. 9억 원 이하는 허그 보증이 나왔고 9억 원 초과는 시행사에서 대출을 해줬습니다. 이처럼 대출이 다 나올 경우 어디를 선택해야 할까요? 더러 9억 원 이하가 더 안전한 줄 알고 허그 보증을 선택하는 사람이 있는데 가점이 낮으면 시행사 보증을 선택해야 합니다.

청량리역 롯데캐슬은 가점이 84A·84E·84D·84B·84C와 84I(84D 저층), 84F(84A 저층), 84J(84E 저층), 84G(84B 저층), 84H(84C 저층)로 극명하게 갈렸습니다. 전자는 9억 원 초과로 허그 보증이 아닌 시행사 보증으로 대출이 나왔는데 41점도 최저 당첨 가

2019년 서울 분양 아파트 최저 당첨 커트라인

분양시기	단지	접수 건수	평균경쟁률	84A/H	84B/I	84C/J	84D/K	84E/L	84F/M	84G/N
19년 1월	e편한세상 청계 센트럴포레	8,307	33.36	59	54					
1월	e편한세상 광진 그랜드파크	1,706	2.34	27	21	17	20	16		
2월	홍제역 해링턴 플레이스	2,930	11.14	42	41	36				
2월	태릉 해링턴 플레이스	4,048	12.38	67	63					
3월	백련산 파크자이(보류지)	1,578	36.7	58	63	64				
3월	청량리역 해링턴 플레이스	3,636	31.08	51						
3월	신내역 금강펜테리움 센트럴파크	2,234	7.98	51						
4월	청량리역 한양수자인 192	4,857	4.64	24	52	26	30	52	43	61
				36	63	40	18	51	20	47
4월	디에이치 포레센트	996	16.06	51	54					
4월	방배 그랑자이	2,092	8.17	42	45	36				
5월	롯데캐슬 클라시아	12,241	32.64	58	65		65	54		
6월	신내역 힐데스하임 참좋은	1,569	12.55	47	46					
6월	서초 그랑자이	7,418	42.63		74					
7월	화랑대 디오베이션	303	8.19	38						
7월	e편한세상 백련산	2,253	32.65	54	52					
7월	청량리역 롯데캐슬 SKY-L65	19,754	16.53	41	51	57	46	43	58	61
				69	56	59				
7월	등촌 두산위브	3,856	43.82	69						
7월	이수 푸르지오 더 프레티움	18,134	203.75	74	69	63	69	74	67	
8월	송파 시그니처 롯데캐슬	23,565	54.93	59	59	59	47	58		
8월	레미안 라클래시	12,890	115.09	69	67	67				
9월	역삼 센트럴 IPARK	8,975	65.04	64	64					
9월	보문 리슈빌 하우트	6,231	47.93	65						
10월	이수 스위첸 포레힐스	7,375	44.7	53	49	52				
10월	힐스테이트 창경궁	11,084	82.1	57	50	52	56	53		
10월	르엘 신반포 센트럴	11,084	82.1	69	69	69				
11월	힐스테이트 홍은 포레스트	8,162	37.44	64						
11월	꿈의숲 한신더휴	2,787	38.18	65	64	56				
11월	효창 파크뷰 데시앙	9,714	186.81		65	64	69			
11월	DMC 금호 리첸시아	11,293	73.33	59						

자료: 열정로즈

점에 들었고 최고 가점은 57점이었습니다. 반면 후자는 최저 가점이 56점이고 최고 가점은 69점입니다.

재밌게도 전자와 후자에 '( )'로 표기한 타입은 동일한 유닛입니다. 동일한 유닛이지만 층에 따라 고층은 9억 원 초과라 건설사 대출이 나왔고 저층은 허그 보증으로 대출이 나왔습니다. 특히 전자의 경우 가점 차이가 무려 16점, 17점으로 10점 이상입니다. 만약 시행사에서 대출이 나온다는 걸 알았다면 가점이 낮은 사람은 무조건 9억 원 초과에 넣어야 합니다.

더 중요한 것은 9억 원 초과는 모두 로열동, 로열층으로 일명 RR이라는 사실입니다. 요즘은 전망을 굉장히 중요시하는데 84C 같은 인기 타입은 5층 이하만 9억 원 이하였습니다. 저는 69점 통장이 9억 원 이하를 넣어 5층 이하에 당첨되신 분이 굉장히 안타깝습니다. 그래서 청약을 공부해야 합니다. 아무리 천하무적 69점이더라도 허그 보증 대출이 나온다고 저층에 넣을 게 아니라 9억 원 초과에 넣었으면 고층에 당첨될 확률이 더 높았거든요.

시행사 보증 중도금 대출이 나온다면 무조건 그걸 받는 것이 유리합니다. 허그 보증을 쓰지 않으면 나중에 다른 비조정 지역에 가서 세대당 2건을 모두 쓸 수 있기 때문입니다. 이건 투자에서 아주 중요한 포인트입니다. 사실 강남 4구 쪽에서는 시행사 보증이 나올 확률이 낮습니다. 해주지 않아도 모두 완판될 게 빤하니까요.

이수 푸르지오 더프레티움에는 통장이 1만 8,000개가 들어와 경쟁률이 203 대 1이었습니다. 여기서 5인 가족 최고 가점인 74점이 2개나 나왔고 최저 가점이 63점으로 50점대는 하나도 없었습니다. 2019년 7월 이전만 해도 가점 커트라인이 낮았지만 7월 이후에는 거의 불바다 수준입니다. 그러므로 자신의 청약 가점에 맞춰 전략을 잘 짜야 합니다.

청약 점수별 플랜을 설계하라

이제 마무리로 분상제 시대에 어떻게 청약을 준비해야 하는지 살펴보겠습니다.

68쪽 표는 가점에 따른 청약 플랜을 간단히 요약한 것입니다.

만약 가점이 64점 정도라면 분상제 이전에 청약받기를 추천합니다. 물론 분상제 이후에는 분양가가 더 싸지지만 전매제한 10년을 감수해야 하고 거주의무 기간도 지켜야 합니다. 게다가 투기과열지구는 재당첨 제한이 10년입니다. 무려 2배나 길어졌습니다. 거주의무 기간을 지키려면 대출이 나오는 40퍼센트 외에 나머지를 모두 스스로 준비해야 합니다. 가점은 되어도 가용자금이 부족한 상황에서 서울에 분양받고 싶다면 무조건 분상제 유예기간 안에 청약받기를 권합니다. 69점도 넘고 가용자금까지 있다면 분상제 이후 나오는 단지를 노려보는 것도 좋습니다.

가점에 따른 청약 플랜

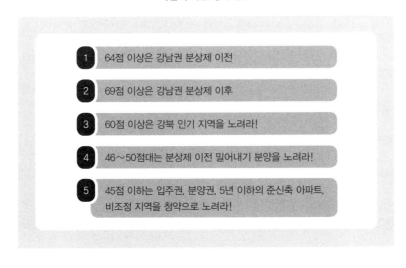

1. 64점 이상은 강남권 분상제 이전

2. 69점 이상은 강남권 분상제 이후

3. 60점 이상은 강북 인기 지역을 노려라!

4. 46~50점대는 분상제 이전 밀어내기 분양을 노려라!

5. 45점 이하는 입주권, 분양권, 5년 이하의 준신축 아파트, 비조정 지역을 청약으로 노려라!

이렇듯 가점뿐 아니라 가용자금에 따라서도 청약 플랜은 달라집니다. 가점이 60점 이상이라면 둔촌 주공과 강북의 인기 단지를 노려보세요. 예를 들면 동대문구 용두 6구역, 은평구 수색·증산, 동대문구 이문, 성북구 장위가 일반분양을 앞두고 있습니다. 이 중 일반분양이 많은 세대수는 50점대도 기대할 만합니다. 반대로 일반분양 물량이 적을 경우에는 60점이 넘어야 합니다.

그럼 50점대는 어떻게 하느냐고요? 50점대까지는 그래도 승산이 있습니다. 특히 일반분양이 많은 둔촌 주공과 장위, 이문 쪽을 노려보세요. 둔촌 주공은 분상제 이전에 분양할 확률이 높고 장위4, 10구역과 이문1구역은 분상제 이후에 분양할 예정입니다.

제가 아무리 양보를 해도 46점까지는 예비 당첨 정도지 당첨권은 아닙니다. 특히 45점 이하라면 서울 100퍼센트 가점제에서 당첨은 어렵습니다. 미련이 남겠지만 현실을 빨리 받아들여야 합니다. 만약 가용자금이 있다면 입주권, 분양권, 5년 이내 준신축 매수를 추천합니다.

가용자금이 부족하고 무조건 청약으로 내 집 마련을 하거나 투자를 하고 싶다면 100퍼센트 가점제인 투기과열지구를 피해 비조정 지역을 노려보세요. 비조정 지역은 85제곱 이하가 40퍼센트 가점제, 60퍼센트 추첨제이며 85제곱 초과는 100퍼센트 추첨제입니다. 물론 목표는 서울이겠지만 일단 비조정 지역에 청약 당첨이나 분양권 투자를 해서 자금을 불린 다음 서울로 입성하길 추천합니다. 비조정 지역이라고 우습게 여기면 안 됩니다. 비조정 지역에서도 많게는 4억 원 가까이 오른 단지도 있습니다. 그러므로 비조정 지역도 꼭 염두에 두어야 합니다.

여담으로 당첨자 발표일이 같으면 2개를 청약할 수 있을까요? 없습니다. 일단 2개 다 당첨 여부와 상관없이 넣은 것 자체가 무효입니다. 당첨자 발표일이 같을 때는 본인이 2개를 넣으면 안 됩니다.

만약 입주권이나 분양권을 사고 싶다면 70쪽 표를 눈여겨보세요. 2019년 말 현재 서울에서 분양권으로 거래가 가능한 단지가 4개밖에 없습니다. 신촌 그랑자이는 2020년 2월 입주 예정이고, 신정 아이파크 위브가 2020년 3월에 입주하면 서울에서 분양권 거래가 가능

서울 분양권 전매 가능 단지 가구 현황

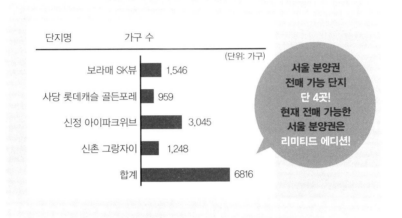

단지명	가구 수
	(단위: 가구)
보라매 SK뷰	1,546
사당 롯데캐슬 골든포레	959
신정 아이파크위브	3,045
신촌 그랑자이	1,248
합계	6816

서울 분양권 전매 가능 단지 단 4곳! 현재 전매 가능한 서울 분양권은 리미티드 에디션!

한 단지는 끝이 납니다. 마지막 기회인 셈이지요. 그러니 자금 여력이 있다면 여기에 내집을 마련하는 것도 추천합니다.

한마디로 지금 서울은 리미티드 에디션(한정판)입니다. 어찌 보면 서울 아파트는 선택받은 사람만 가질 수 있는 한정판으로 가고 있습니다. 분양권 전매가 가능한 단지를 모두 합해도 7,000가구 정도에 불과하니까요.

한 가지 덧붙이고 싶은 것은 '특별 공급'인데 이것은 말 그대로 특별한 기회입니다. 세대당 평생 한 번 쓸 수 있지요. 신혼부부, 노부모, 장애인, 중소기업 특별 공급 등 많은 종류가 있으니 조건을 갖추고 있다면 가점이 낮아도 도전해보기 바랍니다. 일반 공급은 예비 입주자를 가점순으로 선정하지만 특별 공급은 추첨으로 선정합니다. 1순위는 예비 당첨이 100퍼센트 가점제입니다. 특별 공급은 대략 10퍼센트가 부적격 물량으로 나오는데 이때 접수자 사이에서 추첨으로 뽑습니다. 그러므로 만약 특별 공급을 찾는다면 당첨에 가까이 다가가는 좋은 기회이므로 꼭 찾아보길 권합니다.

세계적인 투자가 워런 버핏이 이런 말을 했습니다.

"가장 위험한 투자는 저축이다."

지금 같은 초저금리 시대에 돈을 은행에 묻어두는 것만큼 위험한 건 없습니다. 열심히 공부해서 실물자산에 투자하세요. 저는 가장 위험한 투자는 전세라고 생각합니다. 하루라도 빨리 내 집을 마련해서 부의 추월차선에 올라타시기 바랍니다.

고종완

한국자산관리연구원장. 도시 부동산 자산관리의 융복합 전문가로 인하대 정책대학원 초빙교수, 한양대 도시융합대학원 특임교수, 국민연금공단 투자심의위원, 산업단지공단자문위원 등으로 다양하게 활동하고 있다.

앞으로 3년,
똘똘한 한 채에서 답을 찾다

고종완, 한국자산관리연구원장

　흔히 경영학과 '성공학'에서는 이런 질문을 합니다. 성공하는 사람과 실패하는 사람에게 근본 차이가 있을까요? 이걸 '부자학'에서는 "부자와 가난한 사람에게 부를 누리거나 가난한 근본 이유가 있을까요?"라고 묻습니다. 저는 있다고 봅니다. 제가 파악한 바로는 실패하는 사람은 핑계와 변명을 많이 하고 성공하는 사람은 '새로운 방법', '창의적 전략', '새로운 패러다임'을 찾습니다.

　그럼 부동산투자에 성공해 부자가 되는 방법은 무엇일까요? 그 답은 워런 버핏이 늘 강조하는 내재가치 내지 미래가치에 있습니다.

저는 부동산을 종합응용과학으로 보는데 실제로 과학적인 투자법은 따로 있습니다.

부동산 분야에는 훌륭한 전문가가 많지만 주관적으로 각자 자기가 보고 싶은 것만 보는 경우도 많습니다. 그것은 과학적이거나 객관적이거나 올바른 방법은 절대 아닙니다. 저는 부동산투자는 당장 내년 전망이 중요할 수도 있지만 한국인은 보통 주택을 구매하면 보유 기간이 10.7년이므로 적어도 10년 앞을 내다보는 장기적 안목이 중요합니다.

강의 제목이 재밌는데 여기서 말하는 '똑똑한 한 채'를 저는 '슈퍼 부동산'이라고 부릅니다. 아파트로 치면 '슈퍼 아파트'지요. 그럼 슈퍼 부동산의 반대말은 무엇일까요? 바로 '좀비 부동산'입니다. 똑똑한 한 채를 경제학 관점에서 정의하자면 자본수익과 임대수익을 모두 갖춘, 그러니까 복합 수익 부동산을 말합니다.

'수익형' 하면 사람들은 대체로 임대수익만 떠올립니다. 부동산에 투자하면서 임대수익만 따지면 될까요? 절대 안 됩니다. 임대수익과 자본수익을 동시에 고려해야 합니다. 대표적인 사례가 오피스텔과 상가입니다. 오피스텔 수익률이 4퍼센트 이상이면 대개 수익이 괜찮다고 말하지요. 문제는 오피스텔이나 주상복합에 결정적 단점이 있다는 사실입니다. 이런 부동산은 노후화하면 가격이 대폭 하락합니다. 임대수익이 4~5퍼센트 나와서 만족했는데 8~10년 후 팔려고 내놓으니 분양받은 가격보다 더 내려간 경우가 80퍼센트에 달합니다.

가령 1억 원짜리 오피스텔이나 상가를 사서 임대수익을 올렸는데 팔 때 8,000만 원으로 내려간다면 그동안 받은 임대수익은 허사가 되어버립니다. 그냥 내 살을 내가 깎아먹은 꼴이 아닙니까? 특히 중소형 아파트가 인기 있는 이유는 월세도 받고 대지 지분이 넓어서 시간이 지났을 때 시세 차익도 기대할 수 있기 때문입니다.

부동산은 두 가지, 즉 토지와 건물로 구성되어 있습니다. 토지에는 무한성, 영속성이라는 특징이 있지만 건물은 그렇지 않습니다. 현재 수많은 부동산이 있으나 복합 수익형을 동시에 달성하는 부동산은 30퍼센트 이내입니다. 그 나머지는 시간이 갈수록 좀비 부동산이 되어버립니다. 여러분이 보유한 부동산의 70퍼센트 정도는 재산을 깎아먹는 좀비 부동산에 해당됩니다. 바로 여기에 주상복합을 피해야 하는 이유가 있습니다. 주상복합은 15년을 넘어가면 좀비로 전락합니다.

아파트 가격을 결정하는 핵심 요소

저는 부동산을 공부하는 학생들에게 세 가지 질문을 합니다. 왜 부동산을 공부하나요? 부동산의 개념은 무엇인가요? 입지란 무엇인가요? 하지만 석·박사 과정 학생들에게 물어도 이들 질문에 정확히 답변하는 사람은 드뭅니다. 부동산이 중요하고 부동산투자로 부를 축적하고자 하는 사람들이 부동산이 뭔지 제대로 모르는 겁니다.

부동산이란 '토지와 건물로 구성되어 있고 위치성을 지닌 독특한 재화'를 말합니다. 여기서 위치는 입지를 의미하지요. 그 입지 중에서도 핵심 입지가 아주 중요합니다. 토지는 무한하고 영속적이며 지구가 멸망하지 않는 한 이 땅은 사라지지 않습니다. 결국 땅값이 올라야 집값과 부동산이 오릅니다. 이건 진리이기 때문에 언제나 기억하고 있어야 합니다.

건물은 시간이 경과하면 노후화하면서 감가상각이 일어나 경제적 가치가 감소합니다. 경제가치가 감소하면 당연히 가격이 하락하지요. 우리의 관심에서 최종 변수는 바로 가격 변동입니다. 내가 소유한 집값이 오를까, 아니면 내릴까? 부동산을 갖고 있는 사람은 누구나 가격이 오를지, 내릴지 가장 궁금해 합니다. 그 답은 바로 토지에 있습니다. 이것이 부동산의 근본 가치입니다.

마찬가지로 10년 후 집값을 고려할 때 가장 중요한 변수는 토지입니다. 1~2년 단기적으로는 토지 가치를 그대로 반영하지 않을 수도 있어요. 아파트는 30년이 넘어가면 사용 가능 햇수(내용연수)가 다 되어 건물 가격을 따로 계산하지 않습니다. 꼬마 빌딩, 즉 중소형 빌딩을 살 때도 20년이 넘어가면 건물 값은 계산하지 않아요.

투자가치가 높은 아파트, 다시 말해 슈퍼 아파트는 대지 지분이 넓고 땅값이 꾸준히 오르는 아파트입니다. 여기에다 주거 환경까지 갖추면 금상첨화죠. 교육, 교통, 문화시설, 편의시설, 상업시설, 녹지공간이 잘 갖춰진 곳은 주거가치가 높습니다. 이처럼 투자가치와 주거가치를 동시에 갖추고 있는 곳이 바로 지금의 강남입니다. 이제 미군이 이전하고 민족공원이 들어설 용산이 그런 가치를 갖출 예정이라 미래가치를 높게 평가받고 있습니다.

그런데 주거가치에는 의외의 사실이 숨어 있습니다. 아파트 투자에 실패하는 사람은 대체로 고정관념과 편견에서 벗어나지 못하는 자세를 보입니다. 사실 가격이 오르지 않는 아파트는 대지 지분이 적을 가능성이 큽니다. 재건축할 때 보면 그 민낯이 적나라하게 드러나지요. 저층 아파트인 개포나 반포주공 1단지가 비싼 이유는 투기가 몰려서가 아니라 대지 지분이 넓기 때문입니다.

가치투자법에 따르면 건물 면적 위주로 나눠 가령 15억 원짜리 99제곱미터(약 30평)를 평당 5,000만 원으로 계산하는 방법은 옳지 않습니다. 때로는 개업하는 공인중개사마저 자기 아파트의 대지 지분이 정확히 어느 정도인지 아는 사람이 드뭅니다.

대지 지분은 등기부등본에 나오는 숨은 가치입니다. 저는 앞으로 GTX A·B·C, 신안산선 같은 교통의 3차 혁명도 집값 변동에 큰 영향을 미치리라고 봅니다. 그러니까 여러분이 사는 동네의 주거만족도가 높은데도 아파트 가격이 오르지 않는다면 대지 지분이 적고 땅값이 오르지 않아서 그런 겁니다. 즉, 미래 변화가 없는 것이지요.

도시공학에서는 흥망성쇠를 기준으로 성장도시인가, 비성장도시

인가를 연구합니다. 부동산은 지역성과 장소성을 기반으로 하는 독특한 재화로 입지가 중요한데 이것은 곧 독점권을 의미합니다. 입지는 편익 창출 효과를 내기 때문에 중요한 겁니다. 알다시피 입지는 단 하나밖에 없습니다. 70억 인구 중에 똑같은 사람이 한 명도 없듯 이 많은 땅 중에서도 그 입지는 그곳 하나밖에 없어요. 그래서 입지는 독점권을 갖고 유용성과 효용성 같은 편익을 창출합니다. 물론 이것은 가격으로 연결되고요.

성장 지역인지 쇠퇴 지역인지 그 미래 변화를 구별하는 요소는 네 가지로 정리할 수 있습니다.

첫 번째는 인구 증가입니다. 인구밀도가 증가하지 않으면 절대 성장 지역으로 볼 수 없습니다. 아마 집값이 오르지 않는 지역은 인구가 감소하거나 정체 상태일 겁니다.

두 번째는 소득 증가입니다. 부동산 구매력이 늘어나려면 사람들의 소득이 증가해야 하지요.

세 번째는 생산 인구 증가입니다. 생산 인구란 15~64세 인구를 말하는데 인구가 증가했어도 이 나이대를 벗어난 인구라면 땅값이 별로 오르지 않습니다. 한마디로 구매력을 갖춘 생산 인구가 증가하는 것에 주목해야 합니다.

네 번째는 인프라입니다. 쉽게 말하면 교통이 편리해야 한다는 말입니다.

교통시설, 문화, 상권, 행정계획에 주목하라

여러분은 반드시 성장 지역에 투자해야 하는데 성장 지역이라고 하려면 다음 네 가지 강점을 갖추고 있어야 합니다. 그것은 바로 교통시설, 문화, 상권, 행정계획(개발계획)입니다.

먼저 교통시설을 보면 무엇보다 신역세권에 주목해야 합니다. 앞으로 집값이 오를 지역을 찾는다면 청량리나 상봉, 망우리, 신독산역 같은 신역세권을 살펴보십시오. 지금껏 이런 곳은 주목받지 못했지만 2027년까지 이곳에서 GTX A·B·C, 신안산선 등 3차 대중교통 혁명이 일어납니다. 다만 우리나라는 완공이 늦어지는 경우가 많으므로 이것을 감안해야 합니다. 아무튼 교통시설이 들어서면 집값이 엄청나게 오릅니다. 예를 들어 9호선이 개통된 뒤 역마다 약간씩 차이는 있지만 15~23퍼센트나 올랐습니다. 다시 한 번 강조하지만 이는 건물이 오르는 게 아니라 땅값이 오르는 겁니다.

문화에는 한류문화와 역사문화가 있습니다. 한류문화의 중심은 강남입니다. 그중에서도 가장 유망한 곳이 삼성동과 종합운동장이지요. 무엇보다 GTX A·C와 위례신사선 등이 들어서서 신설 역세권으로 부상할 경우 10~20퍼센트 상승까지 점쳐집니다. 제가 예전에는 강남의 신트라이앵글로 수서, 삼성, 잠실에 주목하라고 했는데 지금은 압구정과 반포와 용산에 관심을 기울여야 합니다.

역사문화의 중심지는 광화문을 중심으로 한 사대문 안입니다. 흔히 외국인들은 대한민국 역사문화가 궁금하면 경복궁을 찾아가지요. 실제로 외국인은 한국의 빌딩을 구매할 때 광화문과 테헤란로에 있는 건물이 아니면 쳐다보지도 않습니다. 다른 지역에도 빌딩이 수두룩하지만 광화문과 테헤란로는 그야말로 '대체불가성' 입지를 갖추고 있거든요. 이곳은 문화 성장성이 높은 핵심 입지입니다.

그다음으로 상권 활성화가 중요합니다. 대표적인 예가 강남역과 홍대입구역 상권이지요. 상권이 계속 확장되고 젊은이들이 밤낮으로 모여드는 지역은 허투루 보아 넘기면 안 됩니다. 그곳의 대지가 넓은 단독주택을 구매하세요. 제가 전에 상담을 하면서 고객에게 홍대입구역 근처에 평당 1,500만 원인 단독주택을 구매하라고 권했습니다. 그것이 4년 만에 평당 4,000만 원으로 올랐습니다. 내 돈 5억 원을 투자해 대출을 끼고 9억 원에 구입한 단독주택이 24억 원으로 뛴 것입니다.

나중에 그 투자자가 그렇게 오를지 어떻게 알았느냐고 묻더군요. 제게 앞날을 예지하는 특별한 능력이 있는 것은 아닙니다. 다만 어느 날 홍대 상권에 갔더니 저녁에 젊은이들이 바글바글하고 외국인까지 모여들더라고요. 사람이 그렇게 모여드니 앞으로 단독주택이 카페나 음식점 같은 상업지로 변하리라고 내다본 것뿐입니다.

마지막으로 행정계획은 그곳에 개발계획이 받쳐주고 있다는 것을 의미합니다. 지금은 3기 신도시와 도시재정비지역이 유망합니다. 투자할 때 필요한 자세 중 하나가 '버티기'입니다. 서울의 40퍼센트는 버틸 때 이긴 수 있는 성장 지역입니다. 다만 2030~2040년까지 버텨야 합니다. 그렇다고 모든 지역이 그런 것은 아닙니다. 서울의 성장 지역에 투자하고 2030년까지 장기 보유하면 자산관리에 성공할 확률이 높습니다.

급등이나 급락이 없는 2020년 서울 부동산시장

여러분이 부동산시장에 들어갈 때는 근원적 질문 세 가지를 해봐야 합니다. 지금이 집을 살 때인가, 팔 때인가? 투자 유망(성장) 지역은 어디인가? 어떤 부동산(아파트)이 투자가치가 가장 높은가? 이 세 가지 질문에 부동산 문제의 고민이 다 담겨 있습니다. 소위 3박자 성공투자 법칙이죠.

주택은 행정 지역과 생활권마다 다릅니다. 부동산 경기는 경제학 관점에서 예측이 가능한데 이것은 단기·중기·장기로 나눠 단기예측, 중기예측, 10년 장기예측으로 구분해야 합니다.

일단 2020년 서울은 강보합으로 갈 전망입니다. 급등과 급락이 없을 거라는 얘기입니다. 그러니까 계속 오른다는 말은 그다지 신빙성이 높지 않습니다.

물론 여기에는 근거가 있습니다. 10년 주기설과 벌집순환모형을 보면 집값은 5~6년 상승하면 다음 4~5년은 하향 안정으로 가는

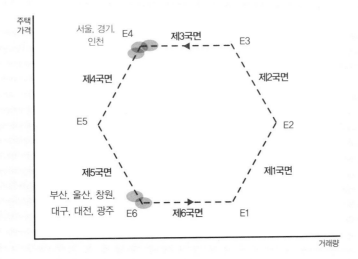

2020년 지역별 주택 순환 국면

자료: 한국자산관리연구원

사이클을 변함없이 주기적으로 반복합니다. 통계가 나온 1980년대부터 30년 동안 그런 모습이었지요. 주택시장을 분석해서 나온 이론이 그런 방향을 제시한다면 부동산만 연구하는 제 입장에서는 앞으로 10년도 그럴 확률이 높다고 말할 수밖에 없습니다.

사실 강남은 2013년부터 집값이 올랐고 강북은 2014년부터 올랐어요. 그러니까 6년째 오른 강남이 2019년마저 올랐으니 장기 대상승을 한 셈입니다. 대표적으로 대치동 은마아파트는 가격이 7억 2,000만 원에서 21억 원까지 올랐습니다. 잠실주공 5단지는 8억

6,000만 원에서 23억 원까지 올랐고요. 무려 3배나 올랐지요.

투자자 워런 버핏은 저점 매수, 고점 매도를 강조하는데 이것은 무릎에서 사서 어깨에서 팔라는 얘기입니다. 7억 원이 바닥이었다면 21억 원은 무릎일까요? 제가 볼 때는 어깨를 넘은 듯합니다. 이것이 계속 30억 원, 40억 원으로 바로 갈 수 있을까요? 부동산도 상승 사이클과 하락 사이클을 주기적으로 반복한다는 것을 모르면 '그렇다'고 말할 수도 있습니다. 이는 삼성전자가 150만 원에서 300만 원으로 뛰니까 500만 원까지 간다고 개미들이 몰려든 것과 다를 바 없습니다. 군집행동이지요.

만약 은마아파트 7억 원이 바닥이라면 21억 원은 결코 허리는 아닙니다. 적어도 어깨는 왔고 더 오르더라도 머리 정도만 남은 셈입니다. 이제 상투를 잡겠다고 들어가는 게 올바른 전략일까요? 바닥도 허리도 아니고 머리를 앞둔 상태에서 뒤늦게 고점 매수하는 전략은 성공할 가능성이 낮고 오히려 리스크가 높습니다. 구체적으로 강남 재건축이나 마용성(마포, 용산, 성동)에서 새 아파트를 노려 투자 목적으로 접근하는 것은 기대치는 낮고 위험치는 높습니다.

그럼 투자 유망 지역은 어디일까요? 수도권에는 투자 기회가 많은데 특히 GTX에 답이 있습니다. GTX에서도 SRT와 KTX 효과가 비슷하게 나타날 거라고 봅니다. 그중에서도 GTX 종착지가 되거나 교통 사각지대에서 교통 편의 지대로, 다시 말해 교통 열세 지역에서 교통 우위 지역으로 바뀌는 지역에 주목해야 합니다. 한마디로 교통편익 창출 효과가 높은 곳에 선택과 집중을 해야 합니다.

3기 신도시 역시 유망합니다. 3기 신도시에서는 무엇보다 시범 단지 분양을 노려야 합니다. 이것을 기억했다가 투자하면 1~2억 원에서 2~3억 원은 손에 쥘 수 있을 겁니다. '시범 단지'는 아주 중요한데요. 사람들은 대체로 시범 단지에 청약하지 않습니다. 더 기다리는 것이죠. 보통 시범 단지 분양이 끝나고 외곽 지역에 분양할 때 청약 경쟁률이 높아지면 그때 뒤따라서 합니다. 그런 다음 나중에야 땅을 치고 후회하지요.

그 대표적인 예가 화성 동탄2신도시와 평택입니다. 위례신도시도 마찬가지고요. 당시 제 권유를 받아들이지 않고 뒤늦게 외곽 지역에 뛰어든 사람들이 지금 땅을 치고 후회합니다. 시범 단지가 가장 노른자위 땅이고 분양가도 가장 저렴합니다. 그런데 왜 청약하지 않을까요? 의심스럽기 때문입니다.

지금 수도권에도 신규 분양 아파트가 나오고 있습니다. 더 내려가서 대대광(대구, 대전, 광주), 부울경(부산, 울산, 경남)은 오히려 바닥을 치고 올라오는 중입니다. 한데 지방에 투자할 때도 반드시 성장 지역을 고려해야 합니다. 성장 지역이 아니면 절대 투자하지 마십시오. 핵심 입지와 미래가치, 미래 변화를 모두 고려해서 신중하게 투자해야 합니다.

서울의 집값이 떨어지지 않는 이유

마지막으로 어떤 부동산이 투자가치가 가장 높을까요?

여러분은 2020년에 집값이 내릴지 오를지 알 수 있나요? 내가 좋아하는 전문가의 말에 따라 투자해야 할까요? 아닙니다. 가장 객관적인 방법은 거래량을 살펴보는 일입니다. 거래는 가격을 1~2분기 선행하며 장기적으로는 1년 정도 선행합니다. 그러니까 집값이 오를 때는 먼저 거래량이 증가합니다. 그다음으로 주목해야 할 것은 전세가입니다. 전세가와 매매가는 동행하는데 전세가가 약간 선행하는 선행지표지요.

2019년 말 현재 거래량이 20퍼센트 감소했습니다. 그럼에도 불구하고 전세가는 떨어지지 않고 있습니다. 이는 상승요인과 하락요인이 맞물려 있다는 의미입니다. 그리고 서울은 미분양이 줄어들고 있

부동산 경기변동 사이클 예측

부동산 경기변동(순환) 사이클이 있다 ➡ 시기 선택

단기(1~2년) 예측은 선행지표에 주목하라

선행지표: 거래량, 전세 가격, 미분양 추이, 인허가 물량 추이,
경매 낙찰률, 낙찰가율 등

고 인허가 물량도 마찬가지입니다.

　서울의 집값이 떨어지지 않는 이유는 우선 땅값이 내리지 않기 때문입니다. 또 거래량은 감소하지만 전세가가 내리지 않는 원인은 공급 부족에 있습니다. 주택보급률 지표를 보면 96.3~105가 적정선인데 인구와 가구 수에 비해 주택이 가장 적은 곳이 서울입니다. 그중에서도 가장 적은 곳이 강남입니다. 강동은 조금 다릅니다.

　결국 강남 3구가 오르니까 인접성 효과로 강남 옆의 성동구, 송파곁의 광진구, 서초와 인접한 동작구, 광화문에 붙어 있는 마포구, 광화문과 가까운 용산이 떠오르는 겁니다. 여기에다 마포가 오르니까 서대문이 뜨고 용산이 오르자 동대문이 뜹니다. 이처럼 인접성에 따른 확산 효과가 생길 때 어디에 투자해야 하는지 알고 있나요? 바로 관문 효과(Gateway Effect)에 주목해야 합니다. 가령 금천구와 구로구는 광명과의 사이에 있지요. 또한 고양 신도시를 비롯해 그 주변의 덕이지구도 움직이고 있습니다.

　만약 1~2년이 아니라 4~5년을 예측하고자 한다면 7대 변수가 중요합니다. 그것은 실물경기, 부동산 정책, 금리, 수급, 투자심리, 주택담보대출 잔고 그리고 해외 부동산 동향입니다.

　이 중 2020년 실물경기는 별로 좋지 않습니다. 집값은 경제의 기초체력이고 그 체력이 좋지 않은데 집값이 오르는 이유는 금리 때문입니다. 그래서 오래가지 않을 전망인데다 부동산 정책은 계속 규제를 강화하고 있습니다.

문제는 수급 법칙에 있습니다. 서울은 2021년 입주 가뭄이 올 전망입니다. 서울의 '적정 물량'은 4만 5,000가구인데 지금까지 4만 가구를 밑돌았습니다. 이렇게 공급이 부족하다 보니 전세가가 오르고 또 전세가가 오르니까 매매가가 올랐지요. 이것이 지난 5년 동안 서울시 집값의 모습입니다.

그래서 결론이 뭐냐고요? 집값은 2020년부터는 안정 국면으로 접어들 겁니다. 지난 5년 동안 집을 못 샀다면 기회를 놓쳤다고 그냥 인정합시다. 실은 2013~2015년에 샀어야 합니다. 그렇다고 포기할 필요는 없습니다. 분명 다음 기회가 올 거니까요.

부동산 경기는 인구와 소득이 증가하고 교통 혁명으로 인프라를 확충하는 2030년까지는 집값이 상승곡선을 그리면서 우상향할 가능성이 큽니다. 무엇보다 거래 증가, 전세가 상승, 땅값 상승, 미분양 감소 같은 확실한 상승 징후가 나타나면 자신 있게 투자해도 좋습니다. 그렇지만 매년 오를 수는 없습니다. 아직 집을 구하지 못한 사람은 기회가 올 테니 계속 관심을 기울이기 바랍니다. 그런데 재밌게도 사람들은 집값이 내리면 더 내리지 않을까 싶어 망설이다가 기회를 놓칩니다. 저점 혹은 바닥이라고 생각되면 매수 기회라고 판단하고 너무 망설이지 말고 붙잡으십시오.

지분을 많이 보유한 단독주택 시대가 온다

부동산가격은 유용성, 상대적 희소성, 유효 수요, 이전성 등의 요인을 중심으로 결정됩니다.

대표적으로 강남이 오르는 데는 몇 가지 이유가 있습니다. 알다시피 강남은 유용성, 편의성, 효용성을 갖추고 있어서 주거만족도가 높습니다. 예를 들어 강남 신반포 아크로리버파크가 평당 1억 원이 가는 것은 편리해서입니다. 특히 중소형 새 아파트는 편의성 창출 효과가 큽니다. 더구나 요즘 한강변에 새 아파트가 별로 없어서 희소성으로 인해 30억 원이 넘어갑니다. 여기에다 강남 사람들은 구매력을 갖추고 있지요. 마곡이나 강북의 한강변에 30억 원에 내놓으면 팔릴까요? 그곳은 구매력이 낮아 팔리지 않을 겁니다. 여기에 하나를 보탠다면 강남은 미래가치가 높습니다.

미래가치 얘기가 나왔으니 좀 더 다루자면 앞으로 지분을 많이 보유한 단독주택, 다가구주택 시대가 오리라고 봅니다. 단독주택, 다가구주택, 상가주택 중에서도 도심의 성장 지역에 있는 것이 유망합니다. 55세 이상은 아파트보다 다가구주택을 선호하기 때문에 다가구주택도 유망하지요. 단, 성장 지역에 한해서 그렇습니다. 가령 삼성동이나 용산 같은 새로운 신설 역세권의 단독주택, 다가구주택도 눈여겨보는 것이 좋습니다.

서울은 아파트가 2013년부터 올랐고 전세가는 2012년부터 올랐어요. 그 이유는 다음 그래프에 나타나 있듯 인구 1,000명당 주택보급률이 굉장히 낮아서 그렇습니다. 서울은 공급이 늘어나지 않으면 앞으로도 절대 가격 안정을 꾀할 수 없을 것입니다.

땅값을 보면 서울이 12퍼센트가 올랐어요. 서울이 인천, 경기보다 집값이 많이 오른 원인은 땅값 상승에 있습니다.

그동안 한국은 다른 나라보다 집값이 높지 않다고 봤는데 최근 바뀌었습니다. PIR(소득 대비 주택가격비율) 지표를 보면 한국이 글로벌 집값보다 결코 낮지 않습니다. 오히려 서울은 상당히 높습니다. 이는 결국 리스크를 조심해야 한다는 의미입니다.

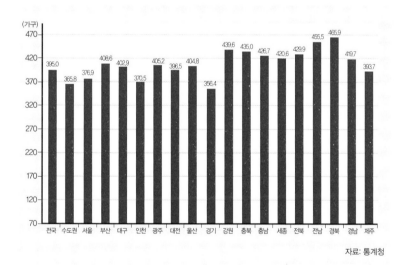

2017년 인구 1,000명당 주택 수

자료: 통계청

3장 부동산 앞으로 3년, 똑똑한 한 채에서 답을 찾다 현재 가장 좋은 투자법은 청약 전략입니다. 따라서 자신의 가점을 계산해보고 최대한 점수를 높일 방법을 궁리해야 합니다. 부모님을 모시는 것도 좋고 아이를 낳는 것도 괜찮습니다. 최선을 다해 청약 가점을 높일 방법을 찾아보십시오.

앞으로 부동산시장 트렌드는 어떻게 변화할까요? 20~30대 젊은층은 비록 저가 소형에 살지라도 도심권으로 몰릴 것입니다. 반면 40~50대는 외곽으로 빠져나가 중가 중형에 살고요. 그럼 60~70대는 어디로 갈까요? 저소득층은 20~30대와 비슷하고 중간 소득층은 도심권의 소형 고급주택이나 도심 근교의 중저가 주택에 살 겁니다. 즉, 이들은 도심 회귀 현상을 보입니다. 나이가 들수록 서울 5대 병원 옆으로 가야 한다는 것을 실감하기 때문입니다. 그러므로 은퇴 후 지방에 가더라도 부동산은 서울에 그냥 두고 이동하기 바랍니다. 특히 지방의 80퍼센트는 인구와 소득이 감소하므로 설령 아파트를 팔아 지방에 꼬마 빌딩을 사더라도 재산상으로 그다지 이익을 얻지는 못합니다.

용산, 청량리, 왕십리, 신독산역 지역에 주목하라

서울에 투자하고 싶을 때 가장 먼저 살펴봐야 하는 것이 다음 표의 공간구조 구상도입니다. 한눈에 봐도 사대문 안과 강남, 영등

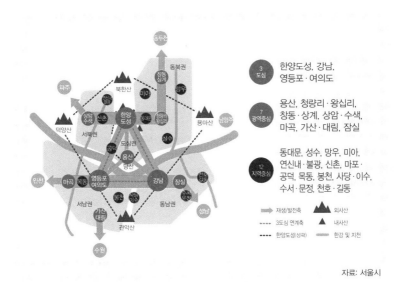

서울 공간구조 구상도

3 도심	한양도성, 강남, 영등포·여의도
7 광역중심	용산, 청량리·왕십리, 창동·상계, 상암·수색, 마곡, 가산·대림, 잠실
12 지역중심	동대문, 성수, 망우, 미아, 연신내·불광, 신촌, 마포·공덕, 목동, 봉천, 사당·이수, 수서·문정, 천호·길동

재생/발전축　외사산
3도심 연계축　내사산
한양도성(성곽)　한강 및 지천

자료: 서울시

포·여의도로 답이 나옵니다. 이곳을 놓친다면 용산, 청량리, 왕십리에 주목하는 것이 좋습니다. 특히 용산은 장기적으로 전망이 아주 밝습니다. 당장은 청량리가 지하철이 여덟 개나 들어가므로 관심을 기울일 필요가 있습니다.

또한 서울시 도시재생 중점 추진 지역으로 창동, 상계, 상암, 수색, 서울역 역세권이 들어갔는데 여기에는 삼성과 잠실도 있습니다. 저는 그중에서 성동구 송정동과 광진구 자양동을 눈여겨보기를 권합니다. 특히 동북권에는 꼬마 빌딩을 사는 것이 좋습니다. 상업지가 늘어나면 건물 밀도가 늘어날 가능성이 크니까요. 주택은 인구밀도가, 건물은 건물 밀도가 높은 곳에 투자하는 것이 맞습니다.

한편 서울의 경전철 예정 노선을 보면 생활권 대혁명이 일어나고 있음을 알 수 있습니다. 이 중에서 독산과 면목을 잘 보아두십시오. 특히 영등포구와 동작구 사이에 있는 관악구가 그동안 저평가를 받았는데 열세 지역이던 이곳이 우세 지역으로 바뀌고 있습니다. 금천구 역시 마찬가지입니다.

한강변도 변함없이 주목할 필요가 있습니다. 한강변에 있는 풍납, 암사, 광진 지역 한강 조망권 값이 3억 원에 달합니다. 신반포 아크로리버파크는 한강 조망권 값이 8억~12억 원에 달하지요. 용산도 한강 조망권에 따라 1억 5,000만 원에서 2억 원의 차이가 납니다.

용산과 마찬가지로 삼성동 한전부지와 잠실 종합운동장 인근 지역은 알짜 중의 알짜입니다. 저는 삼성동보다 종합운동장역에 더 관심이 많은데 여기는 다가구주택도 좋습니다. 영동대로 지하에도 복합환승센터를 만든다고 합니다.

양재와 우면동 일대는 양재R&D지구 계획, 경부고속도로 지하화 계획 등이 있어서 다가구주택이라도 괜찮습니다. 용산은 서울역과 용산역을 연결하고, 용산 민족공원 86만 평을 100만 평의 남산과 연결하고, 한강과 연결하고, 세운상가와 연결하고, 서울역과 연결하며 여기에다 신분당선 연장선이 들어섭니다. 국제업무지구까지 개발하고요. 특히 원효로와 삼각지가 핵심 지역입니다. 세종대로 밑에 잠실

야구장 2배의 지하보행로를 연결할 계획이며 창경궁과 종로3가 사이의 역사인문재생계획도 눈여겨보기 바랍니다.

신안산선 복선전철이 지나가는 신독산도 유망합니다. 아파트든, 단독주택이든, 상가주택이든 그동안 지하철이 다니지 않던 곳에 주목하십시오. 서울의 변두리로 여기던 도봉, 구파발, 강일, 신내, 수서 등 12개 지역 중에서도 신내 소형 아파트가 좋습니다. 광명, 시흥과 연결되는 석수도 괜찮고요. 결론적으로 지하화 계획이 있거나 교통시설, 생태공원 등이 들어설 지역은 대체로 미래 전망이 밝습니다.

2020년 부동산 경기는 안정 국면으로 접어들 것입니다. 가장 유망하고 변화가 많은 곳은 서울이므로 10년 앞을 내다보고 서울을 눈여겨보되 특히 교통, 문화, 산업 변화에 주목하십시오. 물론 지방에도 기회는 풍부합니다. 부록에 제시하는 투자가치가 높은 슈퍼아파트에 관한 표를 참고 삼아 차분하게 미래를 준비하면 유망 지역에서 기회를 잡을 수 있을 겁니다.

지역별 슈퍼아파트 TOP10

구	동	아파트명	입주년도	총세대수	용적률	내재가치 종합	내재가치 입지	내재가치 수익	내재가치 희소	미래가치	투자가치판단
강서구	마곡동	마곡엠밸리6단지	2014	1,466	201	★★★	★★	★★★	★★★	★★★	높음
금천구	시흥동	남서울힐스테이트	2014	1,764	249	★★★	★★	★★★	★★★	★★★	높음
동작구	상도동	상도엠코타운에스톤파크	2013	882	202	★★★	★★★	★★★	★★★	★★★	높음
마포구	상암동	상암월드컵파크9단지	2010	1,036	197	★★★	★★★	★★★	★★★	★★★	높음
서초구	내곡동	서초더샵포레	2014	1,264	189	★★★	★★★	★★★	★★★	★★	높음
서초구	우면동	서초네이처힐3단지	2013	1,251	197	★★★	★★★	★★★	★★★	★★	높음
서초구	신원동	서초포레스타3단지	2014	482	140	★★★	★★★	★★★	★★★	★★	높음
성동구	옥수동	e편한세상옥수파크힐스	2016	1,976	208	★★★	★★★	★★	★★★	★★	높음
성동구	하왕십리동	텐즈힐	2015	1,702	224	★★★	★★★	★★	★★★	★★	높음
송파구	장지동	위례24단지(꿈에그린)	2013	1,810	194	★★★	★★	★★	★★★	★★★	높음

자료: 한국자산관리연구원 "살집팔집"

구	동	아파트명	용도지역	전용면적(m²)	입주년도	총세대수	용적률(%)	내재가치 종합	내재가치 입지	내재가치 수익	내재가치 희소	미래가치	투자가치판단
강남구	자곡동	강남한양수자인	2종주거	60.0	2014	1304	150	★★★	★★★	★★	★★★	★★	높음
강동구	상일동	고덕리엔파크3단지	3종주거	59.8	2011	2283	177	★★★	★★★	★★	★★★	★★	높음
강서구	마곡동	마곡엠밸리8단지	2종주거	59.8	2016	531	179	★★★	★★★	★★★	★★★	★★	높음
구로구	천왕동	천왕연지타운1단지	2종주거	60.0	2013	571	170	★★★	★★★	★★	★★★	★★	높음
동작구	상도동	상도엠코타운에스톤파크	2,3종주거	59.9	2013	882	202	★★★	★★★	★★	★★★	★★★	높음
마포구	상암동	상암월드컵파크9단지	2종주거	84.9	2010	1,036	197	★★★	★★★	★★	★★★	★★★	높음
서초구	내곡동	서초더샵포레	3종주거	59.9	2014	1,264	189	★★★	★★★	★★	★★★	★★	높음
성동구	하왕십리동	텐즈힐	3종주거	59.9	2015	1,702	224	★★★	★★★	★★	★★★	★★	높음
송파구	장지동	송파위례24단지꿈에그린	3종주거	59.7	2013	1,810	194	★★★	★★★	★★	★★★	★★★	높음
중구	만리동2가	서울역센트럴자이	2종주거	59.9	2017	1,341	234	★★★	★★★	★★★	★★★	★★	높음

자료: 한국자산관리연구원 "살집팔집"

서울시_ 일반 아파트

구	동	아파트명	입주년도	총 세대수	용적률	내재가치 종합	입지	수익	희소	미래가치	투자가치판단
강남구	개포동	대치	1992	1,758	174	★★★	★★★	★★	★★★	★★★	높음
강서구	방화동	방화5단지(도시개발)	1994	1,372	175	★★★	★★★	★★★	★★★	★★★	높음
관악구	봉천동	현대	1992	2,134	245	★★★	★★★	★★★	★★★	★★★	높음
금천구	독산동	독산주공14단지	1990	840	186	★★★	★★★	★★	★★★	★★★	높음
노원구	상계동	상계주공(14단지 저층)	1989	2,265	158	★★★	★★★	★★★	★★★	★★★	높음
도봉구	창동	주공(3단지)	1990	2,856	175	★★★	★★★	★★★	★★★	★★★	높음
동작구	대방동	대방2단지주공	1995	798	183	★★★	★★★	★★★	★★★	★★	높음
마포구	공덕동	래미안공덕4차	2005	597	199	★★★	★★★	★★★	★★★	★★★	높음
서초구	양재동	우성	1991	944	210	★★★	★★★	★★★	★★★	★★★	높음
송파구	장지동	송파파인타운10단지	2007	545	197	★★★	★★★	★★★	★★★	★★★	높음

자료: 한국자산관리연구원 "살집팔집"

서울시_ 재건축

구	동	아파트명	입주년도	총 세대수	용적률	내재가치 종합	입지	수익	희소	미래가치	투자가치판단
금천구	시흥동	럭키남서울	1982	986	123	★★★	★★★	★★	★★★	★★★	높음
마포구	성산동	성산시영	1986	3,710	148	★★★	★★★	★★★	★★★	★★	높음
서초구	반포동	주공1단지	1973	3,590	127	★★★	★★★	★★★	★★★	★★★	높음
서초구	반포동	반포미도(1차)	1987	1,260	177	★★★	★★★	★★	★★★	★★★	높음
송파구	잠실동	잠실주공(5단지)	1978	3,930	152	★★★	★★★	★★★	★★★	★★★	높음
송파구	잠실동	아시아선수촌	1986	1,356	152	★★★	★★★	★★★	★★★	★★★	높음
양천구	목동	목동신시가지(7단지)	1988	2,550	125	★★★	★★★	★★	★★★	★★	높음
양천구	신정동	목동신시가지(10단지)	1987	2,160	123	★★★	★★★	★★	★★★	★★	높음
영등포구	여의도동	시범	1971	1,584	169	★★★	★★★	★★	★★★	★★★	높음
영등포구	여의도동	광장	1978	744	194	★★★	★★★	★★★	★★★	★★★	높음

자료: 한국자산관리연구원 "살집팔집"

3장 부동산 앞으로 3년, 똑똑한 한 채에서 답을 찾다

서울시_ 비강남권

구	동	아파트명	구분	입주년도	총세대수	용적률	내재가치 종합	내재가치 입지	내재가치 수익	내재가치 희소	미래가치	투자가치판단
강서구	마곡동	마곡엠밸리6단지	새 아파트	2014	1,466	201	★★★	★★	★★★	★★★	★★★	높음
금천구	시흥동	남서울힐스테이트	새 아파트	2014	1,764	249	★★★	★★	★★★	★★★	★★	높음
마포구	상암동	상암월드컵파크9단지	새 아파트	2010	1,036	197	★★★	★★★	★★★	★★★	★★★	높음
성동구	옥수동	e편한세상옥수파크힐스	새 아파트	2016	1,976	208	★★★	★★★	★★★	★★★	★★	높음
성동구	하왕십리동	텐즈힐	새 아파트	2015	1,702	224	★★★	★★★	★★★	★★★	★★	높음
관악구	봉천동	현대	일반아파트	1992	2,134	245	★★★	★★★	★★★	★★★	★★★	높음
노원구	상계동	상계주공(14단지 저층)	일반아파트	1989	2,265	158	★★★	★★★	★★★	★★★	★★★	높음
도봉구	창동	주공3단지	일반아파트	1990	2,856	175	★★★	★★★	★★★	★★★	★★★	높음
마포구	성산동	성산시영	재건축	1986	3,710	148	★★★	★★★	★★★	★★★	★★	높음
양천구	목동	목동신시가지(7단지)	재건축	1988	2,550	125	★★★	★★★	★★	★★★	★★	높음

자료: 한국자산관리연구원 "살집팔집"

경기도_ 남부권

구구분	동	아파트명	구분	입주년도	총세대수	용적률	내재가치 종합	내재가치 입지	내재가치 수익	내재가치 희소	미래가치	투자가치판단
안양시만안구	석수동	두산위브	새 아파트	2010	742	229	★★	★★★	★★★	★★	★★★	높음
과천시	중앙동	래미안에코팰리스	일반아파트	2007	659	172	★★★	★★★	★★	★★★	★★	높음
광명시	하안동	주공7단지	일반아파트	1990	1,342	183	★★	★★	★★★	★★	★★★	높음
부천시소사구	괴안동	삼익세라믹	일반아파트	1989	781	133	★★★	★★★	★★	★★★	★★	높음
성남시분당구	백현동	백현1 푸르지오그랑블	새 아파트	2011	948	200	★★★	★★★	★★★	★★	★★★	높음
안산시상록구	사동	푸른마을5단지	일반아파트	2000	1,343	148	★★★	★★★	★★★	★★★	★★★	높음
수원시영통구	이의동	광교호반베르디움	새 아파트	2011	555	100	★★★	★★★	★★★	★★★	★★★	높음
수원시영통구	이의동	광교캠퍼스타운참누리	새 아파트	2015	356	104	★★★	★★★	★★★	★★★	★★	높음
용인시수지구	상현동	광교상록자이	새 아파트	2012	1,035	165	★★★	★★★	★★★	★★★	★★★	높음
하남시	덕풍동	하남풍산아이파크1단지	새 아파트	2008	686	180	★★★	★★	★★★	★★	★★★	높음

자료: 한국자산관리연구원 "살집팔집"

구구분	동	아파트명	구분	입주년도	총세대수	용적률	내재가치				미래가치	투자가치판단
							종합	입지	수익	희소		
파주시	동패동	한울마을7단지 삼부르네상스	새 아파트	2010	724	192	★★★	★★★	★★★	★★	★★	높음
파주시	야당동	한빛8단지휴먼시아	새 아파트	2011	1,062	160	★★★	★★★	★★★	★★	★★	높음
고양시 일산서구	주엽동	문촌9단지주공	일반아파트	1995	912	130	★★★	★★★	★★	★★★	★★	높음
양주시	고암동	휴먼시아7단지 (하늘빛마을)	일반아파트	2007	608	179	★★★	★★★	★★★	★★	★★★	높음
의정부시	신곡동	신성·벽산	일반아파트	1993	660	138	★★★	★★★	★★★	★★	★★	높음
고양시 일산서구	대화동	장성마을대명2	일반아파트	1995	591	162	★★★	★★★	★★★	★★★	★★	높음
남양주시	다산동	가운휴먼시아5단지	새 아파트	2008	495	169	★★★	★★★	★★★	★★	★★	높음
남양주시	진접읍	반도유보라	새 아파트	2010	873	136	★★★	★★★	★★★	★★	★★★	높음
김포시	장기동	한강호반베르디움	새 아파트	2012	1,584	180	★★★	★★	★★★	★★	★★	높음
김포시	운양동	김포 한강신도시 반도유보라2차	새 아파트	2013	1,498	180	★★★	★★	★★★	★★	★★	높음

자료: 한국자산관리연구원 "살집팔집"

구구분	동	아파트명	구분	입주년도	총세대수	용적률	내재가치				미래가치	투자가치판단
							종합	입지	수익	희소		
중구	운서동	영종주공스카이빌 10단지	일반아파트	2001	740	128	★★★	★★★	★★★	★★★	★★	높음
연수구	송도동	송도웰카운티1단지	새 아파트	2008	980	159	★★★	★★★	★★★	★★★	★★	높음
연수구	동춘동	연수풍림2차	일반아파트	1993	1,200	112	★★★	★★★	★★★	★★★	★★	높음
연수구	동춘동	현대1차	일반아파트	1993	1,040	111	★★★	★★★	★★★	★★★	★★	높음
연수구	연수동	연수주공2단지	일반아파트	1992	960	154	★★★	★★★	★★★	★★★	★★	높음
연수구	연수동	대동	일반아파트	1993	768	130	★★★	★★★	★★	★★★	★★	높음
서구	당하동	검단힐스테이트4차	새 아파트	2012	588	171	★★★	★★★	★★★	★★★	★★	높음
남동구	만수동	광명	일반아파트	1991	870	122	★★★	★★★	★★	★★★	★★	높음
남동구	논현동	에코메트로12단지 한화꿈에그린	새 아파트	2009	1,298	198	★★★	★★★	★★	★★★	★★	높음
남구	도화동	동원	재건축	1987	375	125	★★★	★★★	★	★★★	★★	높음

자료: 한국자산관리연구원 "살집팔집"

부산광역시

구	동	아파트명	구분	입주년도	총세대수	용적률	내재가치 종합	입지	수익	희소	미래가치	투자가치판단
해운대구	우동	해운대자이1단지	새 아파트	2013	935	265	★★★	★★★	★★★	★★	★★★	높음
해운대구	우동	경남마리나	일반아파트	1996	624	230	★★★	★★★	★★★	★★	★★★	높음
해운대구	반여동	아시아선수촌	일반아파트	2002	2,290	243	★★★	★★★	★★★	★★	★★★	높음
수영구	민락동	부산더샵센텀포레	새 아파트	2014	1,006	254	★★★	★★★	★★★	★★	★★★	높음
부산진구	당감동	주공(개금주공3단지)	일반아파트	1989	2,716	209	★★★	★★★	★★★	★★	★★★	높음
부산진구	부암동	당감뜨란채	일반아파트	2005	630	165	★★★	★★★	★★★	★★	★★★	높음
동래구	사직동	사직롯데캐슬더클래식	새 아파트	2017	1,064	264	★★★	★★★	★★★	★★	★★★	높음
남구	대연동	대연롯데캐슬	새 아파트	2015	564	219	★★★	★★★	★★★	★★	★★★	높음
남구	대연동	대연힐스테이트푸르지오	새 아파트	2013	2,304	260	★★★	★★★	★★★	★★	★★★	높음
기장군	기장읍	한신(2차)	일반아파트	1995	575	158	★★★	★★★	★★★	★★	★★★	높음

자료: 한국자산관리연구원 "살집팔집"

대구광역시

지역	아파트명	구분	입주년도	총세대수	용적률	내재가치 종합	입지	수익	희소	미래가치	투자가치판단
달성군 옥포면	대구옥포LH허브시티	새 아파트	2015	815	161	★★★	★★★	★★	★★	★★★	높음
달성군 다사읍	대실역청아람1단지	새 아파트	2008	769	208	★★★	★★★	★★★	★★	★★★	높음
달성군 다사읍	죽곡청아람3단지리슈빌	새 아파트	2012	597	206	★★★	★★★	★★	★★	★★★	높음
동구 효목동	진로이스트타운	일반아파트	1998	897	191	★★★	★★★	★★★	★★	★★★	높음
동구 신천동	신천휴먼시아5단지	새 아파트	2011	785	238	★★★	★★★	★★★	★★	★★★	높음
동구 율하동	대구율하2세계육상선수촌1단지	새 아파트	2011	528	169	★★★	★★★	★★	★★	★★★	높음
동구 봉무동	이시아폴리스더샵2차	새 아파트	2013	750	176	★★★	★★★	★★★	★★	★★★	높음
동구 방촌동	영남네오빌1차	일반아파트	2000	930	208	★★★	★★★	★★★	★★	★★★	높음
북구 읍내동	칠곡코스모스한양	일반아파트	1993	792	81	★★★	★★★	★★	★★★	★★★	높음
수성구 수성동1가	수성롯데캐슬더퍼스트	새 아파트	2015	979	227	★★★	★★★	★★★	★★★	★★	높음

자료: 한국자산관리연구원 "살집팔집"

구	동	아파트명	구분	입주년도	총세대수	용적률	내재가치				미래가치	투자가치판단
							종합	입지	수익	희소		
광산구	산월동	부영2차	일반아파트	2004	600	200	★★★	★★★	★★★	★★★	★★★	높음
광산구	소촌동	소촌라인1차	일반아파트	1994	904	75	★★★	★★★	★★	★★★	★★★	높음
광산구	월계동	첨단산업기지라인1차	일반아파트	1995	1,050	108	★★★	★★★	★★★	★★★	★★★	높음
광산구	월계동	첨단두산1차	일반아파트	1996	600	105	★★★	★★★	★★	★★★	★★★	높음
광산구	월계동	첨단호반2차	일반아파트	1997	590	110	★★★	★★★	★★	★★★	★★★	높음
광산구	월곡동	영천마을주공10단지	일반아파트	2003	1,300	185	★★★	★★★	★★★	★★★	★★★	높음
광산구	월곡동	영천마을주공9단지	일반아파트	2003	1,262	186	★★★	★★★	★★★	★★★	★★★	높음
광산구	장덕동	광주수완현진에버빌2단지	새 아파트	2009	509 (임대 2)	148	★★★	★★★	★★	★★★	★★★	높음
남구	송하동	금호타운	일반아파트	1996	568	67	★★★	★★★	★★★	★★★	★★	높음
서구	쌍촌동	현대	일반아파트	1997	820		★★★	★★★	★★	★★★	★★	높음

자료: 한국자산관리연구원 "살집팔집"

구구분	동	아파트명	구분	입주년도	총세대수	용적률	내재가치				미래가치	투자가치판단
							종합	입지	수익	희소		
서구	월평동	백합	일반아파트	1993	622	129	★★★	★★★	★★★	★★★	★★	높음
서구	탄방동	산호	일반아파트	1996	654	169	★★★	★★★	★★	★★★	★★	높음
유성구	봉명동	도안6단지센트럴시티	새 아파트	2010	854	184	★★★	★★★	★★★	★★★	★★★	높음
유성구	죽동	죽동푸르지오	새 아파트	2015	638	199	★★★	★★★	★★★	★★★	★★★	높음
유성구	장대동	장대푸르지오	일반아파트	2006	562	191	★★★	★★★	★★★	★★★	★★★	높음
유성구	지족동	노은리슈빌3	새 아파트	2015	502	186	★★★	★★★	★★★	★★★	★★★	높음
유성구	지족동	노은해랑숲마을5단지	새 아파트	2014	518	181	★★★	★★★	★★★	★★★	★★★	높음
유성구	원신흥동	양우내안애레이크힐	새 아파트	2015	500	150	★★★	★★★	★★	★★★	★★★	높음
중구	오류동	삼성	일반아파트	1989	2,526	187	★★★	★★★	★★	★★★	★★★	높음
중구	용두동	미르마을	일반아파트	2005	1,135	219	★★★	★★★	★★★	★★★	★★★	높음

자료: 한국자산관리연구원 "살집팔집"

김은진

레오대출연구소 대표. 경매로 부동산을 알기 시작했고 빡빡해진 대출 시장에서 맹활약 중인 실전 투자자다.

까다로워진 주택대출
10문 10답

김은진, 레오대출연구소 대표

우리가 대출을 받는 이유는 뭘까요? 대개는 레버리지(leverage, 지렛대) 효과를 높이기 위해 대출을 받습니다. 집값이 5억 원이던 시절에 2억 원을 대출받아 집을 산 사람이 있었습니다. 지금 그 집은 10억 원으로 올랐는데 대출은 그대로 2억 원입니다. 당시 절반에 가까운 대출을 받았지만 지금은 5분의 1로 줄어든 것이지요. 이처럼 레버리지로 현명하게 대출을 받으면 훨씬 더 유리하게 자산을 증식할 수 있습니다.

자산이란 내 돈과 남의 돈을 합한 것을 말합니다. 예전에 어르신들은 빚을 굉장히 두려워했습니다. 늘 빚내면 안 된다거나 빚부터 갚아야 한다고 강조하셨지요. 하지만 지금은 빚도 자산이고 빚을 얻는 것은 능력입니다. 은행에서 아무에게나 대출을 해주지는 않거든요. 대개는 능력과 정보가 있는 사람에게 대출을 해줍니다.

대출에는 밝은 면과 어두운 면이 있습니다. 밝은 면은 자산 증식이고 어두운 면은 능력 이상으로 받았다가 도산하는 것입니다. 능력 이상의 대출을 받았다가 혹시라도 집값이 하락하거나 공실이 나면 견디기 어렵지요. 그래서 능력에 맞는 대출을 받아야 하는데 여기에도 전략이 필요합니다.

대출에는 크게 세 종류가 있습니다. 먼저 신용대출인데 이것은 직장인이 자신의 급여에 따라 신용으로 받는 겁니다. 그다음으로 담보대출은 모든 담보를 평가해 거기에 맞게 대출을 받는 것이지요. 마지막으로 전세자금 대출은 전세로 입주할 때 받는 것입니다.

요즘은 대출이 많이 바뀌어서 용어를 어느 정도 이해해야 합니다. 가령 예전에는 '주택담보대출' 하면 다 똑같았지만 지금은 집을 살 때 받는 대출이 있고 집에 살면서 받는 대출이 있습니다. 집을 살 때 받는 대출에는 큰 제약이 없지만 집에 살면서 받는 대출(생활안정자금)에는 각서를 써야 합니다. '나는 앞으로 집을 사지 않는다'는 각서를 써야 하지요. 따라서 이 생활안정자금을 받을 때는 조금 주의해야 합니다.

저는 가능한 한 집을 살 때 최대한 대출을 받아 이용하라고 권합니다. 살다가 중간에 받는 대출로는 아무것도 할 수 없기 때문입니다. 매매잔금으로 대출을 충분히 받는 것이 유리합니다. 이제부터 틈새 대출이나 특이한 대출은 피하고 보편적인 대출을 설명하겠습니다.

무주택자와 서민 실소유주에게 유리한 대출

주택대출은 어느 지역인가에 따라 대출한도에 큰 차이가 있습니다. 아래 표는 부동산 규제지역을 구분한 것인데 투기지역과 투기과열지구는 대출한도가 집값의 40퍼센트입니다. 조정대상 지역은 집

부동산 규제지역 구분

조정대상 지역
성남시, 구리시, 화성시동탄2, 안양시(동안), 광교신도시, 수원(팔달), 용인(수지, 기흥), 남양주시(별내,다산), 고양시(삼송, 원흥, 지축, 향동, 덕은, 킨텍스, 한류월드)

투기과열지구
서울(구로, 금천, 관악, 은평, 서대문, 성북, 강북, 도봉, 중랑, 광진) 과천시, 성남시(분당), 광명시, 하남시, 대구 수성

투기지역
서울(강남, 서초, 송파, 강동, 용산, 성동, 노원, 마포, 양천, 영등포, 강서, 종로, 동대문, 동작), 세종시

값의 60퍼센트까지 대출이 가능합니다. 이런 구분이 있는 줄 모르고 예전처럼 '70퍼센트 정도 주겠지' 하는 생각으로 매수하면 낭패를 볼 수 있습니다.

103쪽 표는 휴대전화에 저장해두고 기회가 올 때마다 '아, 대출이 얼마 나오겠구나' 하고 계산이 가능할 정도로 익혀두기 바랍니다.

지역마다 대출한도가 다르다 보니 많은 사람이 LTV(Loan To Value ratio, 담보 인정 비율)에 커다란 관심을 보이고 있습니다. LTV란 쉽게 말해 '집값의 얼마만큼 대출해주는가'를 의미합니다. 아래 표는 2019년 12.16대책 이후의 주택담보대출 규제 현황을 보여줍니다.

12.16대책 이후 주택담보대출 규제 현황

차주 유형	업종	아파트 가격	규제 지역			비규제 지역
			투기지역	투기과열지구	조정대상 지역	
기업 대출	주택 임대업 주택 매매업	15억 초과	0%	0%	규제 없음	규제 없음
		9억 초과	20%	20%		
		9억 이하	40%	40%		
	기타 업종		주택 구입 주택 담보대출 불가	주택 구입 주택 담보대출 불가		
가계 대출		15억 초과	0%	0%	60%	70%
		9억 초과	20%	20%		
		9억 이하	40%	40%		

2019년 12월 17일 기준

조정대상 지역까지는 무주택자와 1주택자에게만 대출이 가능합니다. 집이 많으면 서울에서는 이제 대출이 불가능합니다. 그럼 다주택자는 어떻게 하느냐고요? 9.13대책 이전에 매수한 집을 임대로 등록할 경우 그 집은 주택 수에서 제외하므로 다주택자는 실거주하는 집으로 대출을 받을 수 있습니다. 실제로 최근 사업자로 등록하거나 법인을 내는 사람이 많습니다.

그럼 은행에 가서 도움을 받는 팁을 하나 알려드리겠습니다. 은행에 가면 대출한도에 따라 40퍼센트만 대출받을 수 있는데 그나마도 방 하나만큼을 빼고 줍니다. 은행에서는 원래 방 하나만큼의 금액을 그냥 뺍니다. 혹시라도 세입자가 있을 경우를 가정해 방을 하나 빼고 대출을 해주는 거지요. 나중에 경매로 넘어가면 세입자가 먼저 배당을 받으니까요. 그래서 은행은 손해를 막기 위해 아예 방 하나를 빼고 대출을 해줍니다.

이미 대출한도가 40퍼센트에 불과한데 거기서 방 하나를 빼면 대출금이 너무 적습니다. 이럴 때 MCI(Mortgage Credit Insurance, 모기지 신용보험)에 가입하면 방 하나를 빼지 않고 대출이 가능합니다. 은행에 갔을 때 방을 하나 빼야 한다고 말하면 MCI에 가입하겠다고 말하세요. MCI에 가입하려면 보증료를 내야 하는데 그 돈은 은행에서 냅니다. 이 보증료는 여러분이 아니라 은행에서 내야 하는 것이라 은행 측에서는 돈을 절약하기 위해 가능한 한 방을 하나씩 빼고 싶어 합니다.

그런데 연말에는 은행들이 원래 사정이 좋지 않아요. 대출을 다 끝낸 상황이라 연말에는 은행마다 MCI를 쓰지 못하게 규정하는 경우가 많습니다. 물론 연말에도 MCI를 쓸 수 있는 은행이 있으니 꼭 그런 은행을 찾아가기 바랍니다.

혹시 은행에 가서 금리를 물어본 적이 있나요? 2019년 말 현재 가장 싼 금리가 2.68퍼센트입니다. 그렇지만 은행에 가서 금리를 물어보면 2.8~4.5퍼센트로 알려줍니다. 싼 것을 알려주지도 않을뿐더러 범위를 굉장히 넓게 제시하지요. 그래서 일반인이 금리를 정확히 파악하는 것은 쉽지 않습니다.

현재 대출받기가 가장 좋은 사람은 무주택자와 서민 실소유자입니다. 특히 주택금융공사 상품인 보금자리론에 해당하는, 즉 주택가격이 6억 원 이하이고 부부합산 소득이 7,000만 원 이하인 경우에는 대출한도가 3억 원까지 가능합니다. 보금자리론 중에서도 집값이 5억 원 이하면 70퍼센트까지 대출해줍니다. 그러니까 정부 상품을 최대한 이용하면 많은 도움을 받을 수 있습니다.

대출한도 예상하는 법

이제 대출한도를 구체적으로 알아봅시다. 다음 표는 투기지역인 마포 현대 아파트의 대출 가능 예상 한도를 나타낸 것입니다.

투기지역 대출 가능 예상 한도

마포 현대 아파트 | 서울 마포구 마포대로11길 84

공급/전용 (m²)	매매가(만 원)			대출한도 40% 3.52억 가능
	하위평균가	일반평균가	상위평균가	
88.12/72.49	78,500	80,500	82,500	
103.21/84.87	85,500	88,000	90,000	

자료: KB시세

이 집은 대출한도가 얼마나 나올까요? KB시세는 일반평균가를 보기 때문에 8억 8,000만 원의 40퍼센트를 계산해야 합니다. 결국 '내가 저 집을 사면 3억 5,200만 원은 대출받을 수 있겠구나' 하고 생각하면 됩니다. 대출을 받아도 나머지 금액이 상당하다 보니 일부에서는 대출을 받아 집을 산 뒤 바로 전세를 주기도 합니다. 만약 3억 5,200만 원을 대출받으면 세입자는 4억 5,000만 원에 들어옵니다. 그러면 일단 집을 구입해 내 집을 마련한 뒤 나중에 돈을 모아 세입자를 내보내고 입주하면 됩니다. 집을 사고 싶은데 돈이 부족하다면 이렇게 레버리지 2개를 이용하는 것도 좋습니다.

경매 정보에 관심을 기울이면 좋은 기회를 얻기도 합니다. '경매' 하면 흔히 문제가 있는 부동산을 떠올리지만 경매는 그냥 매매의 한 종류일 뿐입니다. 경매라고 특별히 다를 건 없으나 여기에는 '감정가'라는 장점이 있습니다. 감정가가 KB시세보다 더 높게 나올 경우 감정가 기준으로 대출을 받을 수 있습니다. 이 경우 당연히 한도가 더 많이 나오겠지요.

매매로 매수하면 KB시세에 맞춰야 하지만 경매로 사면 감정가로 대출을 받을 수 있습니다. 예를 들어 용인시 수지구는 조정 지역인데 KB시세로 7억 7,500만 원짜리 아파트가 감정가 8억 원으로 나왔습니다. 이 집은 감정가의 60퍼센트인 4억 8,000만 원을 대출받을 수 있지요.

비규제지역은 어떨까요? 아래 표는 부산 해운대구 롯데캐슬마린의 대출 가능 예상 한도를 나타낸 것입니다. 해운대구가 조정 지역에서 해제된 이후 이곳이 집중적인 관심을 받았지요.

여기는 비규제지역이라 대출한도가 무주택자의 경우 70퍼센트에 이르고 다주택자도 60퍼센트 정도 대출을 받을 수 있습니다. 만약

비규제지역 대출 가능 예상 한도

롯데캐슬마린 | 부산 해운대구 중동2로 34번길

공급/전용 (m²)	매매가(만 원)			
	하위평균가	일반평균가	상위평균가	무주택자 70% 3.885억 가능
109.34/84.97	45,000	47,500	143,000	
127.44/101.92	53,000	55,500	58,000	다주택자 60% 3.33억 가능
158.01/125.19	61,000	68,000	7,000	

자료: KB 시세

여러분이 다주택자라면 비규제지역에서 대출을 받아 집을 사는 데 별다른 제한이 따르지 않습니다.

내게 가장 유리한 조건을 제시하는 은행은 어딜까

이제 은행별 특장점을 살펴봅시다. 은행에 볼 일이 있을 때 은행별로 특징을 알고 가면 좀 더 유리한 조건에 놓일 수 있습니다. 일단 주거래은행 개념을 버리세요. **주거래은행이라고 무언가 특별히 해주는 건 없으니 주거래은행에 연연할 필요는 없습니다.** 내 마음에 드는 은행에 가서 대출을 받으면 그게 주거래은행이 되는 겁니다. 은행을 선택하는 기준을 여기에 두세요.

'내게 가장 유리한 조건을 제시하는 은행은 어딜까?'

일단 여러분이 1층을 사면 대다수 은행이 KB시세에서 하위평균가를 보지만 I은행은 일반평균가를 봅니다. 그러면 한도가 더 늘어나겠죠? 따라서 1층을 사면 I은행에서 대출받는 게 가장 유리합니다.

만약 여러분이 월세가 있는 집을 산다면 H은행으로 가세요. 가령 보증금 3,000만 원에 월세 50만 원을 낀 집을 살 경우 H은행에 가면 세입자 보증금과 방 한 개 중에서 높은 걸 뺍니다. 반면 다른 은행은 방 3개를 모두 빼버려요. 그러면 어느 은행이 유리하겠어요? 당연히

H은행에서 대출을 받아야 한도가 많이 나옵니다. 이런 상황을 모르고 다른 은행에 가면 대출한도가 H은행보다 6,000만 원 정도 적습니다.

세입자 입장이라면 집주인이 대출을 조금만 받는 것이 좋을 겁니다. 그러니까 세입자를 둘 때는 W은행이나 H은행을 선택하세요. 이들 은행에서는 채권최고액을 110퍼센트로 설정합니다. 다른 은행들은 보통 근저당을 120퍼센트로 설정합니다. 세입자 입장에서는 10퍼센트라도 적은 것을 좋아하겠지요. 이를테면 대출금이 4억 4,000만 원이 있는 것과 4억 8,000만 원이 있는 것은 엄연히 다릅니다.

그리고 S은행은 전세자금 대출을 아주 많이 해주는 은행입니다. 전세자금 대출 중에서도 좀 난이도가 있는 대출이라면 S은행을 선택하세요.

이처럼 은행의 특장점을 모르고 그냥 집 근처의 은행에 가서 담보대출을 받으면 한도나 금리 면에서 손해를 볼 수도 있습니다. 대출을 받을 때는 은행을 현명하게 선택해야 합니다.

예를 들어 서울 마포에 매매가로 일반평균가가 11억 5,000만 원인 1층 아파트를 살 경우 I은행과 H은행에 가면 대출한도가 4억 6,000만 원입니다. 반면 다른 은행에 가면 4억 1,000만 원밖에 나오지 않습니다. 돈이 부족해 신용대출까지 끌어 쓰는 입장이라면 5,000만 원까지 차이가 나니 I은행이나 H은행에 가서 대출을 받는 게 유리하지요.

그다음에 요즘 대환(금융기관에서 대출을 받은 뒤 이전의 대출금을 갚는 것)을 하는 사람이 많습니다. 최근 금리가 떨어졌는데 예전에 받은 금리가 너무 높아 금리가 낮은 은행으로 바꾸고 싶다면 어떨까요? 심지어 3.8퍼센트나 4.4퍼센트 금리를 적용받는 사람도 있습니다. 여기에다 한도가 되니 금리를 갈아타면서 1억 원을 더 대출받고 싶다면 어디로 가야 할까요? S은행과 일반 보험사에 가면 대환＋1억 원이 가능합니다. 다른 은행에 가면 대환밖에 해주지 않습니다. 특히 새마을금고나 신협은 투자자들이 많이 이용하는 편입니다. 아무튼 은행에서 가장 좋은 상품을 고르려면 최대한 알아보고 자신에게 딱 맞는 은행을 선택해야 합니다.

은행에서 인정하는 소득이 많아야 대출금이 늘어난다

어느 은행이든 대출을 무작정 많이 해주지는 않습니다. 소득이 있어야 대출을 받을 수 있으므로 소득을 늘리기 위해 노력해야 합니다. 전업주부는 어떻게 해야 하느냐고요? 소득 증빙은 급여생활자만 가능한 것이 아닙니다. '대체소득'이 있으면 주부도 대출이 가능합니다. 대체소득이란 신용카드 사용액, 건강보험료, 국민연금 등을 소득으로 환산해서 인정해주는 것입니다.

그러니까 전업주부도 남편 카드가 아니라 자신의 카드를 열심히 쓰면 소득으로 인정받습니다. 카드를 너무 쓰지 않으면 나중에 소득을 인정받기가 어렵습니다. 혹시라도 나중에 남편이 아닌 자신의 이름으로 대출을 받아야 할지도 모르므로 미리미리 조금씩 사용하는 것이 좋습니다.

소득 증빙은 가령 연봉이 5,000만 원이라면 그대로 다 인정해줍니다. 건강보험료를 13만 원 정도 내면 연봉 3,800만 원으로 인정해줍니다. 신고소득은 1년에 신용카드를 2,600만 원 정도 사용할 경우 4,795만 원의 연봉자로 인정합니다. 물론 여기에는 체크카드도 포함됩니다.

소득을 확인한 다음에는 그 소득으로 DTI(Debt To Income, 총부채 상환 비율)와 DSR(Debt Service Ratio, 총부채 원리금 상환 비율)을 체크합니다. 용어가 어렵게 느껴지겠지만 이것은 자동 계산이 이뤄지므로 부채가 없고 소득이 있으면 대출이 가능합니다.

DTI와 DSR에서 주의해야 할 것은 한 가지밖에 없습니다. DTI는 알다시피 주택담보대출에서 커트라인을 잡는 기준입니다. 여기에 따라붙는 DSR은 문제가 되는 상황만 설명하겠습니다. 예를 들면 개인 명의로 상가 대출을 받은 사람은 DSR에서 문제가 됩니다. 개인 명의로 토지 대출을 받은 경우도 마찬가지입니다.

상가와 토지 대출을 받을 때는 사업자 명의로 받아야 개인 대출에서 제외됩니다. 그러므로 집을 살 예정이라면 임대 사업자로 등록해 상가와 토지 대출을 사업자 명의로 받는 것이 유리합니다. 이렇게 명의를 분산해놓는 것은 무척 중요합니다. 무작정 개인 명의로 상가나 토지 대출을 받으면 나중에 주택대출을 받을 때 이것이 걸림돌로 작용할 수 있습니다.

대출을 개인 명의로 받았는지, 사업자 명의로 받았는지는 조회하면 다 나옵니다. 개인 명의 대출은 주민등록번호, 사업자 명의 대출은 사업자번호를 입력하면 조회할 수 있습니다.

한편 요즘은 오피스텔도 대출을 많이 합니다. 오피스텔은 주거용이어도 집은 아니기 때문에 규제 대상이 아닙니다. 그래서 70퍼센트까지 대출이 가능합니다. 오피스텔을 여러 개 갖고 있어도 마찬가지입니다. 경매로 나온 오피스텔은 감정가의 70퍼센트까지 대출이 가능합니다.

상가 역시 관심 대상인데 상가 대출은 대략 매매가의 60퍼센트가 나옵니다. 그 대출 수준에 맞춰 돈을 마련하면 상가를 구입할 수 있습니다. 특히 상가는 월세 수익이 있기 때문에 이자는 충분히 상쇄가 가능합니다.

가장 대출받기가 힘든 물건은 바로 다가구입니다. 다가구 중에는 1층에 상가, 2~4층에 원룸 그리고 5층에 본인이 거주하는 경우도 많습니다. 이럴 때 방이 보통 30~40개에 달해서 월세는 많이 들어오는데 방이 너무 많으면 '방 공제'라는 것을 합니다. 다가구는 방 공제 보험에 가입하기가 어려워서 MCI 보험을 쓰기가 곤란합니다. 그 탓에 방을 다 빼면 한도가 얼마 나오지 않습니다.

간혹 의뢰자가 제게 묻습니다.

"제가 30억 원을 주고 다가구를 샀는데 대출이 얼마나 나와요?"

제 대답은 간단합니다.

"대출이 어렵습니다."

그나마 신축일 때는 조금 낮지만 세입자가 들어오면 보증금도 있어서 대출이 나오지 않는다고 생각하는 게 맞습니다.

얼마 전에 1층 코너 자리에 있는 상가가 경매로 나온 적이 있는데 여기에 무려 100명이 입찰했습니다. 감정가 1억 8,000만 원으로 시작해 3억 6,000만 원에 낙찰되었지요. 한데 경매 물건은 감정가를 기준으로 대출해주고 상가는 대출한도가 대략 60퍼센트이므로 대출을 얼마 받지 못합니다.

집을 구매한 다음 토지에 관심을 기울이는 사람도 많은데 토지에 투자하려면 많이 공부해야 합니다. 내가 이자를 충분히 감당할 수 있을 때 투자해야 하는 물건이 바로 토지입니다. 토지는 평가하기도 무척 어렵습니다. 가령 양평군 임야가 대출한도 60퍼센트 지역입니다. 즉, 양평군 임야는 대출이 감정가의 60퍼센트 정도입니다. 이런 식으로 토지는 물건마다 한도가 정해져 있습니다.

전세자금 대출 유리하게 받는 법

최근 사람들이 가장 많이 하는 것이 전세자금 대출입니다. 주택이 있어도 1주택자까지는 전세자금 대출이 가능합니다. 개중에는 대출을 받아 집을 구입해 세를 놓고 자신은 전세를 사는 사람도 있습니다. 이럴 때 전세자금 대출을 어떻게 받는 것이 유리한지 살펴봅시다.

일단 전세대출은 무주택자와 1주택자까지만 가능합니다. 분양권, 입주권 그리고 오피스텔은 주택 수에서 제외하므로 그런 것이 있어도 전세자금 대출은 가능하지요. 전세자금 대출은 은행에서 설정을 잡고 대출해주는 주택담보대출과 달리 누군가가 보증을 서줘야 대출받을 수 있습니다.

여기에 관여하는 보증기관은 세 군데입니다. 은행에 가서 전세자금 대출이 얼마나 가능하냐고 물으면 대개 2억 2,000만 원까지 된다는 대답을 듣습니다. 그 이유는 주택금융공사 보증서가 가장 쉽기 때문입니다. 주택금융공사 보증서는 임대인의 동의가 필요 없고 안전하게 소득의 3.35배까지만 대출해주는 까닭에 대부분 이것을 권유합니다. 그러나 최대로 받고 싶은 사람, 이를테면 보증금이 5억 원인데 그 80퍼센트를 받고 싶은 사람은 주택금융공사 보증서가 아니라 다른 보증서를 써야 합니다.

주택금융공사 보증서에 이어 두 번째로 많이 쓰는 것이 주택도시보증공사(HUG, 이하 허그) 허그 보증서입니다. 허그 보증은 80퍼센트까지 대출이 가능합니다. 가령 전세 보증금이 5억 원이라면 4억 원까지 가능한 거지요. 특히 소득이 5,000만 원 이하인 만 34세 청년이 대출을 받고 싶어 하면 90퍼센트까지도 해줍니다. 신혼부부로

소득이 6,000만 원 이하일 경우에도 90퍼센트까지 가능합니다.

마지막으로 서울보증보험은 보증금 액수가 큰 사람들이 많이 이용합니다. 보증금의 80퍼센트까지 가능하며 예를 들어 보증금이 6억 5,000만 원인 경우 최대 5억 원까지 해줍니다.

다만 허그 보증과 서울 보증은 액수가 큰 만큼 임대인의 동의가 필수입니다. 대출을 받을 때 임대인의 동의가 필요하다는 얘기입니다. 그러므로 대출을 많이 받아야 한다면 전세를 계약할 때 미리 임대인에게 전세자금 대출을 받을 거라고 알려주는 것이 좋습니다.

만약 여러분이 대출에 동의를 해줘야 하는 임대인이라면 주의할 점이 있습니다. 집주인이 전세자금 대출에 동의했을 경우 그 전세자금 대출 상환의무는 집주인에게 있어요. 그러니까 나중에 임차인이 나갈 때는 그 사람이 대출받은 것을 갚고 가게 해야 합니다. 자신에게 상환의무가 있다는 것을 제대로 모르고 세입자에게 "은행에 갚으세요"라고 말하면 큰일 날 수 있습니다. 세입자가 그 돈을 갚지 않으면 집주인에게 갚으라고 연락이 오거든요.

세입자가 대출을 받았을 경우 그 종이와 계약서를 같이 묶어두세요. 풀로 붙이든 스테이플러로 박아놓든 한곳에 보관하면 나중에 세입자가 나갈 때 그걸 보고 확인할 수 있습니다. 대출받은 돈의 상환의무가 집주인에게 있다는 것을 반드시 기억해야 합니다.

임차인 역시 주의할 점이 있습니다. 대출을 받으러 가면 은행에서 전입신고를 꼭 하라고 합니다. 선순위를 확보하려면 전입신고가 필수이기 때문입니다. 그런데 간혹 임대인의 부탁으로 세입자가 전입을 빼주는 경우가 있어요. 이럴 때 집주인은 이렇게 말하죠.

"대출을 좀 받으려고 하는데 세입자가 있으면 대출이 안 되거든요. 그러니까 잠깐 전입을 빼주세요."

이런 부탁을 받고 임차인이 전입을 빼주면 큰일 납니다. 전입을 빼는 순간 집주인이 대출을 엄청나게 많이 받으면 보증금은 그냥 날아가고 맙니다. 임대인이 대출을 많이 받지 않으면 괜찮지 않느냐고요? 그렇지 않습니다. 전입을 빼준 사실이 나중에 보증기관에 알려지면 그 임차인은 블랙리스트에 올라갑니다. 이 경우 앞으로 그 보증기관에서 대출을 받을 수 없습니다.

사실 전세대출이 사기도 많고 까다로운 대출이라 은행에서 각별히 신경을 씁니다. 그러므로 임차인은 절대 전입을 빼주면 안 되고, 임대인은 임차인이 반드시 대출금을 갚고 나가도록 해야 한다는 점을 기억해야 합니다.

직장인은 한 은행만 집중 공략하라

직장인에게 해주는 신용대출은 어떨까요?

은행에서 신용대출은 직장인의 급여 정도만큼 해줍니다. 가령 내 연봉이 5,000만 원이면 신용대출도 5,000만 원 정도입니다. 개중에는 최대 2배까지 해주는 은행도 있습니다.

보통 6개월 이상 회사를 다녀야 신용대출을 해주고 휴직이어도 소득을 인정받으므로 대출이 가능합니다. 대개는 기존 대출이 있으면 좀 차감하지만 그렇지 않은 은행도 있습니다. 사실 좋은 직장에 다니면 대출받을 기회가 아주 많습니다. 예를 들어 삼성전자 직원은 보증서를 발급하는 신용대출을 해주는데 이렇게 대출받은 금액은 신용대출한도에서 빠지기 때문에 훨씬 더 많은 대출을 받을 수 있습니다.

의외의 사실이지만 좋은 직장에 다니는 사람들이 집이 없는 경우가 많습니다. 대표적으로 교직에 몸담고 있는 사람들은 나중에 연금을 받아서 그런지 굳이 재테크에 신경 쓰지 않더군요. 교사나 공무원, 대기업에 다니는 사람들은 대체로 빚이 없지만 대신 집이 없는 경우가 많습니다. 제가 신용대출 상담을 하다 보면 대출을 엄청나게 받을 수 있는 조건인데 대출이 전혀 없는 사람이 상당히 많습니다. 재테크 관점에서는 어느 정도 대출을 유지하는 것이 유리합니다.

은행의 입장에서는 대출자가 부실하지만 않으면 최대한 대출을 해주고 싶어 합니다. 그것이 다 은행의 수익이니까요. 그렇지만 신용등급이 나쁘면 대출을 해주지 않습니다.

신용등급이란 무얼까요? 만약 여러분이 친구에게 돈을 꿔줬는데 그 친구가 돈을 잘 갚으면 아마 다음에도 또 꿔줄 겁니다. 반대로 돈을 꿔줬는데 잘 갚지 않으면 다시는 꿔주지 않겠지요. 은행도 똑같습니다. 그렇기 때문에 절대 연체를 하면 안 됩니다. 돈을 갚지 않으면 신용등급이 확 떨어지거든요.

휴대전화에 토스(Toss)라는 앱을 깔고 여러분의 등급이 어느 정도인지 살펴보세요. 어떤 사람은 신용등급을 자주 확인하면 등급이 깎이는 게 아니냐고 걱정하지만 토스는 내가 내 것을 조회하는 것이라 괜찮습니다.

신용등급에서 가장 나쁜 것이 '연체'입니다. 두 번째로 나쁜 것은 카드론이고요. 카드론을 쓰다 보면 자칫 다중채무자가 될 수 있습니다. 차라리 한 곳에서 목돈을 빌려 쓰면 괜찮지만 여기저기에서 조금씩 쓰면 졸지에 다중채무자로 전락합니다. 이걸 카드 돌려막기라고 하는데 실제로 카드 5개를 돌려쓰다가 계속 신용을 떨어뜨린 사람도 있습니다.

더구나 이런 사람은 자신의 신용등급이 나쁜 것도 모릅니다. 그러다가 대출할 일이 생겨 은행을 찾으면 신용등급이 나쁘다는 것을 알고 뒤늦게 후회를 합니다. 신용등급은 떨어지는 건 쉬워도 올라가는 것은 굉장히 힘듭니다.

지금 토스에서 확인해보니 등급이 별로 좋지 않다면 일단 은행을 하나 골라 집중 공략하세요. 가장 마음에 드는 은행을 하나 골라서 카드도 그 은행 것을 쓰고 적금도 들고 청약도 하는 겁니다. 한 은행을 집중 관리하면 그 은행에서 등급이 올라갑니다. 그 등급은 다른 은행에도 영향을 주기 때문에 전반적으로 여러분의 등급이 올라갈 수 있습니다.

그렇게 신용등급만 잘 관리해도 전세자금 대출 금리가 내려갑니다. 등급이 나쁘면 전세자금 대출한도마저 줄어듭니다. 자동이체로 연체를 미연에 방지하는 등 조금만 신경 써서 관리하면 등급을 올릴 수 있습니다.

청약 중도금 마련법

마지막으로 청약 중도금 대출을 간략하게 알아봅시다.

청약 중도금은 규제지역과 비규제지역으로 나뉩니다. 규제지역에서는 주택담보대출과 마찬가지로 세대당 한 건만 대출이 가능합니다. 가령 비규제지역인 수원에서 청약에 당첨되어 중도금 대출을 받으면 규제지역인 서울에 당첨되어도 중도금 대출이 나오지 않습니다.

따라서 가점이 높은 사람은 경쟁률이 높긴 해도 규제지역에 먼저 청약을 넣어야 합니다. 규제지역에서 당첨되어 중도금 대출을 받으면 다음에 비규제지역에 가서 한 건 더 할 수 있습니다. 이것이 순서가 바뀌면 규제지역에서는 중도금 대출을 받을 수 없어요. 결국 청약통장이 있다면 먼저 규제지역을 노리는 것이 좋습니다.

다만 서울에서도 9억 원 이상 아파트는 중도금 대출을 해주지 않습니다. 많은 사람이 제게 묻습니다.

"중도금 대출을 받을 수 없으면 어떻게 해야 합니까?"

일단 중도금 대출을 받을 수 없으니 스스로 부담해야 합니다. 그 돈을 어떻게 마련해야 할까요? 무주택자는 전세자금 대출을 받는 것이 유리합니다. 보통 보증금 3～4억 원에 전세로 사는 경우가 많으므로 그걸 최대한 활용해야 합니다.

그다음에는 신용대출을 활용하는 겁니다. 혹시라도 집이 한 채 있다면 그 집을 활용하는 것도 좋습니다. 생활안정자금은 1년에 1억 원밖에 받을 수 없지만 분양권에 당첨되었을 경우 내 집을 이용할 수 있습니다. 그러니까 내게 집이 한 채 있는데 분양권에 당첨되었거나 전세를 끼고 집을 하나 사놓고 싶다면 이 팁에 귀를 기울이세요.

현재 살고 있는 집에 대출이 하나도 없지만 은행 대출 상담을 받으면 마치 앵무새처럼 주택담보대출을 1억 원만 해줄 수 있다고 말합니다. 그럴 때 여러분은 내 집을 주택구입자금대출에 이용할 수 있어요. 집이 한 채 있지만 갈아타고 싶은데 타이밍이 맞지 않을 경우 이 방법을 쓰세요. 예를 들어 1주택자가 규제지역에서 집을 하나 사면 그 집의 잔금일에 내 집의 한도만큼 대출해서 새로 산 집의 잔금을 치르게 해줍니다. 이것은 어려우면서도 아주 좋은 방법입니다.

은행에서는 이 방법을 절대 가르쳐주지 않지만 집을 갈아타고 싶은데 타이밍이 맞지 않는다면 이 방법을 꼭 기억해서 활용하기 바랍니다. 내 집을 담보로 대출할 때 2년 안에 처분하겠다고 각서를 쓰면 됩니다. 이를테면 내가 지금 신도림에 집이 있는데 송파구에 집을 하나 샀다고 해봅시다. 이때 잔금이 부족하면 신도림 집으로 대출을 받아 송파구 집의 잔금을 치른다는 얘기입니다. 주택을 소유한 사람이 생활안정자금을 대출받으면 집을 사지 않는다는 각서를 써야 하지만 앞의 예는 생활안정자금이 아니므로 이런 각서를 쓰지 않아요.

분양권도 마찬가지입니다. 분양권에 당첨되면 내 집을 담보로 분양중도금을 대출받을 수 있어요. 1주택자가 활용할 수 있도록 나라에서 기회를 열어놨습니다. 대신 처분조건부가 따라붙고 중도상환 수수료에도 신경 써야 합니다. 은행이 중도상환 기간을 3년으로 정해놨기 때문에 혹시라도 여러분이 3년 안에 상환하면 패널티를 물어야 합니다. 이것은 일수차감이라고 해서 매일 조금씩 줄어들며 2년 정도 사용하면 낼 금액이 그리 많지 않습니다.

이처럼 레버리지를 이용할 때는 내 집과 새로 산 집을 모두 다양하게 활용할 수 있습니다. 하지만 여러분이 이런 것을 알아야 은행에 가서 요구할 수 있어요. 일단 규정이 너무 많고 또 자주 바뀌기 때문에 은행원들도 대출 규정을 다 아는 것은 아닙니다. 여러분이 아는 상식이 오히려 은행원보다 많을 수도 있어요. 결론은 늘 관심을 기울이면서 공부해야 한다는 것입니다. 아는 만큼 재테크에서 유리한 고지를 점령할 수 있으니까요.

조영환

임대사업을 꿈꾸는 사람들의 필독서인 《월세혁명》 저자이자 부동산 실전 투자자. 소액으로 시작해서 평생 안정적인 '제2의 월급'을 만드는 전략을 고민하고 직접 실행해 성공을 거둔 전문가다.

3,000만 원으로
평생 월세통장 만들기

조영환,《월세혁명》저자

　요즘 화두는 바로 부동산 규제입니다. 집값 안정을 위해 정부가 여러 가지 대책을 내놓고 있지만 어찌된 일인지 서울 부동산은 계속 오르고 있습니다. 그러다 보니 절세와 비과세를 염두에 두고 '똘똘한 한 채'에 투자하려는 사람이 많습니다. 문제는 이 똘똘한 한 채에 투자금이 너무 많이 들어간다는 데 있습니다. 예를 들어 대치동 은마아파트의 경우 20억 원이 넘어가는데 전세가가 5억 원 정도라 후순위로 대출을 받더라도 10억 원 이상의 돈이 필요합니다.

　똘똘한 한 채가 대세이긴 해도 종자돈 1~2억 원이나 3~5억 원을 갖고 있는 사람에게 그런 투자는 그림의 떡입니다. 그러면 종자돈이 적은 사람은 어떻게 투자해야 할까요? 비록 투자할 돈은 적지만 그걸로 평생 먹고살 수 있는 금액을 만들어야 합니다. 그래서 제가 알려드리고 싶은 것이 소액경매 투자입니다.

부동산투자에는 분양권이나 갭투자 등 다양한 방식이 있는데 이런 것은 상승기에만 수익을 안겨 줍니다. 반면 경매는 하락기에도 수익을 낼 수 있습니다. 정부가 부동산 규제에 들어가면서 집값이 하락하기 시작하면 보통 침체기가 옵니다. 이때 입찰자가 줄어들고 평균 낙찰가가 떨어지지요. 평균 낙찰가가 떨어질 경우 낙찰만 받아도 어지간한 샐러리맨 연봉만큼의 수익이 생깁니다.

저는 앞으로 경매하기 좋은 시기가 올 거라고 생각합니다. 그때를 대비해 여러분이 지금부터 공부를 해두었으면 합니다.

부동산이라는 큰 틀에서 경매는 아주 작은 부분입니다. 그래도 경매에는 아주 싼값에 살 수 있다는 매력이 있습니다. 2018년 제가 아는 사람이 용인시 수지구에서 감정가가 약 6억 원인 아파트를 5억 5,000만 원 정도에 낙찰받았습니다. 그 물건이 경매에 나왔을 때 시세는 6억 6,000만 원 정도였고요. 1억 원씩이나 싸게 낙찰받은 이유는 세입자가 확정일자를 받지 않았지만 근저당보다 빨리 전입해서 낙찰자가 보증금 4억 원을 인수해야 했기 때문입니다. 그러다 보니 일반 투자자는 그 입찰에 들어오지 않았는데 경매를 조금 배운 사람이 입찰해 낙찰받은 것이죠.

흥미로운 사실은 현재의 세입자가 소유자의 아버지라는 점입니다. 물론 정상적으로 계약을 맺고 보증금을 송금하면 부모–자식 간에도 임대차가 형성됩니다. 현실을 보자면 부모–자식 사이에 정상적으로 전세금을 주고받는 예가 별로 없지만 말이죠. 제 지인이 이것만 보고 입찰한 것은 아닙니다. 등기부등본을 보니 소유자가 보유한 법인이 대출을 받았는데 그 법인의 등기부등본을 떼자 세입자가 그 회사의 감사로 있었습니다. 그래서 '아, 이분도 채무자일 가능성이 높다'고 생각해 낙찰을 받아 수익을 낸 것입니다.

이처럼 경매는 한 번의 거래로 1억 원씩 남을 수도 있기 때문에 경매를 공부하는 것이 좋습니다.

제가 경매로 임대사업을 하려고 뛰어들었을 때 가진 돈이 1억 원도 되지 않았습니다. 아무리 수익이 많이 나도 투자할 돈이 없었는데 경매를 하면 대출이 많이 나온다고 해서 관심을 기울이게 되었지요. 경매하는 사람들은 보통 양도차익, 즉 경매로 구입한 부동산을 팔아서 남기는 수익을 따지지만 저는 보유하는 기간에 들어오는 임대수익에 더 신경을 썼습니다. 제가 50세에 회사를 그만두었는데 월급 없이 살아가려면 임대수익이 필요했거든요. 그렇지만 가진 돈이 별로 없어서 아무리 수익률이 좋아도 돈이 많이 묶이는 투자는 할 수 없었습니다. 가령 제가 1억 원이라는 돈으로 33채의 부동산을 취득하려면 돈이 한 채에 1,000만 원씩만 묶여도 불가능한 일입니다.

최소 투자금으로 최대 수익을 올리는 법

저는 이렇게 투자합니다.

인천광역시 강화군에 가면 아파트와 빌라가 있는데 그다지 오르는 지역은 아닙니다. 하지만 강화에 산업단지가 들어온다는 뉴스를 보고 저는 '3~4년 뒤 산업단지가 들어오면 수요가 더 생기지 않을까?' 하고 생각했습니다. 그래서 2005년에 지은 전용 66제곱미터(약 20평)짜리 빌라를 2013년 5,122만 원에 낙찰받았습니다. 방 3개에 화장실이 2개지만 임대가 그리 좋지 않아 현 세입자가 보증금 1,000만 원, 월세 30만 원에 살고 있었습니다.

당시 강화의 평균 낙찰가가 약 65퍼센트였는데 제가 70퍼센트에 단독으로 낙찰받았지요. 낙찰받은 이유는 새 빌라이고 현 세입자가 저와 재계약할 가능성이 크다고 봤기 때문입니다. 저는 80퍼센트를 대출로 해결했고 현 세입자와 재계약을 해서 명도비나 수리비 없이 비용만 100만 원이 들어가 총투자 금액이 1,124만 원입니다. 그런데 현 세입자에게 보증금 1,000만 원에 월세 30만 원으로 세를 놓으니 결국 투자금은 124만 원밖에 들지 않았죠. 더구나 월세 30만 원을 받으니 대출이자 14만 원을 뺀 16만 원이 제 수입으로 남았습니다.

만약 제가 이 물건에 1,000만 원을 투자해 매달 16만 원을 받는다면 좋은 수익률이 아닙니다. 하지만 124만 원을 투자해 매달 16만 원을 받는 것이니 이런 물건이 10개 있으면 투자금 1,200만 원에 매달 160만 원이 들어옵니다.

재밌는 것은 그다음의 일입니다. 세입자와 재계약을 하기 전 세입자가 그 집을 자기한테 팔라고 하더군요. 그래도 빌라를 한 채 팔아서 1,000만 원은 남겨야 하니 제가 6,000만 원을 달라고 했습니다. 세입자는 구입하자마자 팔아서 400~500만 원을 남기면 좋은 것 아니냐며 5,500만 원에 팔라고 했습니다. 저는 그 제안을 거절하고 월세로 계약한 뒤 5년 동안 월세를 받았지요. 5년이 지나자 산업단지가 들어오면서 가격이 좀 올랐습니다. 그때 제가 세입자에게 한마디 했습니다.

"혹시 5년 동안 저한테 월세를 얼마나 냈는지 아세요?"

"매달 자동이체로 30만 원씩 빠져나가서 잘 모릅니다."

"제게 5년 동안 낸 월세가 1,800만 원입니다."

당연히 세입자는 깜짝 놀랐지요. 그때 한마디 더 했습니다.

"제가 지금도 팔 마음이 있는데 시세가 올라 7,000만 원이 넘습니다. 실거래가가 7,500만 원이더군요. 지금 사지 않으면 또 5년 동안 제게 월세 1,800만 원을 내야 하는데 아마 그때는 더 오를 겁니다."

결국 세입자가 그 집을 샀습니다. 5년 전 6,000만 원에 팔려던 것을 6,700만 원에 팔았지요. 그리고 5년 동안 월세로 대출이자를 빼고 900만 원의 임대수익을 거뒀습니다. 결국 124만 원을 투자해 900만 원의 임대수익과 세금을 제외한 1,500만 원의 양도차익으로 총 2,400만 원의 수익을 낸 것입니다.

수도권이나 인천 지역, 기타 지역에서 80퍼센트 이하에 낙찰받고 계약하면 거의 내 돈을 들이지 않고 투자할 수 있습니다.

이런 물건도 있습니다. 감정가 1억 1,200만 원짜리 빌라를 8,500만 원에 낙찰받고 현 세입자 신혼부부와 보증금 2,000만 원, 월세 40만 원에 재계약을 했습니다. 이건 특이한 사례가 아니라 얼마든지 가능한 일입니다. 대출을 80퍼센트 받고 취득세, 법무비 등으로 2,000만 원이 들어가면서 대출금을 제외한 실투자금 1,900만 원이 들었습니다.

한데 이 물건은 보증금 2,000만 원, 월세 40만 원에 재계약했으니 투자금은 오히려 100만 원이 남고 대출이자 20만 원을 제외한 20만 원의 수익을 냅니다. 이것을 '무피투자'라고 합니다. 내 투자금은 전혀 들어가지 않는데 매달 내 통장으로 돈이 들어오는 시스템을 구축하는 걸 무피투자라고 하지요.

또 김포 양촌읍 구래동에 있는 빌라에 투자하기도 했습니다. 한강신도시 제일 뒤쪽의 끝자락에 있는 이 동네에서 감정가 9,000만 원짜리 빌라가 34퍼센트까지 떨어졌지요. '선순위 가처분' 물건이기 때문입니다. 이것은 제가 소유권을 이전해 와도 가처분권자가 소유권 본안소송을 해서 이기면 제가 소유권을 빼앗기는 무서운 물건이라는 얘기입니다.

제가 군이 그 물건을 4,000만 원에 낙찰받은 이유는 매각 물건명세서의 등기권리 맨 위를 보니 가처분자가 동시산업개발이었는데 그다음 등기에 소유권이 다시 동시산업개발로 넘어왔기 때문입니다. 그러니까 이 가처분은 소유권을 이전하면서 이미 가처분의 목적을 다한 겁니다. 당연히 지워져야 하는 것이 지워지지 않은 물건이라 제가 저렴하게 낙찰받아 월세로 임대를 놓았습니다.

세입자와 4년간 보증금 1,000만 원, 월세 30만 원에 임대계약을 했지요. 낙찰가 4,000만 원에 대출을 80퍼센트 받았고 등기비와 도배비, 장판비 정도가 들어 총투자 금액이 1,100만 원입니다. 그렇지만 보증금이 1,000만 원이라 제 투자금은 100만 원밖에 들지 않았고 월세 30만 원 중 대출이자 10만 원을 제외한 임대수익 20만 원을 냈습니다. 그리고 4년 후 세입자가 임대주택에 들어가면서 그 빌라를 6,400만 원에 팔았지요.

제가 투자금 100만 원을 들여 매달 20만 원, 즉 1년에 240만 원씩 4년 동안 960만 원의 임대수익을 올린 겁니다. 더구나 4년 뒤 팔아서 2,400만 원의 양도차익을 거두었죠.

지금까지 살펴본 세 가지 사례에서 저는 돈을 많이 투자하지 않고도 양도차익과 임대수익을 올렸습니다. 이 중 세 번째 사례만 특이하고 첫 번째와 두 번째 사례는 일반적인 것입니다. 소액으로도 얼마든지 안정적으로 월세 수익을 만들 수 있습니다. 항상 기회가 있는 것은 아니지만 늘 준비하고 있다가 오면 꼭 잡아야 합니다.

추천 물건보다 낙찰받기 쉬운 물건에 집중하라

제가 부천시 약대동에 있는 재건축 아파트를 만났을 때 수중에 돈이 2,200만 원밖에 없었습니다. 그 아파트는 감정가가 4억 5,000만 원이었고요. 신축 아파트가 많이 오르는 추세라 새 아파트를 갖고 싶은데 기타 지역이라도 개인에게는 대출이 잘 나오지 않아 약간 망설였지요. 하지만 법인 신탁으로 하면 대출 90퍼센트가 가능합니다. 저는 일단 입찰보증금은 있었으니까 입찰해서 낙찰을 받았습니다.

경매에서 2등은 아무 소용이 없고 오직 1등만 수익을 맛봅니다. 그러므로 꼭 낙찰받을 수 있는 금액을 써야 합니다. 이 물건은 49퍼센트까지 떨어졌는데 그 이유가 유치권 때문이었습니다. 시공사인 현대산업개발에서 점유해 경매에 내놓은 것이고요. 그 유치권을 제 것으로 만들려고 현대산업개발 담당자에게 전화했더니 1억 9,000만 원을 주면 자기네가 유치권 합의서를 써주겠다고 하더군요. 유치권 합의서를 받아야 대출을 받을 수 있습니다.

한번 계산해봅시다. 일반적으로 경매에서는 등기부등본 맨 위에 근저당이 있으면 근저당을 다 배당합니다. 그다음 권리가 가압류입니다. 가압류가 있을 경우 가압류 뒤 청구금액에 따라 '안분배당'한다는 것을 알고 있나요? 안분배당이란 청구금액을 나눠준다는 의미입니다.

제가 3억 2,000만 원 정도에 입찰했는데 먼저 근저당으로 국민은행에 2억 280만 원을 배당하고 그다음 가압류로 현대산업개발에 약 1억 6,000만 원, 국민은행에 3,900만 원 정도를 안분배당해야 하는 상황이었습니다. 대충 8 대 2 정도죠.

저는 엑셀로 낙찰받기 쉬운 가격이면서 제 돈을 최소화하는 방법을 계산해봤습니다. 49퍼센트로 하면 절대 낙찰받기 힘들 테니 60퍼센트나 70퍼센트 그리고 70퍼센트를 약간 넘는 정도로 계산했지요. 일단 3억 2,000만 원에 입찰하면 근저당 2억 원과 경매비용을 빼고 남는 돈 1억 1,470만 원을 현대산업개발과 국민은행이 8 대 2로 가져갑니다. 이 경우 현대산업개발이 유치권 합의서를 써주겠다며 이야기한 1억 9,000만 원 중 9,000만 원이 현대산업개발로 가고 제가 1억 원만 마련해서 대출 문제를 해결하면 되는 겁니다.

결국 총취득가가 4억 2,000만 원인데 새 아파트다 보니 시세가 급등해 5억 원이 넘습니다. 여기에다 23층 중 19층이라 낙찰받고 제가 입주했습니다. 사실 좀 무모한 도전이긴 했습니다. 제가 이걸 낙찰받고 집 여섯 채를 팔려고 내놨거든요. 대개는 돈을 마련할 수 있을 때 도전하지만 저는 그렇게 하다가는 기회가 또 오지 않는다고 생각합니다. 아무튼 저는 적은 돈으로 새 아파트를 제 것으로 만들었습니다.

저는 일단 낙찰받기 쉬운 물건에 신경을 씁니다. 경매는 무조건 낙찰을 받아야 수익이 나니까요. 그래서 다른 사람들이 좋다고 추천하는 것보다 낙찰받기 쉽고 제게 수익을 많이 주는 쪽으로 결정합니다. 사실 남들이 좋다고 하는 물건은 누가 봐도 좋은 거라 낙찰받기 어렵습니다. 가령 대다수가 역세권 소형아파트를 권하지만 저는 그런 곳에 입찰해본 적이 없습니다. 사람들이 몰리면 거의 시세에 낙찰되기 때문에 남는 게 없거든요.

오히려 저는 부동산 경기가 가라앉은 지방에서 주로 아파트 132제곱미터(약 40평)에 투자합니다. 제가 대형을 좋아하는 이유는 현재 112제곱미터(약 34평)와 132제곱미터대 가격에 별로 차이가 없고 132제곱미터와 165제곱미터(50평)대 공급이 거의 없기 때문입니다. 저평가를 받을 때 사서 임대를 놓고 기다리다 보면 오르지 않을까 생각하는 거지요. 더구나 이런 물건에 투자할 때는 제 돈이 별로 들어가지 않습니다.

한번은 구로구 개봉동에 있는 171제곱미터(약 52평) 아파트가 경매에 나왔는데 25층 중 23층이었습니다. 세입자가 보증금 1억 6,000만 원을 주장하는 상황에서 배당이 되지 않을 경우 낙찰자가 인수해야 한다는 조건이 붙어 있었죠. 제가 답사하러 갔을 때 시세가 5억 2,000만 원 정도였는데 이 물건을 4억 1,200만 원에 낙찰받았습니다.

근저당권자는 흥국생명이었고 저는 세입자 전세금이 1억 6,000만 원이 있는 상황에서 무리하게 대출해주었을 리 없다고 판단했습니다. 대출을 받으려면 이런저런 서류를 요구하는 건 기본이고 소유자 이외에 다른 사람이 있을 경우 그 세입자를 소명하라고 요구합니다. 이때는 보통 '무상임대차확인서'를 쓰고 대출을 받지요.

제가 흥국생명에 전화해서 확인해보니 무상임대차계약서를 받고 대출해줬는데 소유주와 세입자가 부녀지간이라고 하더군요. 여기에는 문제가 없겠다는 판단을 내린 뒤 저는 두 번째 근저당권자를 찾아갔습니다. 그랬더니 세입자가 자신의 둘도 없는 친구인데 그 친구가 집주인인 줄 알고 빌려준 돈 때문에 그 집에 근저당을 설정한 거라고 하더라고요. 결국 세입자라는 주장이 가짜라는 얘기죠.

제가 입찰가 4억 1,200만 원을 제시한 이유는 전세가가 4억 2,000만 원이었기 때문입니다. 아직 그 아파트를 팔지는 않았고 현재 시세가 6억 원입니다. 그러니까 투자금을 한 푼도 들이지 않고 구입한 물건에서 양도차익 1억 8,000만 원 정도를 바라볼 수 있는 겁니다.

시세와 공급 물량 여부를 체크해 접근하는 지방 투자

지방에 있는 물건으로도 충분히 수익을 낼 수 있습니다.

예를 들어 전남 순천에서 경매를 300여 건 진행했는데 제가 특히 집중한 곳은 매매가 1억 3,500만 원에 전세가가 1억 3,000만 원인 아파트입니다. 경매로 물건이 다량 나오면 낙찰받을 확률이 높습니다. 이 물건을 1억 2,300만 원에 낙찰받았고 비용 900만 원을 들여 수리를 했습니다. 그래서 세금을 포함해 실투자금 1억 3,400만 원이 들어갔는데 이 아파트를 1억 3,500만 원에 전세를 놓았습니다. 제 수업을 들은 수강생들이 이런 식으로 투자금 없이 지방 아파트를 80여 채 보유했지요.

지방에 있는 물건이라고 값이 오르지 않을까요? 오릅니다. 특히 월세와 달리 전세는 별다른 수익 없이 재산세와 종부세(종합부동산세)를 내야 하므로 전세로 투자할 때는 반드시 가격 상승 가능성을 고려해야 합니다. 이것을 어떻게 확인할 수 있을까요?

우선 주변 단지들의 시세를 조사해 계속 우상향하고 있는지 확인합니다. 또 공급이 많으면 오르지 않으므로 공급 상태도 알아봐야 합니다. 여수와 순천, 광양은 하나의 생활권인데 이곳은 화학업종이 강세입니다. 흔히 한국은 반도체만 좋은 줄 알지만 화학업종도 업황이 좋습니다. 더구나 여수와 순천은 새로 뜨는 관광지이기도 합니다. 이 모든 것을 감안하면 이곳의 적정 공급량은 약 3,500세대지만 2019년 공급과 2020년 공급을 예상해보면 확실히 공급이 부족합니다. 전세가는 물론 매매가도 계속 오를 것 같아서 이곳에 80여 채를 낙찰받은 것입니다.

조선업종이 워낙 경기가 나빠 거제와 통영에서도 물건이 124개가 나왔습니다. 124개 물건이 모두 조선소 사원아파트였지요. 여기서 72건을 낙찰받았는데 순천은 분위기가 좋아 높게 낙찰받았지만 통영은 그 반대로 저렴하게 낙찰받았습니다. 평균 낙찰가가 6,200만 원에서 6,500만 원에 불과했지요. 현재 그 아파트들은 시세가 9,000만 원에서 1억 원 정도입니다.

다행히 2019년 조선업이 반등했고 조선소가 있던 땅도 LH가 구입해 2020년부터 국가 관광단지로 개발합니다. 개발 기간은 8년 정도 걸리지만 하나의 관광단지로 개발하면 수요가 충분해지고 건설 인력도 들어올 것이라 예상해 낙찰을 받은 것입니다.

일단 감정가 9,400만 원짜리를 6,200만 원에 낙찰받아 등기비와 공사비로 총 1,900만 원을 투자했습니다. 그리고 현재 보증금 1,000만 원에 월세 40만 원씩 받고 임대했지요. 결국 내 투자금은 1,000만 원 이하로 들어갔고 대출이자 16만 원을 제외하고 한 채당 매달 24만 원씩 들어옵니다. 양도차익 2,000만 원은 이미 낙찰받을 때부터 유보되었고요. 2020년부터 공사에 들어가면 시세가 더 오를 것이라고 판단해 개인과 법인으로 낙찰받아 임대하고 있습니다.

공장은 땅 크기 대비 건물이 커야 투자가치가 있다

제가 보유한 물건 중에는 투자금이 많이 묶인 것도 있습니다. 대표적으로 구로 공구상가 옆에 있는 네 동짜리 상가가 있지요. 시멘트가 깨져 철근이 노출될 정도로 노후화한 이 건물을 제가 100퍼센트를 넘겨 낙찰받았는데, 그 이유는 역세권에다 준공업지역에 있는 땅 70평짜리 물건이기 때문입니다. 건물 한 층의 땅이 70평이라는 얘기입니다.

서울 일반 주거지역에서 빌라를 짓기 위해 땅을 사려고 해도 2,000만 원짜리 이하가 없습니다. 용적률이 보통 200퍼센트거든요. 반면 준공업지역 용적률은 400퍼센트입니다. 그러니까 제가 200퍼센트보다 더 많이 지을 수 있는 땅을 6억 원, 즉 평당 약 800만 원에 낙찰받은 겁니다.

주의할 것은 땅에 투자할 경우 월세가 나오지 않는다는 점입니다. 만약 5억 원을 대출받는다면 개발하거나 매도할 때까지 그 대출이자를 스스로 부담해야 합니다.

이 건물은 비록 낡긴 했지만 전용면적이 100평이 넘습니다. 건물 한 층에 방이 20개 있는데 하나당 보증금 200만 원에 월세 20만 원씩 받고 있습니다. 서울에서 이 정도면 월세가 굉장히 저렴한 편이지요. 아무튼 주변 여건이 좋지 않아 저렴하게 책정했고 공실 없이 다 채웠습니다.

일단 감정가 6억 300만 원짜리를 6억 1,200만 원에 낙찰받아 대출을 85퍼센트 받았습니다. 등기비 5퍼센트를 지불하고 2,000만 원을 들여 내부수리를 했고요. 결국 내 투자금이 1억 4,000만 원 정도 들어갔는데 보증금 4,000만 원(방 20개, 200×20)을 회수하고 1억 원 정도가 묶였습니다. 그래도 월세가 400만 원씩 나와서 대출이자 160만 원을 제외하고 임대수익 240만 원을 거두고 있습니다. 이렇게 임대수익이 나올 경우 건물을 개발할 때까지 보유하면서 얼마든지 기다릴 수 있지요.

그럼 공장은 어떨까요? 흔히 공장은 투자대상에서 제외하지만 제 말을 들으면 '아, 공장이 이렇게 괜찮아?' 하는 생각이 들 겁니다. 사람들의 최대 관심사는 아파트나 상가입니다. 2019년 말 현재 전국적으로 부동산이 워낙 좋다 보니 경매까지 오는 아파트나 상가가 별로 없습니다. 반면 경기가 어려워서 사상 최고로 공장 매물이 많습니다.

매물이 많다는 것은 평균 낙찰가가 떨어져 싸게 낙찰받을 기회가 있다는 의미입니다. 공장이라고 다 좋은 건 아니고 땅 대비 건물이 커야 합니다. 공장은 땅이 아니라 건물을 임대하는 물건이기 때문입니다. 가령 대지 500평에 200평짜리 건물이 있으면 좋은 물건이 아닙니다. 반면 땅이 400평인데 건물도 400평이면 좋은 물건이지요. 그런 물건을 찾아야 합니다.

2017년 경기도 화성에서 제가 한 번 유찰된 8억 4,000만 원짜리 공장을 6억 6,000만 원에 낙찰받았습니다. 물론 세입자가 유치권을 신고했지만 세입자가 신고한 유치권은 성립되기 어렵기 때문에 별로 신경 쓰지 않고 낙찰을 받았지요. 알고 있을지도 모르지만 제조업 사업자로 등록하면 공장 대출이 90퍼센트 나옵니다. 그래서 대출을 6억 원 받았습니다. 결국 저는 취득세와 등록세를 내고 기타 비용을 합쳐 투자금이 1억 원 정도 들어갔어요.

한데 유치권을 신고한 세입자가 보증금 3,000만 원에 월세 500만 원으로 임대하고 있었습니다. 그 세입자와 재계약하면서 3,000만 원을 회수해 제 투자금은 7,000만 원이 들어갔지요. 대출이자 160만 원을 제외하고 500만 원에서 매달 340만 원이 제 통장에 들어옵니다. 7,000만 원을 투자해서 매달 340만 원의 소득을 올릴 수 있는 부동산이 많이 있나요? 거의 없을 겁니다. 물론 요즘은 대출이 까다로워서 대부분 80퍼센트 정도 대출을 해줍니다.

매달 340만 원이면 1년에 연 4,000만 원을 버는 셈이니 쉽게 팔고 싶지 않을 겁니다. 만약 그 공장을 10년간 임대할 경우 낙찰받은 때부터 양도차익은 유보되지만 그 공장의 땅값은 어떨까요? 계속 오릅니다. 지금 화성은 평당 100만 원이 넘고 좋은 데는 400만 원까지 갑니다. 이 땅값이 평당 50만 원만 올라도 10년이 지났을 때 공시지가가 올라 양도차액이 2억 5,000만 원 정도일 겁니다. 만약 평당 100만 원이 오른다면 5억 원의 부가수익이 생깁니다. 여기에다 10년 동안 월세로 4억 원 정도를 받습니다.

단, 반드시 답사해서 임대가 잘 되는 곳인지 확인하고 입찰해야 합니다. 아파트 외에도 수익을 낼 수 있는 물건이 얼마든지 있다는 것을 기억하기 바랍니다.

오피스텔 투자법

오피스텔에도 관심이 많죠? 제가 금천구 독산동에서 유치권이 있는 오피스텔을 8,700만 원에 입찰해 42개 물건 중 저와 수강생들이

33채를 낙찰받았습니다. 보통 낙후된 지역으로 알고 있지만 이곳은 강남 테헤란로보다 더 많은 직장인이 몰리고 있는 지역입니다. 서울에서 오피스텔 수익률이 가장 높은 구가 금천구입니다. 제가 그 좋은 지역에서 낙찰받을 수 있었던 이유는 유치권이 좀 심하게 있었기 때문입니다.

일단 유치권이 성립하려면 점유해야 하는데 다 세입자가 있었어요. 불행히도 전세 9,000만 원에 세 들어 있던 세입자들은 근저당보다 늦어 한 푼도 받지 못하는 상황이었죠. 그래서 싸게 낙찰을 받긴 했지만 사람들이 유치권을 주장하면서 입구를 컨테이너로 막고 시위를 했습니다. 할 수 없이 재산권을 빨리 행사하기 위해 5,600만 원, 즉 한 세대당 170만 원씩 주고 합의를 봤습니다. 물론 이 돈은 주지 않아도 상관없는 것이었죠.

제가 이 도시형생활주택을 8,700만 원에 낙찰받고 90퍼센트 대출을 받았습니다. 그래서 등기비, 취득세, 등록세 등을 합해 총투자 비용이 1,500만 원 정도 들었습니다. 지금 여기에서 보증금 2,000만 원에 월세 60만 원을 받고 있습니다. 전세로는 1억 2,000만 원씩 받고요. 보증금 2,000만 원으로 회수하니 제 돈이 500만 원 남았고 대출이자 24만 원을 제외한 뒤 36만 원씩 수익을 거두고 있습니다.

이것은 도시형생활주택이고 서울에서 주택은 양도세 중과 대상이라 장기임대 사업자로 등록해서 관리하고 있습니다. 월세가 오르면 올랐지 떨어질 것 같지 않아 장기임대주택자로 등록한 것입니다.

한편 불법건축물은 어떨까요? 눈이 휘둥그레질지도 모르지만 때로 불법건축물 수익이 정말 쏠쏠합니다. 건축업자나 소유주는 간혹 불법을 저지르는데 주변에 있는 다가구주택이나 근린주택 중에 불법이 아주 많습니다. 그 이유는 임대수익률을 높여 비싸게 팔기 위해서입니다.

가령 인천에 있는 14평짜리 빌라를 임대하면 보증금 1,000만 원에 월세 40~50만 원입니다. 그런데 이 물건을 7평짜리 방 2개로 만들면 아무리 적게 받아도 보증금 500만 원에 월세 30만 원 이상입니다. 그럼 방 2개에 보증금 1,000만 원, 월세 60만 원이 되는 거지요. 이런 물건은 불법건축물이라 싸게 낙찰받을 수 있는데 보유하는 동안 임대수익률이 높습니다. 대신 잘 팔리지는 않아요.

인천 주안역 역세권에 8층 상가가 있는데 임대가 시원치 않자 여기에 방을 12개나 만들었습니다. 인근 부동산에 알아보니 역세권 상업지역이고 방이 커서 보증금 500만 원에 월세를 35만 원씩 받는다고 하더군요. 그래서 입찰에 들어갔지만 2등을 하는 바람에 낙찰받지 못했습니다.

낙찰가 4억 7,100만 원에 신탁대출로 90퍼센트가 나오는 물건이었어요. 방이 많을 경우 '방 빼기'를 하면 대출이 잘 나오지 않아 신탁대출을 할 수밖에 없습니다. 저는 취득세와 등록세를 합해 총 7,300만 원을 투자해야 할 것으로 계산하고 있었지요. 그렇지만 방이 12개고 보증금이 하나당 500만 원이니 '12×500'으로 약 6,000만 원을 회수할 수 있습니다. 결국 7,300만 원을 투자해 보증금으로 6,000만 원을 회수하니 투자금은 고작 1,300만 원에 불과한 겁니다.

월세가 35만 원씩이면 '12×35'로 420만 원씩 나오므로 대출이자 140만 원을 제외하고도 280만 원의 수익을 낼 수 있는 기회였지요. 1,300만 원을 투자해 매달 280만 원의 수익을 내는 물건이 어디 쉽나요? 저는 이런 물건이 있으면 건물이 무너질 때까지 보유하겠다는 생각으로 뛰어듭니다.

서울의 똘똘한 한 채를 너무 부러워하지 마세요. 가진 돈을 몽땅 거기에 집어넣으면 시세가 조금만 떨어져도 밤에 잠이 오지 않을 겁니다. 내가 가진 돈을 쪼개 여기저기 투자해서 수익원을 다양화하는 것이 훨씬 더 안정적입니다.

분산투자와 장기투자에 집중하라

지금 대출과 세금 규제가 심한데 어떻게 계속 투자를 하는 거냐고요? 방법은 하나입니다. 투자에서 중요한 원칙 중 하나가 정부 정책에 맞서지 말라는 겁니다. 조정대상 지역 내에 있는 주택은 사지 말라고 하면 사지 않는 게 좋습니다. 저는 주로 비조정 지역, 즉 기타 지역에 가서 투자합니다. 기타 지역에서도 부동산은 오르고 돈이 될 만한 물건은 얼마든지 있습니다.

저는 대출과 카드를 한도까지 다 썼기 때문에 법인을 설립해서 이용하고 있습니다. 법인을 이용하면 일단 대출이 잘 나옵니다. 아직까지는 법인 대출이 잘 나오는 편인데 여기에다 대출을 더 받고 싶으면 법인 신탁도 가능합니다.

법인을 이용하는 또 다른 이유는 양도차익 때문입니다. 만약 제가 지금 낙찰받아 곧바로 팔려고 하면 기타 지역에서도 양도세가 40퍼센트입니다. 그러나 법인은 주택을 구입했다가 팔아도 양도세가 20퍼센트입니다. 그것도 비용을 빼고 20퍼센트죠. 결국 양도세가 10퍼센트 정도 나옵니다.

여기에다 퇴직한 어르신이 월수입 없이 부동산을 늘리면 의료보험이 높아집니다. 부동산이 늘어날수록 의료보험이 높아지거든요. 이럴 때 법인대표로서 월급을 100만 원 정도 만들어두면 4대보험이 나오므로 부동산을 많이 소유해도 괜찮습니다. 직장이 있는 것이라서 개인적으로 대출을 받을 때도 좋고요.

또 정부가 좋은 새 아파트를 공급하겠다고 하는데 만약 빌라나 오래된 아파트를 소유하면 분양받을 기회가 없습니다. 그렇다고 마냥 기다리며 돈을 깔고 앉을 수는 없고 물가상승률을 헤지하기 위해서라도 계속 돈을 돌려 투자를 해야 합니다. 정부가 분양가상한제를 시행해 구축 아파트보다 더 싸게 신축 아파트를 공급하겠다니 무주택 자격을 유지해야지요. 당첨만 되면 5~10억 원을 확보할 수 있으니까요. 그러니 그 기회를 놓치지 않기 위해서라도 법인을 이용해 투자하십시오.

종자돈 1~2억 원으로는 큰 부자가 되기 어렵습니다. 그렇다고 아예 가능성이 없는 것도 아닙니다. 방법은 딱 하나입니다. 열심히 일하면서 내 몸값을 높이세요. 수입을 늘리고 절약해서 종자돈을 모은 다음 개수를 늘려가는 거지요. 집 개수를 늘려 장기투자를 하는 겁니다. 그렇게 하면 어느 순간 한 번씩은 부동산이 오릅니다. 그때 팔아서 수익을 내는 방법밖에 없어요.

장기투자를 권하는 이유는 장기적으로 금리가 떨어지고 월세가 오르는 구조가 만들어지기 때문입니다. 장기투자를 할수록 금리는 떨어지고 월세는 올라서 더 안정적인 수입을 얻습니다. 월세를 받으며 장기간 보유하다 보면 재개발이나 재건축으로 높은 가격에 팔리기도 합니다. 지금 재개발 구역으로 지정된 광명이나 안양은 프리미엄만 2억 원입니다. 분산투자와 장기투자를 염두에 두고 움직이면 머지않아 부자가 될 것입니다.

무엇보다 경매는 일단 배워놓으면 평생직장입니다. 법원으로 걸어갈 힘만 있으면 되니까요. 퇴직하고 나면 좋은 일자리를 찾기가 굉장히 어렵습니다. 소액으로 투자하는 경매를 배워 노후를 행복하고 즐겁게 보내길 바랍니다.

김선희

국내 최대 부동산자산운용사인 이지스자산운용의 대체증권투자팀장(이사). 미국과 유럽 등 글로벌 리츠펀드를 직접 운용했으며 꾸준히 좋은 성과를 거둔 1세대 글로벌 리츠펀드매니저다.

갭투자 대신 리츠,
2019년 수익률 40%

김선희, 이지스자산운용 이사

은퇴가 다가오면 대다수가 어떻게 수익을 만들어서 먹고살지 고민합니다. 예금 금리가 너무 낮아 아파트, 상가에 투자하거나 투자를 계획하고 있을지도 모르지만 여기에는 단점이 있습니다. 빌딩을 소유해본 사람은 어느 정도 알고 있듯 공실률을 관리하기가 굉장히 힘듭니다. 노년으로 갈수록 관리가 더 힘들고 환금성마저 부족하지요.

내 재산을 임대주택을 비롯한 부동산으로 100퍼센트 채울 경우 노년에 생각만큼 수익률이 나지 않거나 팔고 싶을 때 팔지 못할 수도 있습니다. 유동성 자산으로 국내 주식에 투자하자니 잘 모르겠고 수익률도 장담하기 어렵습니다. 혹시 소액투자가 가능하고 환금성도 있는 우량 부동산투자가 가능한지 궁금했던 적이 있나요? 알다시피 좋은 빌딩일수록 비싸서 소액투자는 불가능하고 환금성을 보장받기도 힘듭니다. 그런데 그 환상 같은 생각을 현실화해주는 것이 바로 리츠입니다.

리츠에 따라 다르지만 리츠의 배당수익률은 연 4~7퍼센트입니다. 물론 임대료는 인플레이션에 따라 올라갈 수 있습니다.

그다음으로 빌딩은 너무 비싸거나 현금화가 어렵지만 상장한 리츠는 소액투자가 가능하고 환금성도 주식처럼 쉽습니다. 가령 제가 매도 주문을 내면 한국 리츠는 그날 팔립니다. 미국은 그다음 날 체결이 이뤄집니다.

가장 주목해야 할 점은 리츠에 장기투자할 경우 연평균 수익률 8~12퍼센트가 가능하다는 것입니다. 실제로 10여 년 전 리츠 붐이 일었을 때 투자해서 지금까지 리츠로 수익률을 올린 투자자들은 장기투자를 했던 분들입니다. 우량 리츠에 장기투자하면 웬만한 빌딩을 소유한 것 이상으로 수익을 기대할 수 있습니다.

리츠는 하나의 회사로 투자자들의 자금으로 부동산을 소유하고 임대료와 매각차익에서 얻는 이익의 90퍼센트를 배당합니다. 최근 신한알파리츠와 롯데리츠가 상장했는데 보통 리츠가 처음 상장할 때는 일단 자산을 1~3개 취득합니다. 그것을 증시에 상장하고 공모주 청약을 하지요. 이때 돈이 5,000억 원에서 1조 원 정도 모이면 리츠는 그 돈으로 자산을 더 사들입니다. 1960년대와 1970년대에 상장할 때 회사 가치가 1,000억 원이던 미국 리츠 가운데 일부는 지금 20~50조 원 가치로 성장했습니다.

리츠는 투자금을 모아 자산을 갖추고 여기에서 나오는 임대료를 주요 수익원으로 삼기 때문에 회사 가치가 하루아침에 올라갈 수는 없습니다. 현재 투자자에게 투자를 받아 임대료 수익을 올리고 이익의 90퍼센트를 배당으로 지급할 경우 법인세를 면제받습니다. 덕분에 리츠에서 여러분이 직접 빌딩에 투자하는 것과 유사한 수익을 얻을 수 있습니다. 여기에다 리츠가 보유한 자산가치가 상승하면 그것도 리츠 가격에 녹아듭니다.

최우량 빌딩에만 투자하는 리츠

리츠의 장점에는 높은 배당과 인플레이션 헤지, 유동성, 우량한 수익률, 투명성, 환노출(환율에 영향을 받음) 등이 있는데 이 중에서 가장 중요한 것이 투명성입니다. 만약 빌딩을 소유할 경우 직접 관리하지 못하면 빌딩관리회사에 맡겨야 하는데 그때 어떻게 관리하는지 알기 어렵습니다. 해외는 더욱더 깜깜이고요. 반면 리츠는 공실률과 캡레이트(Cap Rate, 자본환원율), 주변 시세 등을 공시합니다. 여기에다 매번 감사를 받기 때문에 굉장히 투명합니다.

또한 해외 리츠에 투자할 경우 환노출이 가능합니다. 특히 자산이 많은 사람은 세금과 안정성 문제를 비롯해 환노출을 위해 해외 리츠에 주목합니다. 사실 빌딩은 하나에 집중하는 것보다 전 세계 핵심 부동산인 런던, 파리, 싱가포르 등에서 골고루 사면 수익 보전 측면에서 장점이 큽니다.

리츠는 미국, 캐나다, 영국, 프랑스 같은 선진국에서 먼저 도입했고 한국이 제일 늦게 발전했어요. 제가 2012년부터 리츠에 투자했는데 이제야 리츠에 관심을 보이는 사람이 늘어나고 있습니다. 특히 대기업과 자산운용사가 리츠를 준비하고 있기 때문에 향후 5~10년이면 많이 활성화하리라고 봅니다. 예를 들어 일본에서 인기 많은 월배당 펀드를 보면 10개 중 8개가 해외 채권이고 2개가 리츠입니다.

해외 유명 빌딩은 리츠가 보유하고 있는 경우가 많습니다. 뉴욕 엠파이어스테이트 빌딩은 리츠인 엠파이어스테이트 리얼티 트러스트 소유입니다. 뉴욕 우드베리 아울렛도 미국 최대 리츠 사이먼 프로퍼티스가 소유하고 있지요. 많은 사람이 놀러가는 싱가포르의 마리나 베이샌즈 쇼핑센터도 싱가포르 상장 부동산회사가 보유하고 있어요. 그 밖에 뉴욕, 런던, 홍콩 어디든 괜찮다 싶은 건물은 리츠가 많이 소유하고 있습니다. 알다시피 이런 프라임 등급 빌딩은 공급이 제한적입니다. 서울에서도 강남이나 강북의 CBD(중심업무지구) 지역에는 공급이 많지 않습니다.

사람들이 강남 아파트를 좋아하는 이유는 가격이 장기적이고 안정적으로 오르기 때문입니다. 빌딩도 마찬가지입니다. 프라임 등급 빌딩은 가격이 장기적으로 견고하게 올라갑니다. 금융위기 때도 이런 빌딩은 별다른 공실률이 생기지 않았어요. 더욱이 미국이나 유럽은 임대 기간이 8~10년에 이르고 공실률이 거의 없어서 안정성이 매우 높습니다.

리츠는 장기투자다

2019년 리츠가 40퍼센트 올랐는데 앞으로 더 오를까요? 2019년 11월 15일 기준으로 신한알파가 56퍼센트, 이리츠코크랩이 54퍼센트 상승했습니다. 저는 앞으로 더 오를 거라고 예상하지만 여기에는 단서가 붙습니다. 즉, 단기투자가 아니라 장기투자로 볼 경우 더 상승할 것입니다.

그럼 어떻게 투자해야 할까요? 상장 리츠는 장기수익률이 연평균 10퍼센트로 상당히 양호합니다. 엠파이어스테이트 빌딩이나 우드베리 아울렛은 뉴욕의 핵심 지역에 있는데 어떻게 10~20년 동안 10퍼센트나 오르느냐고요? 언뜻 생각하면 비상식적이지만 리츠는 가능합니다.

미국 리츠의 경우 평균 배당수익률이 4퍼센트입니다. 자산가치 상

150

상장 리츠 장기수익률이 양호한 이유

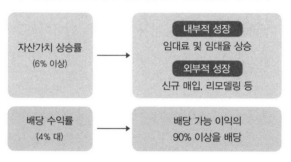

✔ 배당률보다는 자산가치 상승률의 수익률이 높은 리츠 투자

자료: 이지스자산운용

승률은 6퍼센트인데 임대료는 평균 2~3퍼센트 오릅니다. 그러면 나머지 3퍼센트는 어떻게 나올까요? 보통의 경우 핵심 부동산은 연 6퍼센트 오를 수 있습니다. 그렇다면 10퍼센트는 어떻게 나오느냐 고요?

이게 리츠만의 비밀인데 리츠에는 '외부적 성장'이라는 것이 있습니다. 리츠의 경영진이나 자산운용가들은 빌딩 3개로 투자를 시작하지만 나중에 빌딩을 100개나 1,000개로 만들기도 합니다. 그들은 투자자의 자금으로 계속 빌딩을 사고파는 데 쌀 때 사고 비쌀 때 팝니다. 여기에다 지속적인 임대료 상승을 위해 꾸준히 좋은 임차인으로 바꾸려 노력합니다.

여러분과 리츠 경영진의 이해는 대체로 일치합니다. 주가가 올라 여러분이 돈을 벌어야 리츠 경영진도 돈을 법니다. 그래서 전문가들이 적극 달려들어 좋은 빌딩을 싸게 사고, 더 사고, 리모델링하고 임차인을 바꿉니다. 이 외부적 성장이 3퍼센트를 차지합니다. 여기에서 배당이 평균 4퍼센트 나옵니다. 이것이 미국 리츠가 40년 동안 연평균 10퍼센트나 성장한 이유 중 하나입니다.

다음 표는 미국과 한국의 주식 대비 리츠가 얼마나 안정적인 장기 수익률을 안겨 주는지 보여줍니다. 30~40년 동안 한국 주식 수익률은 연 6퍼센트였는데 연 17퍼센트에 달한 삼성전자(20퍼센트 차지)를 빼면 연 4~5퍼센트입니다. 미국 주식 수익률은 10퍼센트이긴 하지만 3년, 10년, 15년, 30년에 따라 왔다 갔다 합니다.

미국과 한국 주식 대비 안정적인 장기수익률

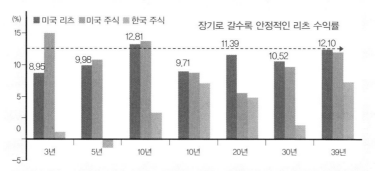

※ 자료: Bloomberg, 이지스자산운용, USD 기준, 연평균 Total Return, 기준일자: 2019/06/26
기준 인덱스: 미국 리츠(FTSE NAREIT all equity reitsTR Index), 미국 주식(S&P 500 Index), 한국 주식(KOSPI index)

그런데 미국 리츠는 어떤가요? 3년, 5년, 10년, 15년, 20년, 30년이 대부분 비슷합니다. 최고로 낮았을 때가 9퍼센트죠. 한마디로 리츠는 장기 자산입니다. 리츠에 10~20년, 더 적을 경우 3~5년 투자하면 적어도 5퍼센트 이상 수익이 납니다. 그 근거는 입지가 좋은 빌딩을 소유하기도 하지만 리츠 경영진이 역량을 다해 4퍼센트씩 배당을 주며 경영하기 때문입니다. 이것이 그 어떤 유동성 자산보다 장기적으로 우량하고 안정적인 수익을 낸다는 근거입니다.

리츠 투자 체크리스트

앞으로 계속 리츠가 상장할 텐데 상장 리츠를 볼 때는 세 가지에 주목해야 합니다.

첫째, 우수한 경영진과 전략을 갖춰야 합니다. 우수한 경영진, 우수한 자산운용, 우수한 자금조달, 실제 운용 능력, 선택한 섹터와 지역 등을 봐야 하는데 한국 리츠는 역사가 짧아서 신용도나 전략을 보고 판단할 수밖에 없습니다. 해외 리츠는 30년 정도 역사가 있어서 증거가 나와 있어요. 최소한 섹터와 지역은 반드시 확인해야 합니다. 그리고 리테일, 오피스, 호텔마다 다 다르다는 것도 염두에 두어야 합니다.

둘째, 우량해야 합니다. 상업용 부동산은 섹터가 산업, 인구, 사회

트렌드에 부합할 경우 10년 정도 연 10퍼센트가 아니라 연 20퍼센트도 낼 수 있어요. 이러한 섹터는 국내에 거의 상장하지 않았고 해외에 상장한 것은 많습니다.

셋째, 장기투자해야 합니다. 리츠는 1~2년이 아니라 장기투자할수록 높은 수익을 낼 확률이 높습니다. 가령 싱가포르 사람들은 대부분 리츠 투자를 할 때 빌딩에 투자하듯 10년 후에 팝니다.

홍콩 링크 리츠는 과거 10년 동안 자산 성장률이 연 15퍼센트, 배당률이 4퍼센트입니다. 합하면 연 20퍼센트에 가깝습니다. 이 리츠는 어수선하던 마켓을 깔끔하게 리모델링하고 수익성이 낮은 자산은 비싸게 매각했으며 핵심 위치에 있는 신규 자산에 투자했습니다. 여기에다 주차장까지 운영하고 있지요.

지난 20년 동안 미국에서 가장 좋은 수익률을 낸 것은 조립식 주택입니다. 그다음은 셀프 스토리지라고 하는 개인 창고입니다. 그 뒤를 기숙사, 물류, 임대주택 등이 차지하고 있지요. 사실 앞부분의 다섯 가지가 미국 기관투자자들이 매우 선호하며 투자하는 섹터입니다. 이처럼 해외 리츠는 안정적인 섹터를 선택하기 때문에 설령 경제위기로 좀 빠졌다가도 수년 내에 회복합니다.

장기투자해야 하는 이유를 보여주는 자료는 또 있습니다. 156쪽표에는 우량 사모 부동산과 상장 리츠를 나타낸 그래프가 나옵니다. 상장 리츠 그래프가 상대적으로 왔다 갔다 하지만 10~20년 장기투자하면 수익률은 똑같습니다.

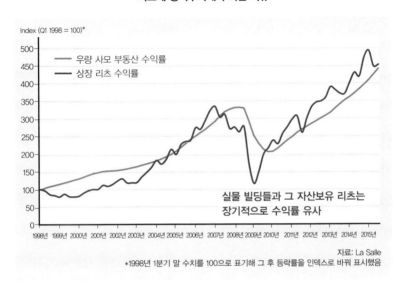

리츠에 장기투자해야 하는 이유

Index (Q1 1998 = 100)*

우량 사모 부동산 수익률
상장 리츠 수익률

실물 빌딩들과 그 자산보유 리츠는
장기적으로 수익률 유사

자료: La Salle
*1998년 1분기 말 수치를 100으로 표기해 그 후 등락률을 인덱스로 바꿔 표시했음

사실 이것은 리츠가 보유한 자산의 감정가와 상장한 리츠 추이입니다. 만약 왔다 갔다 할 때 좀 빠진다고 팔고 또 좀 오른다고 사면 리츠에서 절대 수익을 낼 수 없습니다. 여기에다 리츠는 정보도 많지 않습니다. 저는 일단 좋은 자산을 고른 뒤 장기투자하기를 권합니다.

주식은 설령 우량주를 선택해도 변화가 심하지만 리츠는 부동산이라 리먼 브라더스 같은 사태가 오더라도 수년간 버티면 좋은 결과를 냅니다. 여기에다 경기가 가라앉아도 견고한 섹터가 많습니다. 데이터센터라고 IT가 발전하면서 기업들이 서버를 보관하는 곳에도 리츠가 관여합니다. 미국에서는 실버병원, 재활시설을 갖춘 헬스케어 리츠도 경기 방어적입니다. 영국도 마찬가지입니다. 물류 창고와 조립식 주택 단지는 다양한 경기 상황에도 수요가 높은 섹터입니다.

전체 자산의 1퍼센트를 리츠에 투자하라

그럼 리츠에는 얼마나 투자해야 할까요? 미국에서는 기관이나 개인 자산의 7~15퍼센트를 상업용 부동산에 투자할 것을 권고합니다. 꼬마 빌딩을 사거나 그럴 여력이 없으면 리츠에라도 약 10퍼센트를 투자하라는 얘기입니다. 배당과 자산가치가 꾸준히 상승하고 있기 때문이지요. 미국 연기금은 자산의 평균 1퍼센트를 상장 리츠에 투자하고 있습니다.

여러분에게 주식펀드도 있고 채권펀드도 있다면 거기서 10퍼센트는 리츠에 투자하세요. 좀 미심쩍다면 시험 삼아 1퍼센트라도 투자해보길 권합니다. 아이들에게 리츠펀드를 증여하는 것도 괜찮습니다.

만약 리츠에 투자하고 싶다면 장기투자와 함께 적립식 투자를 추천합니다. 리츠가 핫할 때는 장기투자로 가고 리츠가 빠졌다는 얘기가 들려오면 적립식 투자를 하세요. 이런저런 판단을 내리는 것도 귀찮다면 1년에 한 번씩 꾸준히 투자하는 것도 좋습니다. 내가 가진 돈의 일부를 리츠에 꾸준히 투자하는 것이지요.

그 투자 방법 중 하나가 ETF(상장지수펀드)입니다. 좋은 운용팀을 만나 좋은 펀드에 장기투자할 경우 기대하던 결과를 얻을 것입니다. 개별 주식은 개별 종목을 잘 아는 것이 중요합니다. 하지만 분류 과세할 수 있으므로 일반 투자자보다는 자산가에게 유리합니다. 랩어카운트(개인별 자산종합관리 계좌)는 좋은 운용팀이 하거나 분류 과세해서 좋지만 수수료가 조금 비쌉니다. 그러므로 취향에 따라 편한 쪽을 선택하면 됩니다.

국내 리츠의 성장 가능성

이제 섹터 대표 리츠를 알아봅시다. 여기서 소개하고 싶은 것은 한국 리츠 두 개와 해외 리츠 네 개입니다. 지금 대기업 중심으로 발전하고 있는 한국 리츠는 앞으로 더 많이 상장할 예정입니다. 2019년 말 현재 한국은 리츠 시가총액이 2조 원인데 선진국을 보면 대체로 국내 시가총액의 4퍼센트를 상장합니다.

한국 리츠는 일단 배당이 안정적이라는 특징을 보입니다. 특히 정부가 공모리츠나 부동산펀드에 5,000만 원 한도로 3년 동안 투자해 발생한 배당소득을 13퍼센트가 아니라 9퍼센트로 분류 과세하는 일시적인 혜택을 줬습니다.

그럼 국내 리츠에 투자할 때 유의할 점을 간단하게 몇 가지만 살펴봅시다.

첫 번째, 안정성입니다. 무엇보다 공실률과 임대료 상승 가능성에 주목해야 합니다.

두 번째, 성장성입니다. 스폰서와 운용사 역량이 계속 좋은 자산을 취득할 수 있는지 살펴봅니다.

세 번째, 섹터의 매력입니다. 견고하고 안정적인 섹터를 선택해야 합니다.

네 번째, 적정한 수수료입니다. 일반설명서에 나와 있지 않지만 리츠 수수료는 0.7~1.8퍼센트까지 차이가 있습니다. 이것이 누적되면 수익률을 까먹을 수도 있으므로 수수료가 자세히 나와 있는 자료를 보고 확인해야 합니다.

다섯 번째, 투자 타이밍입니다. 배당률과 채권금리 간 차이, 감정가 대비 얼마인가 등을 보고 지금 너무 비싸지 않은지 체크합니다. 국내 리츠는 대부분 감정가 그대로 상장하므로 이후 변화한 가격을 보고 감정가 대비 얼마인지 짐작할 수 있습니다.

그럼 국내 리츠 중 신한알파리츠와 롯데리츠를 살펴봅시다.

만약 역세권에 안정적인 임차인이 있는 신규 대형 오피스 빌딩을 보유하고 싶다면 신한알파리츠에 투자하는 것이 좋습니다. 신한알파리츠는 입지가 아주 좋은 판교 크래프톤 타워와 용산 더프라임 빌딩을 소유하고 있습니다. 판교 크래프톤 타워는 임대율 100퍼센트에 블루홀과 NHN에 임대했고 더프라임에는 신한생명과 KT가 들어가 있습니다.

신한알파리츠는 향후 3년간 영업수익 2.5퍼센트 성장을 예상할 수 있습니다. 임차인의 신용등급이 우수하고 통 임대가 아니라 여러 임차인이 있어서 오히려 더 안정적입니다. 2019년 말 현재 신한알파리츠의 시가총액은 4,400억 원인데 앞으로 자산 8조 원이 될 때까지 계속 매입할 예정으로 성장성이 뛰어난 편입니다.

롯데리츠는 롯데백화점과 롯데마트처럼 대기업이 장기 임차인으로 있는 빌딩을 갖고 싶을 때 투자하면 좋습니다. 롯데쇼핑이 임차인인데다 건물을 장기임대하고 이를 재임대해 수익을 얻는 장기 마스터리스가 9~11년이라 5년 후 임차인이 바뀌거나 나갈 걱정이 없습니다. 여기에다 배당 성장성이 연 1.5퍼센트 수준으로 고정적입니다. 이 리츠는 약간 채권과 같으므로 안정성을 중요시하는 사람에게 좋은 선택입니다.

또 롯데리츠에서 공식 발표한 자료에 따르면 향후 롯데쇼핑이 보유한 쇼핑센터나 아울렛 같은 자산 약 80개에 투자해서 회사를 키우겠다고 하니 성장성도 있습니다. 현재 시가총액이 1조 1,100억 원으로 감정가 대비 프리미엄이 30퍼센트입니다. 이와 유사한 미국의 마스터리스 중심의 리츠 프리미엄이 30퍼센트이므로 아주 비싸지도 않지만 그렇다고 싸다고 볼 수도 없습니다. 따라서 우량한 리츠가 단기적으로 조정을 받아 빠질 수도 있으나 장기적으로 보유하면 보수적으로 생각해도 연 5퍼센트 이상 수익이 나리라고 봅니다.

해외 리츠 추천 투자처

해외 리츠는 어떨까요?

먼저 냉동 창고를 갖춘 물류시설 리츠로 아메리콜드 리얼티(Ame-ricold Realty)가 있는데 이 회사는 미국에서 점유율이 25퍼센트입니다. 미국 기관투자자들도 이 리츠를 굉장히 좋아하지요. 아마존 같은 유통업체가 식품을 유통할 때 냉동 창고가 필요한데 이런 물류센터에 투자하고 싶다면 성장성이 뛰어난 아메리콜드 리얼티를 기억하세요.

그다음으로 선 커뮤니티스(Sun Communities)는 상업용 부동산에서 성장성이 높은 조립식 주택 섹터에 특화한 리츠입니다. 조립식 주택은 일반 임대주택 대비 70퍼센트 수준의 가격으로 제공할 수 있습니다. 그 수요층은 노인이나 합리적인 주택가격을 원하는 사람, 레저용 주택을 찾는 사람 등 다양하지요. 리츠에서 부지를 개발해 땅을 임대하면 개인은 리츠에 집까지 임대하거나 스스로 집을 구매합니다.

이 회사는 2017년 기준으로 매출과 순영업수익이 18퍼센트나 성장했습니다. 엄청나게 성장했지만 임대료가 많이 오른 건 아니고 외부 성장이 큰 영향을 주었습니다. 자산이 총 350개 마을에 있는데 순수익 7퍼센트, 임대료 4퍼센트로 쑥쑥 성장하는 리츠입니다. 장기수익률을 보면 10년 동안 연 27퍼센트, 20년 동안 연 16퍼센트였습니다. 이 리츠가 이처럼 성장한 이유는 섹터가 바로 조립식 주택이었기 때문입니다. 오피스로는 이 정도 수익률을 내기가 어렵습니다.

또 IT 리츠로 세계 최대 데이터센터 리츠인 에퀴닉스(Equinix)가 있습니다. 구글이나 아마존 등 클라우드 컴퓨터 사업을 위한 데이터센터에 우리가 직접 투자할 수 있을까요? 데이터센터를 실물로 투자하는 것은 정말 힘듭니다. 미국이든 싱가포르든 한국이든 모두 데이터센터는 리츠로 투자하는 방법이 최선입니다. 대신 세계 일류 기관이든 일반인이든 똑같은 리츠에 투자할 수 있지요. 전 세계 1위 데이터센터 리츠로 구글과 아마존이 임차인이 된다면 어떨까요? IT 발전 분야 인프라를 차지하고 있는 이 회사는 이익성장률이 연 9퍼센트 이상이고 자산이 48개 대도시에 있습니다. 미국, 아시아, 유럽에서 골고루 190개를 운영하고 있어요.

흥미롭게도 미국 500대 대기업 중 230개 기업이 고객이라 일부 고객이 나가더라도 이 회사는 별다른 영향을 받지 않습니다. 그러다 보니 에퀴닉스는 지난 10년간 미국의 모든 주식 중에서도 주가상승률이 높은 기업 중 하나였습니다.

시가총액은 거의 60조 원이고 장기수익률이 지난 10년 동안 연 27퍼센트였습니다. 앞으로도 계속 이 수준을 유지하기는 어렵겠지만 글로벌 데이터센터 수요가 견조해서 적어도 5년 정도는 오피스나 리테일보다 수익률이 좋으리라고 봅니다.

마지막으로 유럽에서 기관투자가도 사기 힘든 빌딩은 뭘까요? 그리고 수요는 점점 확대되는데 공급이 부족해서 소유한 빌딩 임대료를 잘 올릴 수 있는 섹터는 뭘까요? 런던과 파리에 개인 창고 시설을 보유한 대형 리츠 셀프 스토리지(Self Storage)가 그 답입니다. 특히 지역 이동이 많은 유럽에서 성장 추세에 있지요.

셀프 스토리지는 경기 침체기에 가장 견조하다는 특징을 보입니다. 직장을 바꿀 때, 이혼했을 때, 사무실 공간을 줄일 때, 집을 줄여서 갈 때 등 수요는 매우 다양합니다. 그래서 5년간 시장점유율도 상승했고 사용료는 약 13퍼센트 성장했습니다. 이 회사는 자산이 파리와 런던에 있는데 지금 영국은 인구 대비 셀프 스토리지 사용률이 0.7퍼센트(미국은 9.4~10퍼센트)밖에 되지 않아 성장성도 어느 정도 보장되어 있습니다. 이 회사의 시가총액은 현재 20조 원이 조금 넘습니다.

시가총액을 보면 알 수 있듯 리츠는 대체로 자산이 많은 대기업입니다. 어차피 한국도 선진국을 따라갈 것이므로 앞으로 국내에도 대기업 리츠와 여러 가지 섹터가 등장할 거라고 봅니다. 그러므로 미리 해외 리츠에 투자하면서 공부를 해두면 많은 도움을 받으리라고 봅니다.

다음 표는 리츠에 투자하기 전 알아둘 내용입니다. 여기에 유의하

리츠 투자 전 알아둘 내용

❶ 리츠는 선진국에서 장기간 리스크 대비 수익률이 우수했던 자산입니다.

❷ 캘퍼스, GIC, 노르웨이연기금, 국민연금 등 해외 대형 연기금에서는 총 자산의 평균 1%를 리츠에 투자하고 있습니다.

❸ 조금씩 리츠 투자를 시작해보시고, 최소 3년 이상, 가급적 5~10년 실물 빌딩처럼 장기투자해보세요.

❹ 미국 전문기관에서 권유하는 투자 비중은 전체 자산의 10%이지만, 부담되시면 전체 펀드투자 자산의 10%라도 시작해보세요.

❺ 투자하시는 방법은 가까운 은행이나 증권사에 가셔서 리츠펀드 또는 랩에 가입하시거나, ETF/개별 주식을 매수하시면 됩니다.

면서 전체 펀드투자의 1퍼센트만 해보겠다는 생각으로 가능한 한 3년 이상 투자해보기 바랍니다.

김은아

대신증권 청담WM센터 센터장. 지난 20년간 금융권에 머물며 수많은 위기를 직접 겪었고, 돌다리도 두들겨 보고 투자해야 한다는 생각으로 고객 포트폴리오를 설계하고 있다.

유유정

신한은행 PWM강남센터 팀장. 제일은행 국제금융부, 애드에셋투자자문, 신한은행 상품개발부, 투자 상품부 등을 거치며 다양한 투자 경험을 쌓아 고객에게 신뢰 높은 정보를 제공하고 있다.

윤보원

하나금융투자 Club1WM센터 상무. 다수의 투자 기회 발굴 및 고객 관리 경험을 보유한 베테랑 금융 전문가다.

7장

머니토크

'놓치면 후회할 1억 원 투자법' 강남 스타 PB들이 찍은 2020 유망 금융 상품

사회 **이기훈**, 〈조선일보〉 경제부 기자

패널 **김은아**, 대신증권 청담WM센터 센터장

　　　유유정, 신한은행 PWM강남센터 팀장

　　　윤보원, 하나금융투자 Club1WM센터 상무

이기훈　　2019년에는 돈을 불리기가 무척 어려웠다고 말하는 사람이 많은데 실제로 은행에 가보면 2퍼센트대 예금 금리를 찾기도 어렵습니다. 대체로 금리가 1퍼센트대로 내려앉아 있는 돈을 지키는 것마저 어려운 시대입니다.

　　그리고 국내 주식에 투자한 사람들의 표정도 밝지 않습니다. 물론 미국 주식이나 부동산 관련 상품에 투자한 사람들은 2019년에 좋은 수익률을 냈습니다. 어떤 상품을 선택했느냐가 다른 결과를 낳은 셈이지요. 과연 2020년에는 어떤 상품이 유망하고 또 어떻게 투자하는 것이 좋을까요?

이 질문의 답을 찾기 위해 2020년 투자 길잡이 역할을 해줄 세 분을 모셨습니다. 모두 강남의 스타 PB로 고액자산가들의 자산관리를 돕는 일을 하고 있지요. 먼저 대신증권 김은아 센터장의 전망을 들어보겠습니다.

위험자산의 가치가 상승하는 2020년

김은아　대신증권 청담WM센터에서는 해마다 시장 전망을 주제로 세미나를 진행합니다. 2019년에는 시장 기대감이 낮았는지 유난히 고객의 발걸음이 뜸했는데 최근 분위기가 많이 달라졌습니다. 2020년 시장을 궁금해하는 많은 고객이 세미나를 들으러 오고 있지요. 아마 여러분도 2020년 전망이 무척 궁금할 겁니다. 이제부터 '2020년 변화와 기대'라는 키워드로 투자 기상도를 살펴보겠습니다.

2020년은 무엇보다 위험자산 가치가 상승할 것으로 기대하고 있습니다. 다시 말해 에셋 인플레이션(Asset Inflation)을 기대할 수 있는 투자 환경이 만들어지리라고 봅니다. 그 이유는 세 가지로 정리할 수 있습니다.

첫째는 '변화'입니다. 미국과 중국의 무역 분쟁이 완화되고 주요 국들이 재정정책을 확대하면서 글로벌 경기회복에 보이는 기대감이 높아질 수 있습니다.

둘째는 '기저효과'입니다. 2019년 4사분기를 기점으로 유입된 글로벌 기저효과로 2020년에는 경기 모멘텀 개선 상황이 뚜렷이 나타날 것으로 보입니다.

셋째는 '유동성 모멘텀'입니다. 이미 글로벌 금리 인하로 2019년 말 현재 유동성이 굉장히 풍부한 상황입니다. 여기에 볼커룰(Volcker Rule, 미국의 은행 규제책) 완화까지 가세한다면 이는 2020년 위험자산 가치가 상승하는 혹은 상승에 탄력을 더하는 요인으로 작용할 것입니다.

2020년 11월에는 미국 대선이 있는데 현재 트럼프의 상황이 좋

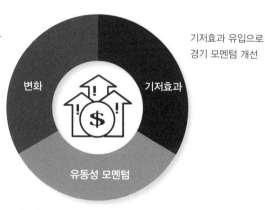

2020년은 위험자산 가치상승을 기대할 수 있는 투자 환경

미중 무역 분쟁 완화
& 재정정책 확대
→ 글로벌 경기회복

기저효과 유입으로
경기 모멘텀 개선

변화

기저효과

유동성 모멘텀

금리 인하, 유동성 공급 & 볼커룰 완화

지 않습니다. 최근 CNN에서 발표한 여론조사에 따르면 미국인 절반이 트럼프 대통령 탄핵에 찬성한다고 합니다. 그동안 트럼프를 긍정적으로 평가하게 해준 경제 부문도 무역 분쟁 장기화로 둔화 조짐을 보이고 있습니다.

중국 역시 상황이 좋지 않습니다. 전문가들은 2010년 10퍼센트에 달하던 중국의 경제성장률을 2019년 6퍼센트, 2020년 5퍼센트까지 하향 전망하고 있습니다. 이제 미국과 중국이 버티기가 힘든 상황이라 2020년에는 무역 분쟁을 접고 협상할 가능성이 있지 않을까 예상하고 있습니다.

그리고 글로벌 경기 하락에 맞서기 위해 주요국들이 재정정책을 한층 강화할 것으로 보입니다. 2019년 펀드매니저 서베이에 따르면 '무역 협상을 제외하고 위험자산 가치상승을 위해 가장 필요한 것이 무엇인가?'라는 질문에 1순위로 꼽

글로벌 경기 하락에 맞선 주요국들의 재정정책 강화

힌 것은 독일의 재정정책입니다. 그동안 독일은 재정정책에 소극적인 나라 중 하나였지만 경기 침체가 현실화하면 독일 정부의 입장에 변화가 일어날 가능성이 있습니다.

만약 미국과 중국의 무역 분쟁이 완화되고 주요국들이 재정정책을 강화할 경우 글로벌 경제 관점에 많은 변화가 일어날 것입니다. 실제로 2018년 무역 분쟁을 시작으로 하향조정한 경제성장률 전망치를 2019년 4사분기를 기점으로 상향조정하고 있습니다. 모멘텀

측면에서는 글로벌 기저효과가 유입될 가능성이 높습니다. 2019년 OECD의 경기선행지수 평균 하락 속도를 감안해도 2019년 말 현재 시점에 거의 저점을 통과했다고 보아도 좋습니다.

한편 글로벌 금리 인하로 현재 유동성이 확대되면서 이것이 글로벌 금융시장에 강한 상승 동력을 제공하고 있습니다. 또 2018년 5월부터 추진해온 볼커룰 개정안이 2019년 10월 최종 승인을 받으면서 2020년 1월부터 정식 발효될 예정입니다.

볼커룰이란 금융위기 이후 은행이 자기자본이나 차익금으로 위험자산에 대규모로 투자하는 것을 금지한 법안을 말합니다. 여기서 핵심은 단기거래를 자본거래로 여기지 않기 때문에 그간 위축되어온 미국 은행권들의 단기거래와 주식 트레이딩 여건이 더 좋아질 거라는 점입니다. 그 영향으로 2020년에는 주식과 부동산 같은 위험자산이 굉장히 좋아질 것이므로 그 비

2020년에는 주식과 부동산투자 비중 확대해야

중을 확대하길 권합니다. 반대로 2019년에 괜찮았던 채권과 금, 달러 비중은 축소하기를 제안합니다.

구체적인 투자 대안은 잠시 후 유망 투자 포트폴리오에서 다루겠습니다.

2019년보다 긍정적 신호가 보이는 2020년

유유정　신한은행이 생각하는 2020년 국내시장과 해외시장 그리고 채권시장 전망을 간략히 말씀드리겠습니다. 지금은 알다시피 뉴노멀(New Normal) 시대로 저성장, 저인플레가 거의 일상화한 상황입니다. 2007년과 2008년 그리고 리먼 브라더스 사태가 터진 뒤에도 글로벌 성장률과 물가상승률은 좋

저성장, 저인플레가 일상이 된 뉴노멀 시대

은 편이었습니다. 그때까지는 경기가 전반적으로 괜찮았지만 폭락했다가 폭등한 뒤 이후 쭉 떨어지는 모습을 보이고 있습니다. 최근에는 그 양상이 좀 더 심화하는 모습을 보이고 있지요. 2019년까지 보면 투자가 부진하고 수출과 소비는 정체되어 있는데 사실 이것이 우리 경제를 압박하고 있습니다.

그럼 2020년은 어떨까요? 먼저 국내 주식시장부터 잠깐 살펴보겠습니다. 한마디로 2019년보다는 나을 거라고 보는데 그 이유는 다음 세 가지 때문입니다.

첫 번째, 경제성장률과 기업 이익입니다. IMF와 한국은행은 2020년 한국의 경제성장률을 2.3퍼센트로 예상하고 있습니다. 신뢰도 있는 기관에서 2019년보다 확실히 좋게 본다는 얘기입니다. 그다음으로 한국의 기업 이익을 보면 2017년 순이익이 140조 원까지 올라갔습니다. 이것이 2018년, 2019년 점점 떨어지더니 2019년 말 현재

100조 원 이하입니다. 2020년은 110조~120조 원으로 전망하고 있습니다.

한국의 경제성장률과 기업 이익에서 가장 큰 비중을 차지하는 분야가 반도체인데 2019년까지는 반도체 수요가 위축되고 재고량도 많았습니다. 이런 부분이 2020년에는 어느 정도 완화될 거라는 전망이 우세합니다. 최근 리포트들은 반도체 가격 안정, 재고 부담 완화 등으로 2020년 시장 규모가 훨씬 커질 것이라고 예측하고 있습니다. 이것이 국내시장에 커다란 호재로 작용할 것입니다.

두 번째, 미국의 선제적 금리 인하와 자산 매입 프로그램입니다. 금리 인하만 해도 미국은 그동안 꿈쩍하지 않다가 2019년 하반기에 연달아 세 번 진행했습니다. 이것이 일단 단기적으로 미국 금융시장에 호재로 작용했고 그 낙수효과로 한국을 비롯한 이머징에도 긍정적 영향을 주리라고 봅니다. 더욱이 미국뿐 아니라 유럽, 일본, 한국도 다 같이 금리 인하에 동참하고 있습니다. 다시 말해 국제적인 금리 인하가 시장 부양에 도움을 주리라고 예상합니다. 금리 인하 정책이 장기적으로 한국에 얼마나 긍정적 영향을 미칠지는 좀 더 따져봐야겠지만 단기적으로는 분명 효과가 있을 겁니다.

세 번째, 무역 분쟁 이슈입니다. 미중 무역 분쟁이 발생한 지 벌써 2년이 되었는데 둘 사이가 좀처럼 좋아지지 않으면서 글로벌 경제 분위기가 흐려져 있습니다. 2020년

미중 무역 분쟁은 이제 변수가 아니라 상수

신한은행 예측 2020년 KOSPI 전망

상반기까지 무난한 상승 흐름 연출할 전망
중앙은행 유동성과 한국 반도체 실적 반등 결합은
KOSPI를 상승 채널 중상단으로 올려놓을 근거라고 판단

자료: Thomson Reuters, 신한금융투자

이면 3년째에 접어들지만 크게 좋아질 기미는 아직 보이지 않습니다. 그래도 3년이나 이어지다 보니 이 이슈가 어느 정도 무뎌지면서 예전보다 좀 나아질 거라는 기대감이 있습니다. 전문가들은 무역 분쟁이 쉽게 끝날 문제는 아니라고 판단합니다. 그렇다면 이 문제는 새롭게 시장에 충격을 주기보다 우리와 일상적으로 함께하는 상수로 보고 대응하는 것이 좋습니다.

종합적으로 2019년에는 코스피 범위가 많이 흔들렸지만 2020년에는 저점을 2,000, 고점을 2,300으로 보고 있습니다. 위의 그래프는 신한금융투자에서 예측하는 2020년 코스피 전망입니다.

일단 해외 주식 쪽만 간단히 살펴보겠습니다. 저는 미국과 이머징 시장 중 베트남을 추천하고 싶습니다. 미국은 상위권 중에서도 1등을 달리고 있고 베트남은 중위권에서 상위권으로 올라가기 위해 열심히 노력하는 중입니다.

미국의 경우 증시 레벨이 있긴 하지만 소비, 고용, 경기 같은 펀더멘털이 워낙 독보적으로 탄탄합니다. 베트남은 20~30년 전의 한국과 비슷한 상황으로 아시아 국가에서 유일하게 6퍼센트대로 성장하고 있습니다. 최근 베트남 시장은 계속 급등락하고 있는데 그 이유는 아무래도 시장이 좀 얇기 때문입니다. 가령 베트남은 한국 시가총액의 10분의 1 정도에 불과하고 외국인 투자를 제한합니다. 여기에다 아직도 많은 기업이 국영기업이지요. 그렇지만 베트남 정부는 점차 외국인의 투자 한도를 늘리고 있고 정책 기조도 국영기업을 민영화하는 쪽으로 바뀌어가고 있습니다. 아무튼 베트남은 가격도 싸고 성장 기대감도 높아서 저는 적극 추천합니다.

신한금융투자는 2020년 해외투자 전망을 A, B, C, D 등급으로 나누었습니다. A등급은 미국과 중국, B등급은 한국과 베트남, 유럽, C등급은 일본, 인도네시아, 인도, D등급은 브라질, 러시아입니다. A등급에 있는 미국과 중국 가운데 미국은 저도 추천하지만 중국은 시장자체가 조금 불안한 국가라 적극 투자하라고 권하고 싶지 않습니다. 중국은 적립식 펀드 등을 활용해 분할 매수로 들어가는 편이 좋으리라 봅니다.

채권 강세가 줄어들 2020년

윤보원　저 역시 두 분과 전망이 비슷합니다. 미국과 중국의 무역 분쟁은 아직도 글로벌 경제시장에 여러 가지 리스크 요인으로 작용하고 있습니다.

알다시피 지금은 저성장, 저금리 시대입니다. 아마도 2019년에는 안정형의 대명사인 채권에 투자한 사람이나 현금을 쥐고 있던 사람이 상대적으로 높은 수익을 거뒀을 것입니다. 2020년에는 채권 강세가 줄어들고 위험자산 비중이 높아질 것으로 보입니다. 전체적인 경기 흐름을 보면 적어도 상반기까지는 2019년보다 2020년이 좋을 것입니다. 그렇다고 그 좋은 현상이 큰 폭으로 길게 이어지리라고 전망하지는 않습니다. 그 내용을 좀 더 다뤄보겠습니다.

경제 기상도를 전망할 때 우리가 흔하게 살펴보는 지표는 글로벌 제조업 지수를 대표하는 ISM(Institute for Supply Management)과 PMI(Purchasing Manager Index)입니다. 이들 지수는 신규 생산과 고용 상황, 재고 소진 등의 지표를 복합적으로 보여줍니다. 2019년 말 현재 이들 지수가 상승하고 있는데 이는 글로벌 통화 정책이 어느 정도 효과를 내고 있기 때문입니다.

어떤 나라도 유동성 정책을 펼 때는 그만한 이유가 있게 마련이므로 그 정책은 분명 경기에 긍정적 요인으로 작용합니다. 2019년에는 이름이 생소한 몇몇 국가를 제외하고 전 세계가 대체로 금리를 인하

PMI 지수를 기반으로 한 2020년 전망

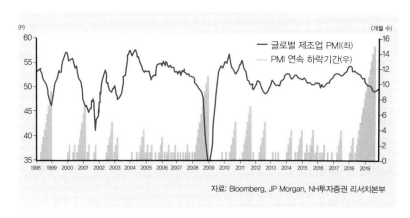

자료: Bloomberg, JP Morgan, NH투자증권 리서치본부

했습니다. 그 유동성 장세가 이어지면서 실물경기에 효과가 나타난 것이지요.

이 효과는 한순간에 무너질까요, 아니면 펀더멘털로 작용해 경기를 뒷받침할까요? 위 그래프의 끄트머리를 보면 다행히 소비를 나타내는 선이 살짝 올라오고 있습니다. 결국 2020년 상반기에는 중국을 비롯해 규모가 큰 시장을 중심으로 소비가 확대될 전망입니다. 여기서 가장 좋은 시그널 혹은 가장 나쁜 시그널로 작용할 수 있는 것이 미중 무역 분쟁입니다. 2019년 현재 두 나라의 무역 분쟁은 혼란을 거듭하고 있는 중입니다.

그럼에도 불구하고 2020년 경기는 2019년보다 나아질 것입니다. 2020년 전 세계 경기를 선진국과 신흥국으로 나눠 살펴보자면 저는 신흥국 쪽에 더 무게 중심을 두고 싶습니다. 2019년에는 선진국과 신흥국이 제조업에서 큰 격차를 보였으나 이것이 점차 줄어들고 있기 때문입니다. 따라서 미국과 중국의 무역 분쟁이라는 리스크가 작용할지라도 향후 달러가 약세로 돌아서고 이는 신흥국 경기에 긍정적으로 작용할 것입니다. 한마디로 신흥국에 좀 더 탄력성이 있으므로 이쪽 비중을 늘리는 것이 좋다고 봅니다.

신흥국 투자에 무게 중심을 이동해야

안타깝게도 여전히 신흥국에 머물고 있는 한국 시장도 2020년에는 수출 회복을 기대하고 있습니다. 그런데 한국의 수출은 크게 두 가지로 분류해서 살펴봐야 합니다. 그것은 IT 관련 섹터와 Non-IT 섹터입니다. 이 중 Non-IT 섹터는 사실상 중국의 GDP, 소비와 연동해서 움직일 것입니다. 2019년 말 현재 중국의 소비가 완만하게 회복 중이므로 한국의 수출에서 70퍼센트를 차지하는 Non-IT 역시 완만한 회복세를 이어갈 것으로 보입니다.

하지만 IT 관련 섹터 쪽이 더 탄력적이라 2020년 상반기에는 여기에 집중할 필요가 있는데, 그 내용은 투자 포트폴리오 부분에서 설명하겠습니다.

이기훈 세 분 모두 감사합니다. 잘 듣긴 했지만 2020년에 구체적으로 어떻게 해야 할지 모르겠다거나 너무 추상적이라 난감하다고 생각하는 사람이 있을지도 모릅니다. 어디에 투자해야 하는지 아예 콕 집어주는 것이 어떨까요? 김은아 센터장부터 말씀해주시기 바랍니다.

고정 수익을 확보하면서 리스크에 투자하라

김은아　제가 제안하는 2020년 유망 포트폴리오는 고정 수익을 확보하면서 리스크에 투자하라는 것입니다. 2019년 제 투자 포트폴리오는 50퍼센트를 배당이 꾸준히 나오는 인컴(고정 수익)자산에 고정하고 나머지는 현금으로 보유하면서 시황에 따라 단기적으로 리밸런싱(비중 조절)하는 전략이었습니다. 그러나 2020년에는 에셋 인플레이션을 예상하기 때문에 위험자산에 40퍼센트 비중을 두고 시작하는 전략을 제안합니다. 결국 위험자산 40퍼센트, 인컴자산 50퍼센트 그리고 나머지는 유동성으로 권합니다.

구체적으로 위험자산 40퍼센트는 한국과 독일에 주목하세요. 2020년에는 기저효과가 큰 국가와 경기 모멘텀을 기대할 수 있는 국가가 좋습니다. 특히 유럽과 신흥국 증시에 기회가 있을 것으로 보입니다. 또 GDP 대비 수출 비중이 높은 나라 중 독일과 한국의 변화를 확인하고 모멘텀 측면에서도 두 나라에 주목할 필요가 있습니다. 결국 유럽에서는 독일을 중심으로 한 주식형 펀드, 신흥국에서는

2020년 투자 포트폴리오: 인컴자산 중심, 위험자산 비중 확대

국내 주식 20%, 유럽주식 20%, 부동산펀드 30%, 리츠 20%, 현금성자산 10% 제안

Rebalancing

위험자산		인컴자산		안전자산
20%	20%	30%	20%	10%
한국(반도체)	유럽(독일)	부동산펀드	리츠	CMA, MMF

Rebalancing

국내 주식형 펀드가 좋습니다.

만약 국내 주식에 더 집중하고 싶다면 수출 경기에 민감한 주식을 선택하십시오. 아마 반도체를 중심으로 한 IT 종목이 주도주일 것입니다. 따라서 IT 관련 펀드나 반도체 ETF(상장지수펀드) 쪽에 투자하는 것이 좋습니다.

국내 주식은 수출 경기에 민감한 주식을 선택

인컴자산 50퍼센트는 부동산펀드와 리츠를 제안합니다. 인컴자산 50퍼센트는 리스크를 최대한 줄이면서 수익을 극대화하는 포트폴리오입니다. 금리가 워낙 낮다 보니 최근 인컴상품이 많은 관심

을 받고 있는데 그중 부동산펀드와 리츠를 좀 더 자세히 다뤄보겠습니다.

부동산펀드에는 대출형과 임대형으로 두 가지가 있습니다. 대출형은 개발회사에 필요한 자금을 빌려주고 대출이자를 받는 형태로 그 성격이 채권과 유사합니다. 이것은 LTV(주택담보대출비율)가 굉장히 중요하므로 대출금액 대비 담보를 확실히 확보하고 있는지 확인해야 합니다. 임대형은 빌딩 등을 매입해 임대수익을 얻고 매각할 때는 매각차익을 얻는 형태로 주식과 비슷합니다. 일단 이것은 공실률이 중요합니다. 그리고 매각할 때는 수익을 올리기도 하지만 손해를 볼 수도 있으므로 물건의 주변 환경을 꼼꼼히 따져보고 결정해야 합니다.

요즘 투자자들 사이에서 가장 핫한 이슈는 '리츠'입니다. 리츠는 부동산업을 영위하는 주식회사로 90퍼센트 이상 배당하면 법인세 혜택을 보므로 일반 주식에 비해 고배당을 기대할 수 있습니다. 부동산펀드는 중도환매가 불가능한 반면 리츠는 상장한 회사라 거래 측면에서도 굉장히 용이합니다. 다만 주가 변동성이 있으므로 리스크를 잘 따져보고 투자해야 합니다. 가령 리츠 관련 IPO(기업공개)에 참여하는 것도 좋지만 요즘 워낙 경쟁률이 높아 그다지 실속이 없으므로 잘 확인할 필요가 있습니다.

글로벌 리츠펀드로 투자 리스크를 줄여라

리스크를 줄이는 차원에서 전 세계 리츠에 분산투자하는 글로벌 리츠

펀드를 추천합니다.

안전자산 10퍼센트는 현금성 자산으로 추가 기회를 위한 것입니다. 2019년에는 채권, 달러, 금 같은 안전자산이 각광을 받았지만 2020년에는 안전자산보다 위험자산 선호도가 더 높을 전망입니다. 최근 미국은 당분간 금리 인하가 어렵다는 것을 시사했고 2020년에는 미국채 10년물 금리도 완만하게 상승할 것으로 예상하고 있습니다. 한국도 마찬가지입니다. 2020년 상반기에 한 차례 금리 인하가 있을 것으로 예상하고 있지만 그 부분은 이미 채권시장에 많이 반영되었기 때문에 채권가격 상승으로 추가 이익을 누리기는 어렵습니다.

만약 2020년에 위험자산 선호도가 높아지고 독일을 중심으로 한 유럽 경기가 살아나면 유로화는 강세로, 달러는 약세로 바뀔 가능성이 큽니다. 그러므로 장기적 관점에서 채권과 달러 자산에 계속 관심을 기울이며 투자를 보유하는 것도 좋지만, 2020년에는 그 비중을 줄이거나 현금성 자산으로 대체해 향후 추가 수익 기회를 노려볼 것을 권합니다.

결론을 말하자면 저는 2020년 유망 투자 포트폴리오에 인컴자산을 중심으로 한 위험자산 비중 확대를 제안합니다. 시장은 절대 예측한 대로 흘러가지 않습니다. 그러므로 시장 변화를 최대한 확인하면서 분산투자하는 것이 좋습니다. 제가 말한 포트폴리오를 참고하되 여러분의 투자성향에 맞게 현명한 전략을 짜길 바랍니다.

안정적인 포트폴리오를 다양하게 엮어 투자하라

유유정   사실 포트폴리오는 연령대나 투자성향에 따라 다르기 때문에 일률적으로 제안하기가 어렵습니다. 이를 감안해 저는 일반 투자자를 기준으로 가장 대중적인 포트폴리오를 짰는데 부동산은 제외했습니다.

제가 금융시장에 몸담은 지 25년째인데 그동안 주식으로 돈을 벌 기회가 딱 세 번 있었습니다. 금융위기 이후~2000년 초반, 2003~

2020년 투자 포트폴리오: 쪼개고 분산하라

구분 1	구분 2	비율	비고
위험자산 45%	국내 주식	20%	KOSPI지수 연계 펀드, 배당주펀드
	선진국 주식	15%	미국 기술주 펀드, 배당주펀드
	신흥국 주식	10%	베트남 펀드, 중국 펀드
대체 자산 20%	리츠	10%	글로벌 리츠펀드, 국내 및 일본 리츠
	ELS	10%	저배리어(조기 상환 기준이 낮음)
안전자산 35%	국내 채권	10%	국공채, 회사채
	해외 채권	10%	채권 전문 헤지 펀드, 이머징 국공채, 일부 선진국 하이일드
	금, 달러	10%	골드리슈, 금 ETF, 달러 예금
	현금	5%	
합계		100%	

2006년 그리고 2016~2017년이 그때입니다. 그렇다면 이때 돈을 번 사람은 얼마나 될까요? 사실 한국은 장세 급등락이 워낙 심해서 주식으로 돈을 벌기가 굉장히 어렵습니다. 한국 주식시장 별명이 바로 '박스피'입니다.

주식시장에서는 저점에 사서 고점에 팔면 돈을 법니다. 그러나 이것은 보통 힘든 일이 아닙니다. 일단 주가가 떨어지면 덜컥 겁이 나서 아무리 용기를 쥐어짜도 버티기가 어렵기 때문입니다. 좀 올라오는 것을 확인하고 들어가면 하필 그때가 꼭지라 그다음부터 쭉 흘러내리고 맙니다. 마이너스를 메우려고 기다리다가 원금을 찾으면 팔거나 중간에 손실을 보고 '에라 모르겠다' 싶어 내다 파는 것이 흔히 보이는 보통사람들의 투자성향입니다.

공교롭게도 지금이 바닥인지, 꼭지인지는 시간이 지나봐야 알 수 있습니다. 하지만 한 가지 확실한 것은 경제성장률이 마이너스로 돌아서지 않는 이상 주식시장은 장기적으로 우상향한다는 점입니다. 이는 한국뿐 아니라 전 세계에 나타나는 공통적인 특징입니다. 마이너스형 경제성장일 경우 당장 팔아야 마땅하지만 2~3퍼센트 혹은

1퍼센트라도 꾸준히 성장한다면 주식시장은 우상향

1퍼센트라도 꾸준히 성장한다면 주식시장이 우상향할 거라 가정하고 들어가는 게 맞습니다.

채권시장도 마찬가지입니다. 채권도 내가 누구에게 돈을 빌려주고 그 원금과 이자를 받는 것이므로 부도가 나지 않으면 장기적으로

우상향하는 모습을 보입니다.

그런데 주식과 채권은 서로 반대 방향으로 움직이는 경향이 뚜렷합니다. 특히 2019년에는 더욱더 그러했기 때문에 저는 대표적인 위험자산인 주식자산과 대표적인 안전자산인 채권자산을 중심으로 자산을 크게 두 갈래로 배분했습니다. 그리고 중간에 '대체 자산'이라고 주식도 채권도 아닌 것 혹은 주식인 동시에 채권의 특징을 보이는 것을 추가했습니다. 대표적인 대체 자산으로는 리츠와 부동산펀드가 있고 원자재나 귀금속, 원유도 여기에 속합니다.

먼저 주식은 국내 주식과 해외 주식으로 나눠 국내 주식을 20퍼센트 정도 담았습니다. 국내 주식의 가장 좋은 점은 매매차익에 비과세 혜택이 주어진다는 것입니다. 또 한국은 2020년 경제성장률과 기업 이익이 괜찮을 전망이고 2019년 말 현재 주식 가격이 많이 떨어진 상황이라 가격 면에서도 이점이 있습니다. 구체적으로 꼽아보라면 저는 인덱스펀드를 추천합니다. 만약 좀 더 안정적인 투자를 원한다면 배당주펀드를 권합니다.

해외 주식은 선진국의 대표선수인 미국에 15퍼센트, 신흥국 중에서는 베트남 시장에 10퍼센트 정도를 추천합니다. 많은 사람이 미국 주식을 사고 있는데 그것이 좀 부담스럽다면 미국 기술주에 투자하는 펀드나 꾸준히 배당을 주는 배당주펀드를 권합니다. 베트남의 경우에는 직접 주식을 살 수도 있지

2020년은 인덱스펀드와 배당주펀드 추천

만 분석할 것도 많고 정보가 충분하지 않으므로 전체 주가지수에 투자가 가능한 ETF나 펀드에 투자하는 것을 추천합니다.

대체상품 중에서는 ELS를 좀 더 설명하고 싶습니다. ELS는 위험자산 쪽에 더 가깝지만 한국에서 단일상품으로 가장 많이 팔린 베스트셀러이자 스테디셀러입니다. 많은 사람이 ELS를 좋아하는 이유는 주가지수가 어느 정도 떨어져도 일정 수익을 보장하기 때문입니다. 여기에다 총 만기는 3년이지만 6개월마다 조기상환할 수 있는 것도 상당한 매력 포인트입니다. 만약 첫 번째 6개월에 조기상환하지 않더라도 그다음 6개월에 조금 더 완화한 기준으로 조기상환할 기회를 한 번 더 주어서 ELS를 선호하는지도 모릅니다.

ELS에서는 절대 돈을 잃으면 안 된다는 점에 주의해야 합니다. 4~6퍼센트 수익을 보고 들어가면서 위험을 떠안을 필요는 없지요.

선진국 지수를 기초자산으로 하는 ELS에 투자

가능한 한 선진국 지수를 기초자산으로 하는 ELS에 들어가세요. 개별 종목으로 들어가는 건 워낙 변동성이 크므로 추천하고 싶지 않습니다. ELS에는 여러 상품이 있는데 배리어 상품, 즉 기준을 더 완화한 상품이나 조기상환 기회가 더 큰 상품 위주로 들어가는 것이 좋습니다.

리츠는 대신증권 김은아 센터장의 설명을 참고하되 한 가지 첨언하자면 리츠시장이 점차 커지고 있으므로 다양하게 관심을 기울여달라는 것입니다. 일본의 경우 10년 전만 해도 상장한 리츠사가 4개에 불과했으나 지금은 60개가 넘습니다. 일본 리츠만 모아놓은 리츠 펀드로 '제이리츠(J-REITs)'도 있습니다. 여기에도 관심을 기울여보세요.

이제 안전자산의 대표 격인 채권을 잠깐 살펴보겠습니다. 채권은 국내 국공채, 해외 선진국 국공채, 투자등급 채권에 투자하는 게 가장 안정적입니다. 한데 국내외는 물론 투자등급, 비투자등급을 막론하고 2019년만큼 상승한 채권시장이 없었습니다. 그래서 2020년에는 2019년만큼 채권형 상품의 시장수익률이 그리 좋을 것이라고 예상하지 않습니다.

어쨌든 채권은 안전자산이므로 들고 가는 게 맞습니다. 만약 투자한다면 채권에 직접 투자하기보다 주로 전 세계 채권에 투자하는 헤지 펀드를 활용하는 것이 좋습니다. 헤지 펀드를 하려면 '금액이 커야 하는 것 아니냐'고 생각하는 사

채권은 전 세계 채권에 투자하는 헤지 펀드를 활용하라

람이 많지만 모아놓은 헤지 펀드를 공모상품으로 묶어놓은 것도 있습니다. 선진국 하이일드(High Yield) 채권에도 관심을 기울여보세요. 신용도가 낮은 대신 수익률이 높은 하이일드는 위험자산 쪽에 속하는 고수익 채권입니다. 경기가 그리 나쁘지 않을 것이라고 예상한다면 하이일드 채권에 일부 투자하는 것도 안정적인 수익에 도움을 줄 거라고 봅니다.

마지막으로 금과 달러, 현금을 알아보겠습니다. 금은 원래 분류 범

주가 대체 자산이지만 그 자체로 안전성을 대표하는 특수성이 있어서 저는 안전자산 쪽으로 분류합니다. 정치적 불안정이나 전쟁 위협이 있을 때 항상 빛을 발하는 게 금이고 이것은 세계 어디에서든 통용됩니다. 달러도 마찬가지죠. 저는 항상 금과 달러는 조금 보유하라고 권합니다. 위험자산은 예측하기 힘든데 위험자산이 떨어졌을 때 가장 많이 뛰어오르는 것이 금과 달러입니다. 그래서 일종의 보험처럼 보유하는 것이 좋다고 생각합니다.

제가 짠 포트폴리오는 2020년에 한정된 것이 아닙니다. 매일 주식과 금융시장을 공부하는 사람도 자주 틀리므로 전망에 의존하기보다 안정적인 포트폴리오를 다양하게 엮어 편안하게 투자했으면 하는 바람입니다.

사모펀드와 벤처투자에 주목하라

윤보원   제 포트폴리오는 보다 미시적인 부분에 초점을 맞췄습니다. 먼저 국내 주식에서는 2020년 상반기까지 반도체나 IT를 중심으로 한 기술주가 급등할 전망입니다. 이것은 수요와 공급의 상관관계가 가장 정확하게 나타나는 섹터라고 생각합니다. 그동안 공급 부분을 많이 우려했는데 사실상 2019년 3분기 이후 메모리 쪽 출하량이 늘어나고 있습니다. 덕분에 재고 소진이 빨라지고 있어서 2020년 상반기까지는 재고 소진과 더불어 메모리 쪽 가격 인상까지 기대해볼 수 있습니다. 따라서 삼성전자나 SK하이닉스 종목을 추천합니다.

2020년은 분명 2019년보다 좋아질 전망이지만 그것이 얼마나 길게 갈지는 알 수 없습니다. 국내 주식

주식은 삼성전자와 SK하이닉스, 삼성전기를 주목하라

에 집중하는 포트폴리오에서 보다 분산 투자 효과를 누리자면 삼성전자와 SK하이닉스에 이어 MLCC(Multi-Layer Ceramic Capacitors)라고 전자회로에 들어가는 부품이 핵심 수익원인 삼성전기를 보유하면 좀 더 마음이 편안할 것입니다.

앞서 두 분이 포트폴리오를 구체적으로 제안했기 때문에 저는 다른 이야기를 하고 싶습니다. 무엇보다 주제 자체가 '보유자금이 있는 자산가는 어느 쪽에 투자하는 것이 좋을까'이므로 이 부분을 다뤄보겠습니다.

제가 권하고 싶은 것은 바로 사모펀드와 벤처투자입니다. 아직 사모펀드나 벤처투자가 대중화되지 않아 피부에 와 닿지 않을 수도 있지만 선진국 흐름을 살펴보면 벤처 캐피털리스트의 성과는 굉장히 좋습니다. 다음 자료는 국내의 상황을 한눈에 보여주고 있습니다.

여러분이 흔히 접할 수 있는 공모 펀드에서 2018년 수익을 낸 펀드는 1퍼센트가 채 되지 않습니다. 반면 사모펀드는 81퍼센트가 수익률을 냈습니다. 그 이유는 정책 부문이 맞물려 돌아가고 있기 때문입니다. 정부 차원에서 혁신 기업이나 일자리 창출 부분에 자금

유동성을 투입하면서 기업 성장성과 투자수익률이 더 빠르게 상승하는 듯합니다. 이 흐름은 앞으로 더 지속될 전망이므로 이것이 상장시장의 선순환으로 이어지길 기대해보는 것도 좋습니다.

어쩌면 지금껏 사모펀드를 부정적으로 받아들이게 만드는 기사를 많이 접했을지도 모릅니다. 그러나 실질적으로는 그렇지 않습니다. 위험 유무를 판단하는 잣대는 내가 '잘 알고 있다'와 '잘 모른다'가 가장 정확합니다. 여러분이 관련 기업에 관심을 기울여 잘 아는 기업의 주식을 샀다면 어떤 선진국 채권보다 안전하다고 볼 수 있습니다.

사모펀드 시대의 도래

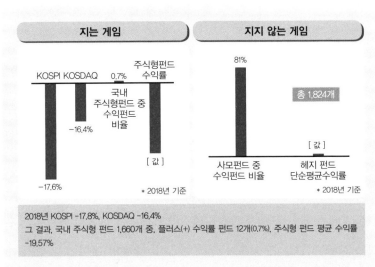

2018년 KOSPI -17.8%, KOSDAQ -16.4%
그 결과, 국내 주식형 펀드 1,660개 중, 플러스(+) 수익률 펀드 12개(0.7%), 주식형 펀드 평균 수익률 -19.57%

자료: 금융투자협회 https://www.kofia.or.kr

제가 포트폴리오에서 강조하고 싶은 것 중 하나는 메자닌(Mezza-nine, 채권과 주식의 중간 위험 단계에 있는 전환사채나 신주인수권부사채에 투자하는 것)입니다. 한국 기업의 기저효과로 2020년에는 2019년보다 영업이익이 16~20퍼센트 오를 것으로 전망하고 있습니다. 기업 성장에서 발판은 자금력이므로 자금이 필요한 기업은 대체로 사모사채, 회사채를 발행합니다. 그 회사채에 펀딩하는 자금 중 일부는 공적자금이겠지만 실은 민간자본 투입이 훨씬 더 많은 비중을 차지합니다. 이때 회사채는 메자닌 형태로 발행합니다.

알다시피 메자닌은 채권과 주식의 형태를 결합한 상품입니다. 기업이 정말 잘될 것이라고 판단하면 주식으로 전환해서 보유할 수 있고, 그렇지 않다고 볼 경우에는 만기 때까지 이자를 받으면서 채권 형태로 보유할 수 있습니다. 이들 정보가 녹아 있는 사모펀드에 관심을 기울여보세요.

마지막으로 사모펀드에는 약간의 진입장벽이 있습니다. 아직까지는 최소 가입금액이 1억 원인데 이를 풀려는 움직임이 생기면서 어떤 운용사는 관련 콘셉트의 공모 펀드를 만들기도 합니다. 이런 부분에 관심을 기울이면 좋은 기회를 찾을 수 있을 것입니다.

서재영

한국 부자들의 자산을 관리하는 국내 최고 PB. 동부증권(현 DB금융투자) 리서치센터장, 외국계인 메릴린치증권 마스터 PB 등을 거쳐 지난 2011년부터 NH투자증권의 최우수 PB로 활동하며, 2019년 상반기 대한민국에서 가장 높은 연봉을 받는 '연봉킹 PB'로 화제를 모았다. 저서로 플랫폼 비즈니스를 선도하는 기업들의 성공 노하우를 기록한 《한국의 SNS 부자들》이 있다.

8장

연봉킹 PB가 들려주는
똑똑한 돈 굴리기

서재영, NH투자증권 프리미어블루 강북센터 상무

어디에 투자하면 돈을 벌 수 있을까요?

이 질문의 답을 알아보기 위해 제가 다루고자 하는 주제는 세 가지, 즉 새로운 패러다임, 플랫폼 비즈니스(공유경제) 그리고 '한국 경제, 어디로 갈 것인가'입니다.

먼저 새로운 패러다임을 보면 예를 들어 과거에는 우리가 옷을 살 때 입어보고 샀습니다. 요즘은 옷을 입어보고 사지 않는 게 대세입니다. 모바일 혁명이 일어나면서 지금 소비자들은 물건을 직접 눈앞에서 확인하지 않고 구매합니다. 특히 유튜브와 SNS가 세상을 많이 바꿔놓고 있지요.

그다음으로 공유경제, 즉 플랫폼 비즈니스를 살펴봅시다.

혹시 블랭크코퍼레이션이라는 회사를 알고 있습니까? 설립한 지 3년 만에 41억 원(2016년)의 매출을 달성한 이 회사는 2018년 1,168억 원의 매출을 올렸습니다. 대표 상품이 마약베개와 악어발팩인데 이들의 동영상을 보면 사지 않고는 배기지 못하게 만들어놨습니다. 중국에서 만들어 들여오는 샤워기도 굉장히 잘 팔리고 있지요. 이 회사는 2020년 상장을 준비하고 있습니다.

남영비비안과 신영와코루는 여성 속옷업계에서 꽤 유명한 브랜드입니다. 그런데 30년 정도 업계 1, 2위를 다투던 이들이 요즘 적자이거나 영업이익률이 1퍼센트 미만입니다. 최근 남영비비안은 매각을 추진하고 있는데 공장 시설과 토지 자산이 1,500억 원에 달하지만 2018년 적자를 냈습니다.

재밌게도 전라북도 전주에 있는 육육걸즈는 20대 후반의 박예나 대표가 10만 원의 창업 자금으로 시작한 회사로 2018년 매출 651억 원, 영업이익 70억 원을 기록했습니다. 서울도 아니고 전라북도 전주에서 땅이나 공장 시설을 갖춘 것도 아닌데 육육걸즈는 70억 원의 영업이익을 올리고 있습니다. 모든 것을 갖춘 남영비비안은 2018년 39억 원의 영업적자를 보고 있고요.

무신사도 마찬가지입니다. '무지 신발 사진이 많은 곳'이라는 뜻의 무신사는 2019년 말 현재 2조 원의 가치를 인정받고 있지요. 2016년

1,990억 원, 2017년 3,000억 원, 2018년 4,500억 원의 연간 총거래액을 달성한 이 회사는 2조 원 가치로 부상해 2,000억 원을 투자받았습니다. 코오롱이나 형지그룹, 이랜드 같은 대기업은 50여 년을 거쳐 연간 1조 원어치를 팔았지만 아이디어 하나로 시장에 진출한 무신사는 불과 몇 년 만에 1조 원 달성을 눈앞에 두고 있습니다.

크림치즈마켓에서 활동하는 만 19세 남윤아 씨는 에이블리라는 사이트에서 옷을 팝니다. 처음 한 달 만에 2,000만 원어치 팔았는데 그 액수가 1년 3개월 만에 10억 원에 도달했습니다. 2019년 11월에는 12억 원어치 팔았습니다. 충남 서산에서 2019년 고등학교를 졸업한 남윤아 씨는 그저 옷만 입고 휴대전화로 촬영해서 에이블리 모바일앱에 올리기만 하면 됩니다. 생산, 배송, 재고관리나 반품 등은 회사가 다 맡아서 해주니까요. 그렇다고 과거처럼 스튜디오에 가서 사진을 찍는 것도 아니고 그냥 자기 휴대전화로 사진을 찍어서 올리면 됩니다. 그 일을 하고 남윤아 씨는 10퍼센트 정도를 수수료로 받습니다.

지금은 세상도 역사도 바뀌고 있습니다. 에이블리 같은 사이트에서 활동하는 사람이 무려 5,000명에 달합니다. 대기업은 휘청거리고 있는데 인터넷에서는 전혀 다른 세상이 펼쳐지고 있는 것입니다.

그 유명하던 대기업 브랜드가 2019년 한 해에만 벌써 10개 이상 사라졌습니다. 2018년에는 서너 개가 없어졌지요. '폴로'라고 아주 유명했던 브랜드를 기억하나요? 그 브랜드를 찾는 사람이 굉장히 줄었습니다. 아이디어 하나로 인터넷을 장악하는 회사가 늘어나면서 대기업 브랜드는 점점 설 자리를 잃고 있습니다. 실제로 젊은이들은 백화점에 가지 않고 인터넷에서 물건을 구입합니다. 가령 무신사는 회원의 80퍼센트 이상이 밀레니얼 세대입니다.

제가 말하고자 하는 점은 V커머스를 잘 만들면 그것이 미래 매출을 결정한다는 것입니다. 여기에 동영상을 활용해 잘 홍보할 경우 그야말로 대박이 납니다. 특히 에이블리는 재고를 거의 보유하지 않습니다. 주문이 들어오면 그제야 업체에 주문합니다. 과거에는 대기업이 계절별로 미리 4개월 전에 동남아에서 수십만 장씩 들여왔지만 지금은 그런 시대가 아닙니다.

유튜브 시장의 폭발적 성장

구글 유튜브는 전 세계 10억 명이 평균 한 시간씩 시청합니다. 한국에서도 많은 사람이 유튜버로 활동하고 있는데 그중 먹방 크리에이터 '떵개떵'이 올린 치킨 영상은 1,300만 건의 조회수를 자랑합니다. 그럼 전라도 광주에 있는 이 친구가 한 번 먹어주는 데 얼마를 받을까요? 최근에는 1,000만 원 정도라고 합니다. 조금 더 지나면 한 번 먹어주는 데 3,000만 원쯤 달라고 하지 않을까 싶습니다. 왜 그럴까요?

만약 우리가 MBC나 KBS, SBS에서 광고를 내보내면 얼마나 많은 사람이 그 광고를 봤는지 알 수 없습니다. 그렇지만 떵개떵에 1,000만 원을 내면 20대 여성 몇 명, 10대 남성 몇 명이 봤는지 정확히 보여 줍니다. 당연히 광고주 입장에서는 방송국보다 여기에 광고하는 것이 훨씬 좋지요. 아마도 방송국은 갈수록 광고 수입을 올리기가 어려워질 겁니다.

실제로 2~3년 전만 해도 식품회사들은 MBC, KBS, SBS 같은 방송국 광고 비중을 80~90퍼센트로 잡았지만 2019년에는 20~30퍼센트로 줄였습니다. 몇 년 지나면 제로(0)가 될 가능성이 큽니다. 광고주가 대중을 향해 무차별로 광고하는 것의 효과가 떨어진다는 것을 알아챘으니까요. 반대로 유튜버에게 광고를 의뢰하면 타깃 마케팅이 가능해 투자 대비 확실한 수입을 올릴 수 있습니다.

미국 모델 카일리 제너(Kylie Jenner)는 최연소 억만장자인데 화장을 한 번 할 때마다 무려 11억 원을 받습니다. 제너가 화장품을 한 번 사용해주면 회사에서 11억 원을 준다는 얘기입니다. 더 시간이 지나면 1회 광고가 20억 원으로 상승할지도 모릅니다. 왜냐하면 세계 1위 화장품 회사 랑콤이 80년 걸려 이룬 매출을 제너가 4년 만에 달성했기 때문입니다.

2019년 말 현재 제너의 나이는 22세인데 인스타그램 팔로워가 1억 4,000만 명이라 화장을 한 번 하면 1억 4,000만 명에게 전달될 수 있습니다. 이런 이유로 제너가 만든 회사 카일리 코스메틱스(Kylie Cosmetics)의 가치는 최소 1조 이상입니다.

지금 잘나가는 네이버도 변하지 않으면 앞으로 어려워질 겁니다. 광고가 유튜브로 몰려가고 있으니까요. 현재 네이버 블로그는 아무리 광고 활동을 해도 돈을 주지 않지만 유튜브는 돈을 줍니다. 즉 크리에이터들이 만든 영상에 광고 영상을 삽입해 시청한 비율에 따라 돈을 줍니다. 또한 이제 유튜브에서 내가 광고를 보지 않겠다고 하면 돈을 만 원씩 내야 합니다. 2019년 말 현재 그런 사람이 500만 명을 넘어섰습니다. 만약 광고를 보지 않겠다고 신청한 사람이 5,000만 명 정도면 유튜브는 월 5,000억 원씩 법니다. 광고를 보지 않는 조건으로 말이죠.

유튜버 가수 제이플라는 2019년 말 현재 팔로워가 1,410만 명입니다. 이 가수는 자기 노래는 없고 남의 노래만 부릅니다. 유명한 정치인 홍준표 씨는 팔로워가 36만 명 정도입니다. 유시민 작가가 관여하는 사람사는세상 노무현재단은 109만 명쯤이죠. 한마디로 제이플라의 팔로워가 13배, 40배 더 많은 겁니다. 제이플라가 남의 노래를 한번 부르면 1,400만 명에게 푸시(알림)가 간다는 얘기입니다.

안무가 리아킴의 원밀리언댄스스튜디오는 팔로워가 1,900만 명에 달합니다. 얼마 전 그녀의 가치를 600억 원으로 본 투자자들이 서로 투자하려고 줄을 섰는데 어떤 사람이 겨우 투자 기회를 얻었다고 합니다. 한 사람의 가치가 몇 년 만에 600억 원으로 뛰어오른 것이지요. 한국에서 최고로 유명한 걸그룹 가수들의 연봉이 10억~20억 원 정도인데 이 유튜버들은 유명한 가수보다 훨씬 더 돈을 잘 벌고 있습니다.

한편 2019년 말 현재 640조 원의 가치를 자랑하는 페이스북은 2012년 인스타그램을 1조 원에 사들였습니다. 사실 페이스북은 돈을 벌려고 인스타그램을 산 게 아니라 경쟁자라서 산 것입니다. 지금 페이스북에는 27억 명이 있고 인스타그램에는 10억 명 정도가 있는데 인스타그램에 있는 사람의 약 90퍼센트는 페이스북에도 있습니다. 두 회사는 별로 다를 것도 없고요. 그저 그림이 먼저 나오느냐 글이 먼저 나오느냐는 차이밖에 없지요.

물론 인스타그램은 모바일에서만 가능합니다. 그럼 2019년 말 현재 인스타그램의 가치는 어느 정도일까요? 약 150조 원으로 추정됩니다. 페이스북이 이것을 1조 원에 샀으니 5년 만에 무려 150배나 번 셈입니다. 얘기가 나온 김에 유튜브의 가치도 알아볼까요? 구글이 유튜브를 1조 6,000억 원에 샀는데 지금 유튜브의 가치는 200조 원 정도입니다. 아마 유튜브는 갈수록 가치가 오를 것입니다.

밀레니얼 세대가 몰고온 변화

제가 판단하기에 한류를 리드하는 방탄소년단, 즉 BTS가 40만 명의 취업에 도움을 준 것으로 보입니다. 이해가 가지 않는다고요? 현재 방탄소년단의 팬 '아미(A.R.M.Y)'를 180만 명 정도로 추정합니다. 2018년 〈FAKE LOVE〉라는 신곡이 나왔을 때 제가 사흘 동안 지켜봤는데 이틀 만에 1억 뷰를 돌파하더라고요. 사실 방탄소년단은 유튜브 덕분에 전 세계에 알려졌습니다.

전 세계에서 1억 명이 방탄소년단의 유튜브를 보는데 여기에는 팬들이 올린 영상도 있습니다. 아미들이 유튜브에 올리는 영상이 수백 개에 달하고 그것이 2~3일 만에 조회수가 100만에서 2,000만에 이릅니다. 동영상 수익을 한 건당 1원으로 보면 당사자는 100만 원에서 2,000만 원을 버는 셈이지요. 방탄소년단 팬 중 하루에 10시간 이상 콘텐츠를 연구하고 보는 사람이 25퍼센트가 넘습니다. 그 25퍼센트는 방탄소년단 덕분에 돈을 엄청나게 버는 겁니다.

에이블리에서 옷을 파는 5,000명도 여기에 취업한 것이나 마찬가지입니다. 지금 대기업 LG디스플레이는 인력을 감축하고 있지만 쿠팡이나 에이블리는 많은 사람을 채용하고 있습니다. 그만큼 우리는 급격한 변화의 시대를 살아가고 있습니다.

토스(Toss)라고 무료로 송금을 해주는 회사에서 최근 채용공고를 냈는데 연봉을 50퍼센트 올려주고 이적료 1억 원을 주겠다고 했습니다. 현재 쿠팡에서 근무하는 사람들도 직장을 옮기면 연봉을 50퍼센트 올려서 갈 수 있습니다. 삼성이나 LG에 취업하면 구조조정을 걱정해야 하지만 인터넷 세계는 다릅니다. 그야말로 세상이 바뀌었습니다.

오늘날 한국 시장은 1980~1998년에 태어난 밀레니얼 세대가 지배하고 있습니다. 이들이 모든 것을 장악할 거라고 봐도 무방합니다. 무신사, 스타일쉐어, 카카오뱅크 등 요즘 핫한 곳은 거의 다 밀레니얼 세대가 70퍼센트 이상을 차지하고 있습니다. 현재의 밀레니얼 세대가 20여 년 후 50대가 되면 과연 신한은행이나 국민은행을 찾아갈까요? 아마도 그 은행들은 생존을 걱정해야 할 겁니다. 요즘 20~30대는 은행에 거의 가지 않으며 20대의 80퍼센트가 하루에 세 시간씩 SNS를 사용합니다.

젊은이들은 직장생활에도 변화를 일으키고 있습니다. 예를 들어 스타일쉐어에는 10대와 20대 여성의 70퍼센트가 회원으로 가입해 있는데 이곳은 출퇴근이 자유롭습니다. 출퇴근 카드도 없지만 별다른 문제없이 잘 유지되고 있지요. 각자 다른 사람이 자신의 역할을 제대로 해내는지 공평하게 확인하기 때문입니다. 밀레니얼 세대는 '공정'에 민감하고 스스로 건강도 열심히 챙깁니다. 실제로 건강식품이나 야채를 챙겨먹는 20대가 상당히 많습니다.

이러한 변화 덕분에 과거의 쇼핑몰과 달리 앱을 만들어 성공하는 사례가 대폭 늘어났습니다. 과거에는 쇼핑몰을 만들어도 성공하기가 무척 어려웠지요. 한마디로 요즘은 플랫폼이 세상을 바꿔 나가는 시대입니다.

유통 구조가 완전히 다르게 바뀐 시대

2019년 말 현재 한국 제조업은 반도체를 제외하고 모두들 어려운 상황에 놓여 있습니다. 현대기아자동차의 경우 중국 현지 공장의 생산 능력이 220만 대인데 2019년 한 해 동안 110만 대를 판매한 것으로 추정됩니다. 이는 가동률이 50퍼센트에 불과하다는 얘기입니다. 사실 현대자동차는 중국에서 현대차 1공장과 기아차 1공장 가동을 중단한 상태입니다. 이는 그만큼 한국 제조업이 경쟁력을 잃고 있다는 의미입니다.

LG디스플레이는 2017년 매출액 28조 원, 약 2조 4,000억 원의 이익을 올리는 회사에서 2019년에는 매출액 23조 원, 1조 원 이상의 영업적자가 예상됩니다. 이미 디스플레이는 경쟁력을 잃어 가고 있다고 판단되며 희망퇴직을 통해 2019년 한 해에만 2,000여명을 감축하고 있습니다. 유통업의 강자 롯데와 이마트도 중국에서 모두 철수했습니다.

우리보다 한참 앞서서 이 단계를 거쳐 간 영국은 산업혁명 이후 전 세계 제조업을 완벽하게 지배했지만 지금은 제조업이 완전히 제로입니다. 이미 물의 흐름이 흘러내리는 쪽으로 돌아선 상황에서는 아무리 애를 써도 대세를 거스르기가 어렵습니다.

게임 산업의 경우 한국 게임업체는 2만 개 정도지만 사드 이후 최근 3년간 성공한 사례가 거의 없습니다. 중국과 홍콩을 합쳐 게임 수출 비중이 30퍼센트에 이르는데 이것은 미국, 유럽, 일본을 합한 것과 똑같습니다. 알다시피 지금은 중국의 비중이 절대적입니다. 하지만 사드 사태 이후 중국으로 진출하는 것이 무척 어려워졌어요. 향후 게임 산업은 중국 진출이 어렵다면 생존 자체가 어려울 수도 있습니다.

앞으로 5~10년 동안 한국은 물가가 오르지 않을 거라고 봅니다. 물론 이것은 전 세계적인 현상입니다. 금리도 계속 마이너스로 갈 가능성이 큽니다. 금리가 더 떨어지면 반대로 부동산은 좀 더 오를 수 있습니다.

산업의 패러다임이 크게 바뀌고 있는 게 현실입니다. 한국에서 제조업의 시대는 쉽지 않을 수 있습니다. 그래서 사람들이 새로운 산업의 패러다임인 플랫폼 비즈니스, AI, 바이오, 5G에 관심을 기울이는 것입니다.

2011년 이후 SPC삼립식품은 주가가 1만 원대에서 40만 원대까지 오르기도 했습니다. 매출이 2,600억 원에서 1조 원까지 늘어났기 때문입니다. 하지만 앞으로 파리바게뜨가 어려워질 거라고 예상합니다. 단적인 예로 젊은이들이 파리바게뜨에 방문한 뒤 인스타그램이나 페이스북에 올리는 경우는 거의 없습니다.

매출액이 20조 원에 달하던 이마트 역시 2019년 2분기에 적자를 냈습니다. 왜 그럴까요? 이마트는 4인 가족 대상이라 신혼부부들이 이마트에 가지 않기 때문입니다. 이마트가 인터넷 주문을 받고 새벽

배송까지 하면서도 주가가 60~70퍼센트까지 빠진 이유가 여기에 있습니다.

아모레퍼시픽도 유통 구조가 바뀌면서 어려움을 겪고 있습니다. 로드숍과 중국 면세점에서 많이 판매하는 판매하는 아모레퍼시픽은 2019년 모바일이나 인터넷으로 이전되는 유통 구조 변화에 대한 변신이 미흡하다고 판단됩니다. 유튜브에서 유명한 뷰티크리에이터인 미아나 유나가 화장하는 동영상을 올리면 한 번에 1~2억 원어치씩 팔려 나갑니다. 유명 유튜버가 화장을 한 번 하면서 회사에 요구하는 비용은 3,000만 원 정도입니다. 그래도 매출 면에서 효과가 아주 뛰어납니다. 아모레퍼시픽이 위기에서 탈출하려면 변화하는 유통 구조를 따라가야 합니다. 젊은이들은 유튜브를 보고 올리브영에 가서 구입하지 대기업 제품을 구매하지 않습니다. 덕분에 올리브영은 장사가 아주 잘되고 있습니다.

트렌드를 선도하며 젊은이의 취향을 신속하게 저격해 시장을 확대해가는 회사들 때문에 기존 회사들은 어려움을 겪고 있습니다. 흐름을 파악하지 않으면 아무리 덩치가 큰 기업도 생존을 걱정해야 할 것입니다.

그럼 많은 한국인이 생존에 대한 의문을 가진 쿠팡은 어떨까요? 2019년 말 현재 쿠팡은 거래 금액 10~15조 원을 향해 달려가고 있습니다. 2018년 쿠팡은 매출액 4조 원에 1조 원의 적자를 냈습니다. 그렇지만 쿠팡은 조만간 거래 금액이 20조 원에 달할 겁니다. 이 경우 거래 업체에 지불을 한 달만 늦춰도 쿠팡에 1조 원의 현금 여유가 생깁니다.

쿠팡은 당일배송, 전국배송이 가능하고 금융도 합니다. 물류기지 수도 많지만 규모도 엄청난데 축구장 190개를 합친 면적입니다. 그중 이천 물류센터는 전 세계에서 가장 크다는 광명 이케아 매장의 6배에 이릅니다. 그러다 보니 피앤지(P&G) 같은 회사에서 화장지를 한꺼번에 가령 100만 개씩 5,000원에 가져옵니다. 창고가 있으니까 다른 회사가 10만 개를 6,000원에 가져올 때 대량으로 더 저렴하게 들여온다는 얘기입니다. 쿠팡이 5,000원에 가져와 5,500원에 팔면 다른 회사는 쿠팡과 동일한 가격에 팔면 적자가 발생할 수밖에 없는 구조여서 화장지 사업을 포기하는 게 정답입니다.

국내 기업 역시 쿠팡과 거래하지 않을 경우 시장점유율이 떨어져 어려워질 수 있습니다. 최근 쿠팡은 농심, 매일유업, CJ 같은 기업에 수수료를 올려달라고 요구했습니다. 이들 기업의 입장에서는 당연히 올려줄 수밖에 없지요. 쿠팡이 어마어마한 물량의 유통을 담당하고 있으니까요.

이미 쿠팡 가입자는 2,500만 명에 이릅니다. 그리고 2018년 8월 구글 OS 기준으로 1,200만 명이 매달 방문하고 있습니다. 대형마트에서 구매하는 것보다 문 앞까지 배송해주는 물품의 가격이 더 싸다는 것은 편리함과 가성비에서 선택의 여지가 없어 보입니다. 아무튼 쿠팡으로 인해 세상은 바뀌고 있습니다.

빠르게 바뀌는 세상, 어디에 투자해야 할까

누구나 예측하듯 미래는 인공지능, 즉 AI 시대일 것입니다. AI는 전 세계인의 화두로 아마존과 유튜브는 물론 한국 정부도 여기에 크게 신경 쓰고 있습니다. 얼마 전 청와대를 방문한 소프트뱅크의 손정의 회장이 이렇게 말했죠.

"첫째도 AI, 둘째도 AI, 셋째도 AI입니다."

사실 AI는 한국 스타일에 가장 잘 맞습니다. 예를 들어 수학 앱 콴다(Qanda)에서는 AI가 수학 문제를 풀어줍니다. 2019년 말 현재 한국에서 150만 명이 사용하는 콴다에서는 AI가 한 달에 2억 개의 문제를 풀고 있지요. 휴대전화로 문제를 찍어 앱에 보내면 AI가 문제를 푸는 방법을 동영상으로 보여줍니다.

한국의 젊은이가 만든 동영상 채팅 앱 아자르(Azar)도 2018년 매출이 1,000억 원을 넘어섰습니다. 이것은 만약 내 취미가 등산이라면 미국에 있는 등산 애호가와 대화할 수 있는 앱입니다. 상대가 어느 나라에 있든 상관없습니다. 그래서 가입자의 90퍼센트는 해외에 있지요. 한마디로 이 회사는 해외에서 1,000억 원씩 돈을 벌어들이는 아주 좋은 회사입니다.

명함관리 앱 리멤버(Remember)는 직장인들에게 필수로 자리 잡고 있습니다. 예전에는 매일 손으로 입력해서 명함을 관리했지만 이제는 컴퓨터 한 대가 1,000명의 일을 해내고 있습니다. AI가 1,000명의 비용을 줄여주는 셈입니다. 직장인 대부분 명함을 리멤버로 관리합니다.

예를 들어 삼성전자 직원의 90퍼센트가 리멤버에 가입했다면 이번 달에 누가 진급했는지, 중요한 부서에서 누가 근무하는지 알 수 있습니다. 심지어 조직도까지 만들 수 있지요. 그러니 이 회사는 파워가 클 수밖에 없고 이러한 AI를 도입하는 순간 회사 가치가 10배쯤 상승한다고 봐도 무방합니다.

세상이 이렇게 바뀌고 있는데 우리는 과연 어디에 투자를 해야 할까요? 일단 채권은 좀 더 투자해도 괜찮습니다. 금리는 좀 더 하락할 것으로 전망합니다. 가령 브라질 채권은 6퍼센트 수익률에 비과세를 적용받습니다. 주식의 경우 중국 텐센트는 2009년 상장한 이후 10년 동안 40배 정도 올랐고 아마존은 60배 올랐습니다. 구글도 앞으로 5~6배는 오르지 않을까 싶은데 이것은 어디까지나 제 개인적인 판단입니다.

한국에서도 플랫폼 비즈니스에 주목해야 합니다. 2009년만 해도 전 세계 기업 10위 안에 든 플랫폼 기업은 딱 하나밖에 없었습니다. 지금은 미국 시장만 봐도 5등을 제외한 1등부터 8등까지가 모두 플랫폼 기업입니다. 워런 버핏이 이끄는 버크셔 해서웨이를 제외하고 구글, 페이스북, 애플, 마이크로소프트 등 플랫폼 기업이 회사 가치와 시가총액 면에서 모두 상위권을 차지하고 있습니다.

한국도 마찬가지입니다. 한국에는 유니콘기업(회사 가치가 1조 원 이상인 비상장 벤처기업)이 10개 있는데 그중 7개가 플랫폼 기업입니다. 흥미롭게도 플랫폼 기업은 1등만 살아남습니다. 카카오와 경쟁하는 회사를 봤나요? 없습니다. 한국에는 카카오 하나밖에 없지요. 그것이 일본에서는 라인이고 인도나 동남아에서는 위챗입니다. 인도에서는 99퍼센트가 구글을 쓰고요. 한마디로 1등만 살아남는 승자독식 세상입니다. 그렇게 1등을 하는 플랫폼을 사놓으면 별다른 리스크도 없고 장기적으로도 괜찮습니다.

한편 지금은 투자의 시대이기도 합니다. 가진 것을 지키려고 애쓰기보다 투자해서 벌어야 한다는 얘기입니다. 1994년에는 은행예금 금리가 12퍼센트였고 2007년만 해도 6~7퍼센트였지만 이제는 1퍼센트대입니다. 만약 2006년 은행에 5억 원을 넣어두었다면 2019년 6~7억 원이 되었겠지만 개포동에 아파트를 사놓았다면 5배는 올랐을 겁니다.

지금은 저금리 시대로 앞으로 10년 동안은 금리가 오르기 어려울 겁니다. 그래서 투자를 해야 합니다. 어디에 투자해야 하느냐고요? 우선 해외비중을 좀 늘려야 합니다. 해외 주식은 구글 등 플랫폼 기업이 유망합니다. 해외 채권은 브라질을 비롯한 이머징 국가의 국채 등이 유망합니다. 한국에서는 5G 관련주도 괜찮습니다. 그다음으로 유튜브와 SNS 관련주, 2차 전지 관련주도 전망이 좋습니다. 바이오기업들도 앞으로도 계속 좋을 것이라고 봅니다. 면역항암치료제 연구 개발 기업인 신라젠의 경우 임상3상 시험에 실패했음에도 불구하고 시가총액이 1조 원을 상회하고 있습니다.

우리가 잘 아는 항암제를 보면 1세대가 세포를 죽이는 항암제고 2세대는 표적항암제입니다. 그리고 3세대는 면역항암제지요. 이런 항암제는 면역T세포나 유전자를 조작해서 만듭니다. 그래서 말기 암 환자도 주사 한 대로 영원히 완치되기도 합니다. 그러다 보니 키트루다(Keytruda®)의 경우 2019년 매출액을 10조 원 정도로 추정하고 있지요. 앞으로 암을 정복할 수 있으리라는 기대감이 크다 보니 '면역' 자만 붙으면 인기를 끌고 있고 신약 연구 개발 기업인 제넥신(Genexine)도 시가총액이 1조 4,000억 원에 이릅니다. 그러니 면역항암제 쪽에 관심을 기울이기 바랍니다.

경기는 늘 사이클을 타고 오르락내리락하게 마련이므로 세상 트렌드를 눈여겨보고 투자해 좋은 성과를 거두기 바랍니다.

서영호

KB증권 리서치센터 전무. 1990년 신영증권 애널리스트로 금융맨 인생을 시작했고, 도이치모건그렌펠, ABN암로, JP모건 등 외국계 증권사를 두루 거친 자본시장 전문가다.

제로 금리 시대,
서바이벌 올 가이드

서영호, KB증권 리서치센터 전무

아직은 한국인에게 제로 금리나 마이너스 금리가 낯선 단어라 어쩌면 제목이 어렵게 느껴질지도 모릅니다. 그렇지만 이미 전 세계 채권의 30퍼센트는 마이너스 금리에 거래가 이뤄지고 있습니다. 물가를 감안한 실질금리 수준으로 보면 전 세계 채권의 65~75퍼센트가 마이너스 금리로 거래되고 있지요. KB증권 리서치에서는 한국도 2023년이나 2024년이면 제로 금리 혹은 마이너스 금리 시대에 진입하리라고 내다봅니다.

한국에 제로 금리나 마이너스 금리 시대가 열린다면 어떻게 대응해야 할까요? 결론을 말하자면 이제까지 살아온 모든 것과 반대 방향으로 생각하고 움직여야 합니다. 예를 들어 화폐단위가 스위스프랑인 스위스에는 PB, 즉 프라이빗 뱅크가 아주 많습니다. 스위스에서 가로·세로 높이 1미터짜리 대여금고를 사용하는 데 1년 사용료가 1,000스위스프랑(약 120만 원)입니다. 1스위스프랑은 1달러와 비슷하게 원화로 1,180원이죠. 스위스의 가장 고액권인 1,000스위스프랑을 대여금고 1제곱미터에 넣으면 1억 스위스프랑이 들어갑니다.

만약 그 1억 스위스프랑을 은행에 예금할 경우 예금자는 은행에 1년에 750만 스위스프랑을 내야 합니다. 대여금고 사용료는 1,000스위스프랑인데 은행에 돈을 맡기면 750만 스위스프랑을 본인이 부담해야 하는 겁니다. 이것이 마이너스 금리입니다. 따라서 1년 뒤에는 1억 스위스프랑이 아니라 750만 스위스프랑이 줄어든 금액만 통장에 남습니다.

흥미롭게도 전 세계 경제학자들조차 여전히 마이너스 금리를 잘 알지 못합니다. 마이너스 금리는 2014년 유로 지역에서 처음 등장했고 그다음으로 일본이 금리를 마이너스로 내렸습니다. 그런데 전 세계를 다 뒤져도 이 마이너스 금리가 어떤 현상을 일으키는지 명확히 설명할 수 있는 경제학자는 아직까지 없습니다.

마이너스 금리 시대가 열리면 어떻게 살아가야 할까요? 여기에 정답은 없습니다. 그래서 제가 제시하는 것도 생각하고 고민해야 할 포인트지 딱 부러진 결론이 아닙니다. 아무튼 한국에서도 제로 금리

를 넘어 마이너스 금리 시대가 열릴 가능성이 크므로 이를 염두에
두는 것이 좋습니다.

금리가 제로를 뚫고 마이너스로 넘어가는 이유

　채권에는 두 가지 투자 방법이 있습니다. 하나는 만기 시 원금과
이자를 수취하는 방법이고 다른 하나는 금리가 하락할 때 차익을 취
득하는 것이지요. 그런데 2019년 중반 금리 인상을 단행한 미국을
제외한 주요국의 금리가 저점을 경신하면서 전 세계 채권의 30퍼센

전 세계 채권시장 규모 상위 국가들의 2019년 연평균 금리

(단위: %)

	국가신용등급	정책 금리	2년물	10년물	30년물
미국	AA+	1.75	1.99	2.17	2.61
일본	A+	-0.10	-0.20	-0.10	0.44
중국	A+	4.15	2.73	3.18	3.79
영국	AA	0.75	0.62	0.88	1.42
프랑스	AA		-0.60	0.13	1.06
독일	AAA	-0.50	-0.67	-0.20	0.37
이탈리아	BBB		0.15	1.97	2.96
호주	AAA	0.75	1.18	1.53	2.12
한국	AA	1.25	1.55	1.70	1.71

주: 2019년 10월 말 기준, 자료: Bloomberg, KB증권

트가 제로 금리를 넘어 마이너스 금리를 기록하고 있습니다.

한국은 2000년 이후 기준금리를 비롯해 국고채 3년물, 10년물 금리가 계속 떨어지고 있지요. 2019년 8월 10년물 기준으로 금리가 1.17퍼센트까지 하락했습니다. 2020년 시장 전망은 금리가 보합, 즉 옆으로 가는 모양새를 보이겠지만 2021년부터는 금리가 다시 하락할 것이라는 게 일반적인 예측입니다.

과연 금리 하락은 어떤 요인으로 발생하는 걸까요? 오른쪽 표는 2015년 국채 10년물 금리가 2퍼센트 이하로 진입한 경우가 있는 22개국을 대상으로 어떤 요인이 저금리에 영향을 미쳤는지 분석한 내용입니다. 보다시피 금리와 상관성이 높을 것으로 추정하는 지표들 중 정책 금리와 고령화율의 상관관계가 특히 높습니다.

KB증권 리서치에서는 2015년부터 한국 금리가 어떻게 움직였는지 연구했습니다. 먼저 상관관계가 매우 높은 것은 한국은행이 정하는 정책 금리입니다. 오른쪽 표에 나와 있듯 정책 금리의 상관계수는 0.65입니다. 다시 말해 한국은행의 정책 금리 방향, 시장금리 방향, 정기예금 방향은 높은 상관관계가 있습니다. 나머지 요인은 고령화율, 물가, GDP, 재정수지, 경상수지, 환율인데 한국의 경우 가장 연관이 높은 것은 고령화율입니다.

국가의 평균 연령이 높아지면 경제 자체가 축소될 수밖에 없습니다. 이것이 한국의 금리가 제로를 넘어 마이너스로 가는 가장 큰 유인입니다. 알다시피 고령화와 금리의 연결 고리는 잠재성장률입니

저금리 국가들의 요인별 상관계수

	정책 금리	고령화율	물가	GDP	재정수지	경상수지	환율
네덜란드	0.85	-0.86	0.53	0.43	-0.89	-0.56	-0.03
노르웨이	0.75	0.26	0.17	0.29	-0.64	-0.46	-0.28
대만	0.67	-0.79	-0.09	0.06	-0.56	-0.46	0.87
덴마크	0.84	-0.72	0.26	0.42	-0.33	0.17	-0.12
독일	0.85	-0.89	-0.02	0.09	-0.40	0.44	0.76
미국	0.85	-0.63	0.51	0.20	0.45	0.48	0.32
벨기에	0.80	-0.94	0.26	0.11	-0.36	0.80	0.12
스웨덴	0.84	-0.46	0.62	0.27	-0.40	-0.50	0.72
스위스	0.82	-0.90	0.55	0.01	-0.59	-0.76	-0.30
스페인	0.35	-0.83	0.60	0.02	-0.25	-0.76	-0.42
아일랜드	-0.05	-0.01	-0.06	0.18	-0.42	-0.19	-0.22
영국	0.91	-0.69	0.51	0.04	0.16	0.46	0.25
오스트리아	0.84	-0.85	0.82	0.27	-0.29	-0.65	0.54
이스라엘	0.75	-0.92	0.42	0.39	0.68	-0.54	-0.71
이탈리아	0.46	-0.78	0.80	0.27	-0.80	0.00	-0.59
일본	0.86	-0.82	0.58	0.15	0.77	-0.51	0.69
체코	0.86	-0.81	0.51	0.22	-0.58	-0.80	-0.48
캐나다	0.82	-0.92	0.13	-0.07	-0.58	-0.17	-0.67
포르투갈	-0.19	0.18	0.29	0.33	-0.52	0.15	-0.11
프랑스	0.85	-0.95	0.59	0.25	0.13	-0.71	0.64
핀란드	0.85	-0.91	0.12	0.47	0.13	0.70	0.53
홍콩	0.80	-0.88	-0.58	0.21	-0.51	-0.03	0.89
한국	0.65	-0.81	0.48	0.38	0.73	-0.64	0.04
평균	0.70	-0.69	0.35	0.22	-0.22	-0.20	0.11

자료: World Bank, Bloomberg, IMF, KB증권

다. 문제는 한국경제가 큰 문제없이 성장할 수 있는 수준이 어느 정도인가에 있습니다. 금리는 장기적으로 경제성장률, 잠재성장률의 함수이고 잠재성장률 구성 요소에는 노동이 포함되어 있으므로 당연히 이것은 고령화의 영향을 받을 수밖에 없습니다.

2019년 말 현재 한국은행은 2020년 한국의 잠재성장률을 2.7~2.8퍼센트로 추정하고 있습니다. KB증권 리서치에서는 그 뒤로 점점 하락할 것으로 내다보고 있습니다.

알다시피 한국의 고령화율은 대단히 높습니다. 전체 인구 중 65세 이상 인구가 차지하는 비중이 7퍼센트를 넘어서면 고령화사회라고 합니다. 14퍼센트가 넘으면 고령사회, 20퍼센트 이상이면 초고령사회로 분류합니다.

오른쪽 그래프가 보여주듯 한국은 2025년 전 국민의 20퍼센트가 65세가 넘는 초고령사회에 진입합니다. 이는 일본보다 11년, 프랑스보다 29년 빠른 진행으로 전 세계에 유례가 없는 고령화 진전 속도입니다. 한국의 고령화율 절대수준은 200개 국가 기준으로 40위대이며 G20으로 보면 중간 수준이지만 그 증가율이 가장 가파른 편입니다.

한국 정부는 5년마다 시행하는 인구주택총조사를 기초로 10년 후 5,290만 명을 정점으로 2029년부터 인구가 감소한다고 공식 추정하고 있습니다. 이러한 고령화율과 인구 감소는 한국의 잠재성장률을 떨어뜨릴 수밖에 없습니다. 그리고 잠재성장률 하락은

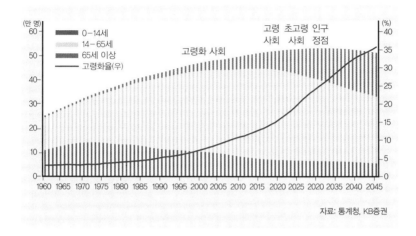

한국 인구추계 추이와 전망

(만 명)
60 ― 0-14세
　　　 14-65세
50 ― 65세 이상
　　　 고령화율(우)
고령화 사회
고령 초고령 인구
사회 사회 정점
(%)
40
35
30
25
20
15
10
5
0

1960 1965 1970 1975 1980 1985 1990 1995 2000 2005 2010 2015 2020 2025 2020 2035 2040 2045

자료: 통계청, KB증권

금리를 저하하는 방향으로 움직이게 만듭니다.

한국의 고령화 속도가 빠른 이유 중 하나는 출산율이 낮아지는 반면 기대수명은 늘어나기 때문입니다. 2018년 한국의 합계출산율(한여성이 가임기간에 낳을 것으로 기대되는 평균 출생아 수)은 0.98명입니다. 출산율은 가임기 여성이 평생 낳는 자녀수를 뜻하는데 그 출산율이 0.98명이라는 얘기입니다. OECD 국가 중 처음 0명대에 진입한 한국은 싱가포르 등 도시 국가를 제외하고 세계 최하위 수준입니다.

한국의 기대수명은 82.7년으로 OECD 국가 중 일본이나 스위스 등에 이어 5위를 차지하고 있습니다. 결국 한국이 초고령사회로 진입한다는 것은 의심의 여지가 없는 사실입니다.

이들 자료를 바탕으로 KB증권 리서치에서 연구해보니 한국의 금리는 2023년 0퍼센트대에 들어갈 것으로 보입니다. 아직 마이너스는 아니지만 시간이 더 흐르면 한국도 어쩔 수 없이 마이너스 금리로 갈 확률이 높습니다. 이 추정에서 가장 큰 돌발 변수는 '통일'입니다. 만약 남북이 통일된다면 금리가 마이너스로 가는 것이 아니라 오히려 오를 가능성이 큽니다.

제로 금리 시대에 채권에 투자하는 이유

과연 제로 금리 시대에는 자산을 어떻게 배분해야 할까요?

먼저 짚고 넘어가야 할 것이 있습니다. 우리에게는 1997~1998년 외환위기를 겪으면서 생긴 트라우마가 있는데, 금리가 마이너스라고 해서 한국경제가 위기 상황으로 간다는 뜻은 아닙니다. 저는 금리가 마이너스로 내려가도 국민 각각의 삶이 나빠질 거라고 생각하지 않습니다. 반대로 1인당 GDP는 계속해서 올라갈 겁니다. 다만 나라 전체의 GDP가 줄어들 뿐이지요. 역성장을 해도 생산성 향상으로 1인당 GDP가 증가한다면 개개인의 삶의 질은 개선됩니다. 그리고 잠재성장률 추세가 제로 수준에 근접할수록 역성장은 빈번하게 발생합니다.

예를 들어 만약 100명이 1만 원짜리 식사를 하면 100만 원이 듭니다. 세월이 흘러 그중 50명이 사망하고 나라의 생산성이 높아져 1만 5,000원짜리 밥을 먹는다면 75만 원이 나옵니다. 1인당 밥값은 1만 원에서 1만 5,000원으로 올랐지만 전체 밥값은 100만 원에서 75만 원으로 줄어드는 겁니다. 결국 축소 경제, 즉 마이너스 경제가 반드시 나쁜 것은 아니며 개개인의 삶의 질을 떨어뜨리는 것도 아닙니다.

마이너스 금리는 이론적으로 가계의 운용 자산을 안전자산인 저축에서 주식이나 부동산투자 등 위험자산으로 움직이게 합니다. 사실 유럽과 일본의 중앙은행이 마이너스 금리 정책을 택한 데는 이를 유발하려는 의도가 컸습니다. 그렇다고 실물경제가 중앙정부의 의도대로 흘러가는 것은 아닙니다. 마이너스 금리 자체가 주는 시그널이 대단히 부정적이기 때문입니다. 특히 이것이 저성장과 연결되면 중앙정부의 의도와 달리 대출도 늘지 않습니다. 축소 경제 아래서는 대출을 늘릴 만큼 사업 기회가 많지 않거든요.

또 기업은 보수적으로 운영할 수밖에 없으므로 투자를 꺼립니다. 결국 나라 전체가 생산성과 효율성이 떨어지고 기업의 구조조정이 지연되는 악순환을 낳습니다. 이런 이유로 이론적으로는 '마이너스 금리는 경기를 활성화한다'는 믿음이 있지만 실제로는 그렇지 않다는 것이 일반적인 생각입니다.

사실 기존 경제학 이론은 확대 균형을 가정하고 만든 것입니다. 즉, 성장을 위해 투자하느라 인플레이션이 생기고 다시 인플레이션 조정을 위해 정부가 통화 정책을 쓰는 메커니즘을 전제로 하지요.

그러나 앞으로 수축 균형 사회에서는 기존 경제학이 작동하지 않습니다. 문제는 전 세계 경제학자들이 아직 마이너스 금리 시대가 어떻게 변화할지 정확히 예측하지 못하고 있다는 점입니다. 물론 시간이 지난 뒤에는 알겠지만 지금은 어떤 일이 벌어질지 정확히 모릅니다.

아래 표는 2000년대 이후 주요국 평균 성장률과 마이너스 성장의 빈도를 보여줍니다.

유럽의 경우 잠재성장률이 0퍼센트에 근접하면서 지난 20년 동안 27퍼센트의 역성장이 있었습니다. 그러니까 미래 세대에게는 GDP가 마냥 올라가는 게 아니라 1년에 1분기 정도는 GDP가 역성장하는

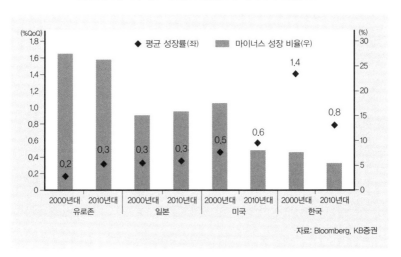

2000년대 이후 주요국 평균 성장률과 마이너스 성장 빈도

자료: Bloomberg, KB증권

것이 당연해질 거라는 얘기입니다.

한국이 앞으로 계속해서 매분기 GDP가 성장할 거라고 가정하면 큰 어려움을 겪을 것입니다. 이와 달리 유럽이나 일본처럼 1년에 1분기는 마이너스 성장을 하는 현실을 받아들여야 합니다.

마이너스 금리 시대에는 내가 은행에 돈을 맡기면 1년 뒤 내가 은행에 돈을 내야 합니다. 그렇지만 마이너스 금리 상황에서도 전 세계 채권시장에서는 채권을 거래합니다. 알다시피 채권은 만기까지 갖고 있으면 원금과 이자를 받고 또 내가 산 것보다 금리가 하락할 경우 채권 가격이 올라 자본이득을 얻는 투자 방법입니다.

그러나 마이너스 금리 상황에서는 만기 시 원금과 이자를 받는 일이 없습니다. 만기까지 가서 원금과 이자를 받는 게 아니라 원금보다 적은 금액을 받는 것이 마이너스 금리 시대의 모습입니다. 그러면 채권을 살 이유가 없지 않느냐고요?

우선 설령 손실을 보더라도 위험한 세상에서 내 재산을 가장 안전한 국채에 넣으려고 하는 사람이 있습니다. 그다음으로 시간이 지나 경제가 디플레이션에 들어가면 내가 산 채권보다 금리가 더 떨어져 자본이득을 얻을 수 있다고 가정하는 경우에도 채권에 투자합니다. 마지막으로 해외 채권에 투자하는 경우입니다. 가령 미국에 사는 사람이 한국이 마이너스 금리에 들어가도 원화 값이 달러 대비 강해질 경우를 예상해 한국 채권에 투자할 수 있습니다.

마이너스 금리가 바꿀 경제 환경

만약 한국이 제로 금리나 마이너스 금리에 들어가면 우리의 경제 환경은 어떻게 바뀔까요?

첫 번째, 월급쟁이의 가치가 무한대로 늘어납니다. 예를 들면 금리가 10퍼센트였던 시절 연봉 1억 원을 받은 사람은 10억 원 재산을 보유한 것과 같습니다. 금리가 1퍼센트인 시절에 연봉 1억 원을 받는 사람은 100억 원 재산을 보유한 것과 같고요. 그럼 금리가 제로거나 마이너스면 직장생활에서 받는 월급의 가치는 무한대로 올라갈 수밖에 없습니다. 결국 회사에 열심히 다니면서 고정수입을 창출하는 것이 가장 중요해질 겁니다.

두 번째, 금리에 따라 전 세계로 돈이 움직이고 흘러 다닙니다. 마이너스 금리란 내가 은행에 넣어둔 돈을 기준으로 금융기관이 돈을 가져가는 구도입니다. 이런 상황에서는 돈이 세계 어디든 금리가 조금이라도 높은 곳으로 움직이게 마련입니다. 소위 대체투자든 리츠 투자든 돈은 조금이라도 이윤을 남겨주는 곳을 향해 흘러갈 것입니다. 그 과정에서 돈이 어떤 외부 충격에 굉장히 약해질 수도 있습니다. 즉, 돈은 당연히 금리가 높은 쪽으로 몰리겠지만 여기에 어떤 리스크가 있는지 꼼꼼히 확인해야 문제가 생기지 않는다는 얘기입니다.

세 번째, 은퇴 이후 투자 소득으로 살아가는 사람에게 많은 변화가 찾아옵니다. 은퇴자들은 대체로 원금 보전 욕구가 굉장히 강합니다. 그러나 안전하게 원금을 보전할 수 있는 수단은 갈수록 줄어들 전망입니다. 원금을 보전할 수단을 찾을지, 저축한 것을 야금야금 빼 쓰며 살아갈지 고민해야 할지도 모릅니다. 아무튼 돈을 은행에 넣어두고 이자를 받아 살던 시대는 지나갔으므로 은퇴자는 금융상품을 많이 공부해야 합니다.

마이너스 금리 시대에는 하다못해 공과금도 빨리 내는 것이 이득입니다. 지금은 하루라도 이자를 버는 길이라고 생각해 납부 기일이 임박해서야 내는 게 일반적이지만 마이너스 금리 때는 납부 기일까지 기다리면 손해입니다. 또 회사 입장에서는 외상매출금이나 미수금을 최대한 늦춰서 받으려고 할 겁니다. 마이너스 금리 시대에는 지금 받지 않고 1년 뒤에 받는 것이 돈을 버는 방법이기 때문입니다. 회사든 개인이든 이제껏 살아온 방식에서 많은 부분이 변화할 것입니다.

아직은 전 세계 어디에서도 소액 저축자에게는 마이너스 금리를 적용하지 않습니다. 마이너스 금리는 고액 재산가나 금융기관에만 적용하지요. 만약 유럽이나 다른 나라에서 소액 저축자에게도 마이너스 금리를 적용하면 아마 정치적으로 상당히 논란이 일어날 겁니다.

저렴한 주식이 아니라 성장성이 높은 주식에 주목하라

그럼 마이너스 금리가 투자 환경에는 어떤 변화를 일으킬지 생각해봅시다.

먼저 주식시장입니다. 마이너스 금리 시대가 오면 기업은 설비투자로 더 많은 이익을 얻어 주주에게 돌려주는 것과 돈을 벌지 못하니 배당을 늘리고 자사주를 매입해(주주환원 정책) 주주에게 돌려주는 것 중 어느 쪽을 선택할지 고민할 것입니다.

알다시피 지난 10년 동안 미국 주식이 계속 올랐습니다. 이는 미국 경기가 좋았기 때문이기도 하지만 지난 10년 동안 미국 기업들이 한 해에 버는 돈 100원 대비 98원 비율로 주주에게 돌려준 것도 한몫했습니다. 회사가 매년 돈 100원을 벌면 배당과 자사주 매입으로 98원을 돌려주니 주식투자자들은 그 돈으로 또다시 주식투자를 했던 것이지요. 이것이 미국 주식시장 상승으로 나타난 겁니다.

같은 기간 한국 기업들은 번 돈의 26퍼센트만 배당과 자사주 형태로 주주에게 돌려줬습니다. 이것이 10년, 15년 누적되면서 한국 주식은 오르지 않고 미국 주식만 오르는 결과로 나타난 것이지요.

마이너스 금리 시대가 오면 주식투자에는 가치주라는 말이 사라지고 두 가지만 주목을 받습니다. 즉, 바이오처럼 성장성이 큰 종목과 배당이나 주주환원 정책을 확실히 늘리는 회사가 아니면 주가는 오르지 않습니다. 나라 전체가 성장성이 떨어지는 상황에서 코스피가 오를 확률은 낮지요. 다만 코스피 전체가 오르지는 않아도 주주환원을 확실히 해주는 회사와 다른 나라나 회사보다 강한 성장세를 보이는 산업은 주가가 오를 겁니다.

앞으로는 저렴한 주식을 찾을 게 아니라 딱 두 가지만 고민하십시오. 주주에게 얼마나 잘해주는지, 성장성이 얼마나 높은지를 확인하는 것이 미래의 주식투자 방법입니다.

그다음으로 부동산시장입니다. 우선 전 세계에서 유일하게 한국에만 존재하는 전세 제도는 제로 금리나 마이너스 금리가 이어지는 한 점차 사라질 것입니다. 현재 임대하는 집은 빠른 속도로 월세 형태로 전환될 것이고요. 이미 월세는 전체 임대 형태 중 60퍼센트를 차지하고 있습니다. 그러므로 전세를 준 사람은 월세로 돌릴 방법을 고민하고 전세로 살고 있는 사람은 전세금을 안전하게 돌려받을 방법을 생각해야 합니다.

미국 뉴욕의 센트럴파크에서는 99제곱미터 정도를 임대할 경우 월세가 8,500달러입니다. 1년으로 치면 10만 2,000달러지요. 자산 가격 대비 소득 비율을 캡레이트(Cap Rate)라고 하는데 미국의 캡레이트는 부동산의 경우 2.5~3퍼센트입니다. 결국 월세 10만 2,000달러짜리 집값은 350만 달러입니다. 이것이 미국에서 집값을 계산하는 방식입니다.

이것을 한국에 도입해 계산해보면 자신의 집값이 비싼지 저렴한지 알 수 있습니다. 1억 원당 20만 원의 월세를 낸다면 10억 원일 경우 월세가 200만 원입니다. 월세 200만 원을 내고 그 집에 살 것인지 아닌지가 미래의 집값을 결정하는 요인일 겁니다. 이를 고려하면 지하철역이 가깝거나 핵심지역 부동산이 집중적으로 오를 테니 부동산에 투자할 때는 주거 조건을 고민해야 합니다.

금리가 아무리 마이너스로 내려가도 모기지 금리는 마이너스로 갈 수 없습니다. 은행도 먹고살아야 하는데 만약 100명에게 1억 원씩 빌려주었을 때 누군가가 망하면 손해를 보고 맙니다. 이것은 충당금으로 쌓이므로 은행은 마이너스로 줄 수 없지요. 미국의 경우를 보면 한국도 조만간 연 2.5~3퍼센트의 월세 수입을 기대하는 게 맞는다고 봅니다.

인구 구조를 연구하는 학자들에 따르면 한국이 마이너스 금리로 가는 시기와 베이비붐 세대가 서울에 있는 집을 팔고 근교로 이사하려는 기간이 유사하다고 합니다. 결국 2023~2024년 서울 부동산은 핵심지역만 더 오를 가능성이 큽니다.

다시 한 번 말하지만 전세는 점차 월세로 전환될 테고 임대수익은 정기예금 금리를 훨씬 상회하는 수준에서 형성될 확률이 높습니다. 정부 입장에서도 월세 전환에 반대할 이유는 없습니다. 이자소득에 따른 세금이 줄어들 경우 오히려 정부는 월세 전환을 독려해 임대수익에 과세해야 합니다. 사실 이자소득 세금이 줄어들면 이를 상속세나 증여세 등으로 벌충해야 합니다. 그런 상황에서 임대수익은 부족한 세금을 메워줄 하나의 방법입니다.

이자소득세가 감소할 경우 증여세나 상속세 부담이 커지기 때문에 당연히 현금을 직접 보유하려는 수요가 늘어납니다. 또한 계속해서 화폐개혁 얘기가 나올 수밖에 없습니다. 반면 정부 입장에서 부富를 젊은 세대와 나누는 방법은 증여세를 높여 소득을 분배하는 것입니다. 결론적으로 말해 마이너스 금리는 현재 부를 소유한 은퇴자나 고연령자의 재산을 젊은 세대에게 나눠주는 방법입니다. 이에 따라 상속세와 증여세는 앞으로 계속 늘어날 가능성이 큽니다.

생명보험 쪽은 어떨까요? 여러분이 보유한 생명보험을 과연 미래에 받을 수 있을까요? 과거에 여러분은 고금리로 생명보험에 들었을 텐데 금리가 마이너스인 상황에서 보험회사가 그 돈을 돌려줄 수 있을까요? 재무 상태가 위험한 생명보험회사는 미래에 문제가 될 수 있습니다. 실제로 일본에서는 많은 생명보험회사가 문을 닫았습니다.

생명보험은 예금보험처럼 5,000만 원까지는 정부에서 보장하지만 그 이상은 보장하지 않습니다. 그러니 생명보험을 진지하게 고민해보기 바랍니다. 특히 여러분이 선택한 생명보험회사가 안전한지는 미래에 대단히 중요한 요소입니다. 미래에 금리가 마이너스로 갈 경우 연금 성장성은 떨어질 수밖에 없습니다. 금리가 떨어지면 보험회사가 어떻게 대응할지는 빤한 일입니다.

이제 퇴직금 문제를 생각해봅시다. 현재 한국의 상장사들이 퇴직금으로 쌓아놓아야 하는 금액이 약 130조 원입니다. 이것은 직원들이 오늘 당장 그만둔다고 가정하고 충당해야 하는 돈이지만 상장사들은 100조 원 정도만 쌓아놨어요. 즉, 30조 원이 모자랍니다.

이것을 2021년까지 쌓아야 하지만 삼성전자처럼 재정이 튼튼한 회사를 제외한 나머지 회사는 그게 쉽지가 않습니다. 한국에는 가만히 있어도 매년 1퍼센트, 2퍼센트, 3퍼센트 월급이 올라가는 호봉제가 있는데 이것을 유지하는 회사가 퇴직금을 쌓을 수 있을까요? 매년 호봉제로 월급이 오르긴 하지만 여기에 맞춰 퇴직금을 충당해 그 돈을 고정으로 주는 회사는 없습니다. 각 회사가 그걸 쌓았다면 퇴직금 수익률을 높이려 노력하겠지만 그렇지 않으니 전세 제도처럼 호봉제도 없어질 듯합니다. 기업이 그것을 위험하지 않은 곳에 투자해 퇴직금을 맞춰줄 방법이 더 이상 존재하지 않습니다.

해외투자가 필수인 시대

상황이 이렇다 보니 해외투자가 필수불가결합니다.

첫째, 한국의 성장성이 떨어지면 한창 성장하는 나라를 찾아 투자하려는 욕구가 커집니다. 이미 많은 한국인이 베트남에 투자하는 이유가 여기에 있지 않습니까? 베트남처럼 한국보다 성장성이 큰 지역은 투자가 늘어날 수밖에 없습니다.

둘째, 미국 주식처럼 100원을 벌어 98원을 돌려주는 나라에 투자하려는 사람이 늘어납니다. 한국 기업은 100원을 벌어 26원만 돌려주고 나머지는 회사 내부에 유보합니다. 어느 쪽이 더 안정적이고 좋은지는 다 아는 일 아닙니까? 한 가지 확실한 사실은 주주에게 많이 돌려주는 회사가 주가도 많이 오른다는 점입니다. 결국 한국보다 미국처럼 주주환원을 잘해주는 나라의 주가가 더 많이 오를 가능성이 큽니다.

셋째, 장기투자 역시 관심 대상입니다. 특히 젊은 사람들은 퇴직금을 어디다 넣어야 20~30년 후 재정 안정을 이룰지 고민할 것입니다. 제가 볼 때 미국의 중소형주만 모아 만든 ETF에 매년 조금씩 20년 이상 투자하면 6퍼센트 이상의 수익을 기대할 수 있습니다. 언뜻 주식이 위험해 보이지만 장기적으로 분산투자하면 미국 중소형주만 해도 6~7퍼센트 수익이 납니다. 전 세계에 투자 기회가 상당히 많으므로 이런 것을 찾아 투자를 늘려야 합니다.

간혹 환헤지를 궁금해 하는 사람도 있는데 단기투자라면 원달러 환율을 고정하는 헤지가 필요하지만 장기투자에서는 헤지를 하지 않는 게 맞습니다. 만약 미국 금융시장이 흔들려서 미국 주식시장이 빠지면 원화는 약세로 갑니다. 거의 90퍼센트 확률로 그렇습니다. 여러분이 미국 주식을 샀는데 미국 증시가 약세라면 수익률은 달러 자산에 따른 수익률이 아니라 원화로 환산한 수익률일 겁니다. 이때 헤지하지 않았다면 미국 주식은 빠졌어도 원화가 약세로 가니 큰 부분을 상쇄할 수 있습니다. 그런데 해외에 주식투자를 하면서 원달러 환율을 고정할 경우 미국 주식에서 손해 본 부분을 한국에서 보전할 방법이 없습니다.

거꾸로 생각해 미국 주식이 강세라면 아마도 원화는 절반의 확률로 강세일 것입니다. 그러나 만약 헤지했을 경우 달러에서 돈을 벌어도 원화에서는 돈을 벌 수 없습니다. 결국 단기투자가 아니라 장기투자라면 헤지를 하지 않는 것이 원칙입니다.

마이너스 금리 시대는 기업 평가와 은행 수익성에도 변화를 일으킵니다. 기업 중에는 부채가 아주 많은 기업도 있는데 과거 경제를 확장하던 시대에 부채가 많은 기업은 위험했습니다. 그럼 제로 금리나 마이너스 금리 시대에도 부채가 많은 기업이 위험할까요? 아닐 수도 있습니다. 과거에는 현금을 많이 보유한 회사를 좋은 회사로 평가했습니다. 제로 금리나 마이너스 금리 시대에도 현금을 많이 보유한 회사가 좋은 회사일까요? 아닙니다. 마이너스 금리 시대에는 우리가 지금껏 생각해온 상식이 뒤바뀝니다.

또한 마이너스 금리 시대에는 전 세계 모든 은행이 그랬듯 한국의 은행들도 수익성이 많이 떨어질 겁니다. 대출 금리는 마이너스 금리의 영향을 받아 떨어지는데 금리가 마이너스인 국가도 아직 소액 저축자에게는 마이너스 금리를 적용하지 않기 때문입니다. 은행의 오랜 충성고객이 이탈할까 봐 그런 것입니다. 앞으로 한국의 은행들도 자본금이 많고 튼튼한 은행만 살아남고 그렇지 못한 은행은 점점 약해질 수밖에 없습니다.

지속적으로 현금을 안겨 주는 투자 기회를 찾아라

오늘날 경제 상황은 우리가 이제까지 알아온 경제와 180도 다른 방향으로 나아가고 있습니다. 무엇보다 금융 시스템이 완전히 바뀌고 있지만 아직도 어떤 가정 아래 금융 시스템을 새로 만들어야 하는지 그 정답을 아는 사람이 없습니다. 현재 이것이 가장 큰 리스크입니다.

이 상황을 어떻게 헤쳐 나가야 할까요?

간혹 은행에서 중위험, 중수익 상품이라며 투자를 권하는데 제가 볼 때 중위험, 중수익이라는 건 존재하지 않습니다. 설령 있더라도 그저 한 줌에 불과합니다. 지금 정기예금보다 더 많은 수익을 내는 상품은 대개 리스크가 적지 않습니다. 일단 은행 예금보다 많이 주는 상품은 위험하다고 판단해야 합니다.

또한 저금리 환경에서는 유동성이 큰 것을 사는 게 맞습니다. 그다음으로 꾸준히 현금흐름을 만들어내는 투자 아이디어를 찾아야 합니다. 저금리 시대에는 1년 뒤 5퍼센트를 버는 게 아니라 지속적으로 현금을 안겨 주는 투자 기회를 찾는 것이 중요합니다. 만약 주식시장이라면 그 기회는 배당을 많이 주는 회사입니다.

배당을 많이 받으려면 계속 공부해야 합니다. 회사가 꾸준히 돈을 얼마나 벌지 모르잖아요. 지금 100원을 버는 회사가 10년 뒤에는 이익이 50원으로 줄어들 수도 있습니다. 실제로 전 세계적으로 잘나가던 필름회사들은 지금 단 하나도 남아 있지 않습니다.

여러분이 거래하는 은행이나 증권회사에 가서 상담 서비스를 받을 때 1년 뒤 몇 퍼센트 수익을 올리는 게 중요한 것이 아닙니다. 매년 지속적으로 현금흐름을 만들어내는 것이 중요하지요. 앞서 말했지만 뉴욕에 있는 부동산도 집값 대비 임대료 수입이 3퍼센트에도 미치지 못합니다. 미국은 아마 전 세계에서 제로 금리 혹은 마이너스 금리에 가장 늦게 들어갈 겁니다. 다른 어떤 나라보다 성장성이 우수하고 경제 환경이 여러 가지로 좋으니까요. 그럼에도 불구하고 임대수익률이 그 수준으로 떨어졌어요. 결국 그것보다 더 많은 수익률을 낸다고 하면 일단 리스크가 있다고 봐야 합니다.

이젠 단번에 큰 수익을 올리는 일확천금이 아니라 야구에 비유하자면 방망이를 짧게 잡고 계속해서 안타를 치려고 노력해야 합니다. 절대 홈런을 치려고 애쓰면 안 됩니다.

글로벌 투자 **03**

박진환

한국투자신탁, 한국투자신탁운용, 한국투자증권 등에서 자본시장 업무에 29년째 몸담고 있는 전문가. 기업 분석, 펀드 운용, 펀드 상품 개발, 랩 운용 등 다양한 실전 경험이 무기로 투자위험과 투자수익 양쪽에서 균형적인 시각을 잘 유지하고 있다.

10장

당신이 잠든 사이
돈이 불어나는 마법,
글로벌 유망주 베스트 10

박진환, 한국투자증권 랩상품부 부서장

　지금부터 글로벌 유망주를 알아볼 텐데 사실 해외 주식을 권하면 일단 생각에 잠기는 사람이 많습니다. 그 고민은 대략 세 가지입니다. 해외 주식은 국내 투자의 대안이 될 수 있는가? 글로벌 세계의 불확실성이 증대하고 있는데 어디에 투자해야 하는가? 전 세계에 상장한 종목 수가 4만 8,000개에 달하는데 어떤 종목을 골라야 하는가?

　주식에서 흔히 한국인은 '고수익, 고위험'을 얘기하며 수익을 먼저 강조하는 반면 서양인은 '리스크 앤 리턴(Risk and Return, 위험 그리고 수익)'으로 위험을 먼저 강조합니다. 저는 주식이 복어와 같다고 생각합니다. 복어를 요리하려면 먼저 독을 제거해야 하지요. 마찬가지로 주식투자를 할 때는 거기에 내재된 위험이 무엇인지 살펴보는 것이 중요하다고 봅니다.

기업은 돈을 벌면 지속적인 성장을 위해 자금을 유보하거나 주주에게 배당합니다. 원래 기업은 타인자본인 채권을 발행하거나 자기자본인 주식을 발행해 그 돈으로 사업을 합니다. 따라서 채권 이자를 지불하고도 돈이 남아야 주주에게 배당을 줄 수 있습니다. 기업은 배당하는 것이 최고의 선이고 목적이므로 배당하지 않는 주식은 좀 생각해봐야 합니다.

주식투자는 크게 6개월 미만의 단기투자와 6개월 이상의 장기투자로 구분하는데 전업투자자, 전문가의 단기매매를 보통 '트레이딩'이라 부릅니다. 트레이딩은 주가에 초점을 두거나 기술 분석에 집중하거나 시장 흐름을 중시하는 등 좀 더 위험을 떠안는 공격적인 방법론을 취합니다. 반면 장기투자하는 사람은 기업 성장에 초점을 두거나 펀더멘털을 중시합니다. 주로 바이 앤 홀드(Buy & Hold), 즉 매수한 후 장기간 보유하는 전략을 구사합니다.

해외 주식에 투자할 때는 특히 세 가지를 고려해야 합니다. 첫째는 환전으로 환율 비용이 0.2~1퍼센트 들어갑니다. 둘째는 세금입니다. 국내 주식은 매도하면 거래세 0.3퍼센트만 내는 것과 달리 해외 주식은 이익분의 22퍼센트를 양도소득세로 내야 합니다. 셋째는 거래 수수료입니다. 한국에서 HTS(홈트레이딩 시스템)로 하면 0.03퍼센트를 내지만 미국 주식은 기본 수수료로 0.25퍼센트를 내므로 한국 대비 비용이 8배나 더 듭니다. 결국 개인이 해외 주식을 단기 트레이딩으로 하는 것은 조금 부담스럽습니다.

이런 복잡한 조건을 지켜가며 굳이 주식을 해야 하느냐고요? 그 대답은 금리가 보여줍니다. 아래 그래프에 한국 기준금리와 미국 기준금리가 나오는데 미국은 금리를 아홉 번 인상한 뒤 이후 세 번 인하해서 2019년 말 현재 1.5~1.75퍼센트 수준입니다. 한국은 현재 기준금리가 1.25퍼센트입니다. 이 같은 1퍼센트대 금리는 우리에게 무얼 말해줄까요?

지속되는 저금리 환경

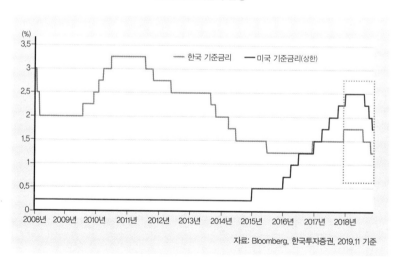

자료: Bloomberg, 한국투자증권, 2019.11 기준

만약 우리가 은행에 1억 원을 넣어두면 한 달에 세후 8만 8,000원을 손에 쥡니다. 최소 300만 원은 있어야 한 달 생활이 가능하다고 볼 때 그 돈을 이자로 벌려면 은행에 34억 원을 예금해야 합니다. 반면 주식의 기대 수익이 10퍼센트라면 3억 6,000만 원만 있어도 연 3,600만 원이 생기므로 매달 약 300만 원을 쥘 수 있습니다. 한마디로 너무 금리가 낮다 보니 대체 수단으로 주식투자가 불가피하다는 얘기입니다.

또한 주식에서는 시세 차익만 얻는 게 아니라 배당도 받습니다. 현재 배당은 모든 국가의 기준금리보다 더 높습니다. 한국만 해도 2.26퍼센트 수준입니다. 여기에다 주식에는 인플레이션 헤지 기능이 있습니다. 물가가 오르면 화폐가치는 떨어지지만 주식투자를 할 경우 기업의 자산가치가 상승해 투자수익이 발생합니다.

해외 주식이 매력적인 4가지 이유

그럼 왜 해외 주식에 투자해야 할까요? 여기에는 몇 가지 이유가 있습니다.

첫 번째, 한국은 이머징 마켓임에도 선진국보다 경제성장률이 떨어집니다. 연 2퍼센트 경제성장률도 어려운 상황이다 보니 주가탄력성이 떨어지고 있습니다.

두 번째, 2019년과 2018년 주식 운용 성과를 보면 한국이 거의 꼴찌를 했습니다. 파키스탄 다음으로 밑에서 바닥을 기었죠. 만약 그저 한국 시장만 바라본 사람은 분명 수익이 제한적이었을 겁니다.

세 번째, 2019년 11월 기준으로 글로벌 시장 대비 시가총액이 미국 40퍼센트, 중국 8.5퍼센트, 일본 7.5퍼센트, 홍콩 6.5퍼센트, 영국 4퍼센트고 한국은 1.7퍼센트에 불과합니다. 따라서 홈 바이어스(home bias), 즉 자국 편향주의로 흐르는 것은 투자 기회를 스스로 차단하는 것이나 마찬가지입니다.

네 번째, 한국의 스타 기업과 주목받는 기업을 찾기가 어렵습니다. 예를 들어 howmuch.net에서 2000년부터 19년 동안의 투자 성과를 보면 100달러, 즉 12만 원을 투자했을 때 벌어들인 돈은 이렇습니다. 넷플릭스 2,700만 원, 애플 900만 원, 마스터카드 700만 원입니다. 반면 한국에서 가장 핫한 삼성전자는 110만 원 정도를 벌었습니다. 성장 비즈니스가 외국에 훨씬 더 많은 셈입니다.

이런 상황을 일찌감치 파악한 사람들은 해외 주식에 투자하고 있습니다. 242쪽 표에서 볼 수 있듯 해외 주식 규모가 무척 가파르게 상승하고 있지요. 미국만 해도 2019년 거래 규모는 어느새 250억 달러를 넘어섰으며 순매수 금액은 21억 달러가 넘어선 것을 확인할 수 있습니다.

반면 코스피에서 개인이 2019년 내내 12월까지 팔아버린 순매도 금액은 약 8조 원입니다. 한국인이 국내 주식을 계속 팔고 있다는 얘

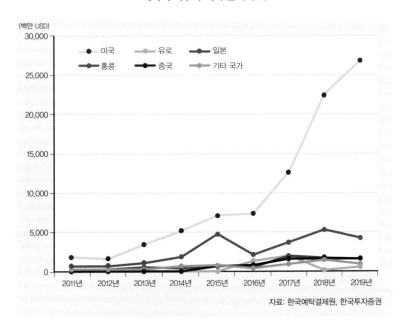

해외 주식투자 거래 금액 추이

(백만 USD)

범례: 미국 · 유로 · 일본 · 홍콩 · 중국 · 기타 국가

자료: 한국예탁결제원, 한국투자증권

기입니다. 우리의 노후를 책임지고 있는 국민연금도 2018년 이후 국내 주식보다 해외 주식 규모를 더 늘리고 있습니다. 여러분도 국내 주식과 해외 주식에 분산투자하고 있나요? 각자의 포트폴리오를 살펴보고 국내와 해외투자 비중을 잘 조절하기 바랍니다.

그러면 미국에 56퍼센트, 중국에 21퍼센트 그리고 나머지를 홍콩·베트남·일본의 순서로 투자를 분산한 특정 증권사를 사례로 들어보겠습니다. 이 회사의 지역별 투자 금액 분포 비율을 보면 시가총액에 맞게 잘하고 있다는 생각이 듭니다.

투자 연령대는 20대부터 60대까지 골고루 분포되어 있는데 20~ 40대는 전체 투자자의 10퍼센트대를 유지하고 투자 여력이 있는 50~60대는 20퍼센트대로 비중이 조금 높습니다. 투자 금액은 직구를 많이 해서 그런지 1,000만 원 미만의 소액투자자 비중이 44.3퍼센트를 차지합니다. 그 외에 3,000만 원 미만이 29.6퍼센트, 5,000만 원 미만이 10.5퍼센트, 1억 원 이상은 6.7퍼센트입니다.

2000년으로 거슬러 올라가 한국이 외국인에게 시장을 개방(인바운드)하고, 그 이후 우리가 해외로 투자(아웃바운드)했을 때 초기에 주로 투자한 것은 미국 펀드가 아니라 브릭스(BRICs) 펀드입니다. 그 결과, 이머징 국가의 주식변동성에 투자자들이 노출되면서 지금까지 많은 사람이 마음고생을 했지요. 해외 주식 역시 처음 도전하면서 성숙하지 않은 시장에 접근하는 것은 옳지 않다고 봅니다.

미중 갈등은 변수가 아니라 상수다

과연 지금이 해외 주식에 투자할 때일까요?

지금 미국과 중국이 툭하면 으르렁거리면서 세계경제를 뒤흔들고 있지요. 미국의 가장 큰 고민거리는 레이건 시절부터 이어져온 재정적자와 무역적자입니다. 중국은 세계의 굴뚝을 자처하며 벌어들인 돈으로 미국 국채를 사들여 상호 가치 사슬을 호환하는 그런 구조였지요. 그러다가 2000년 셰일가스 혁명이 일어나면서 그 구조에 변화가 찾아왔습니다.

셰일가스 혁명이란 미국이 에너지 수입국에서 자립국 내지 수출국으로 넘어간다는 것을 의미합니다. 이 경우 미국은 세계 경찰 역할을 할 필요가 없습니다. 호르무즈해협이든 말레이해협이든 거기에 미군이 주둔할 필요가 없는 거죠. 그러자 중국이 2013년 '일대일로(一帶一路)'를 내걸고 확장정책을 펴서 전 세계 에너지를 확보하기 시작했지요.

그다음으로 FAANG(페이스북, 애플, 아마존, 넷플릭스, 구글)를 중심으로 IT에서 엄청나게 앞서가는 미국이 지적재산권을 요구했습니다. 여기에 대응해 중국은 5G를 앞세웠고 현재 화웨이가 5G에서 전 세계 특허 1위 기업으로 성장했습니다.

결국 두 나라의 싸움은 앞으로도 지속될 전망이므로 투자자 입장에서는 미중 갈등을 변수가 아니라 상수로 받아들여야 합니다.

한편 우리가 실물경제와 금융 경제 시스템 차원에서 위험 상황을 판단할 때, 일단 실물경제 쪽 경기 서프라이즈 인덱스(실제 발표된 경기지표가 시장 전망치에 얼마나 부합했는지 지수로 나타내는 것)는 매우 안정적인 모습을 보여주고 있습니다. 다음 그래프에 나오듯 2009년 글로벌 금융위기 때의 하락을 보면 지금은 당시의 중간값에 이를 정도로 별다른 위험 징후가 없습니다.

경기 서프라이즈 인덱스

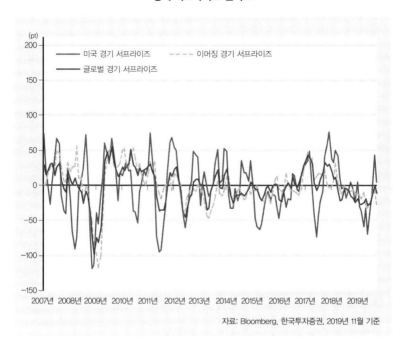

자료: Bloomberg, 한국투자증권, 2019년 11월 기준

금융 경제 시스템에는 '신용 스프레드'라는 것이 있습니다. 채권에는 국채와 회사채 그리고 투기 위험이 있는 채권인 하이일드 채권이 있는데, 이 하이일드 채권 금리에서 국채 금리를 뺀 것을 신용 스프레드라고 합니다. 그 신용 스프레드가 글로벌 금융위기 때는 18퍼센트포인트 정도 차이가 났으나 지금은 4퍼센트포인트로 비교적 안정적입니다.

하이일드 채권은 셰일가스 업체가 70퍼센트를 발행하기 때문에 그 금리가 셰일가스 비즈니스 상황과 연동됩니다. 2019년 말 현재 하이일드 채권 금리는 안정적입니다.

지금은 통화정책과 재정정책도 주식투자자에게 큰 영향을 미치는데 무엇보다 미국 연준의 태도가 가장 주목을 받습니다. 2019년 10월 미국의 장기금리와 단기금리가 역전했습니다. 미국 국채 10년물보다 2년물 금리가 더 높아진 겁니다. 이럴 경우 예외 없이 경기 불황이 온다는 게 지금까지의 시그널이라 연준이 화들짝 놀랐죠. 결국 연준은 유동성 제약을 풀기 위해 돈을 풀었고 2년물 금리는 다시 내려갔습니다. 구체적으로 연준은 유동성 제약을 위해 500조 원 정도를 줄이다가 다시 그걸 풀기 위해 매월 600억 달러씩 늘리겠다고 발표했습니다. 글로벌 금융 유동성 측면이 우호적으로 변한 거지요.

특히 해외투자를 할 때는 환전이 필요하므로 달러에 노출됩니다. 이 경우 원달러 환율 전망이 굉장히 중요한데 한국투자증권은 하단 1,150원, 상단 1,230원에서 소량의 박스권 정도로 움직일 거라고 예측합니다. 재밌게도 안전자산인 미국 달러 자산과 위험자산인 주식 사이에는 자연스럽게 서로 헤지 현상이 발생합니다. 따라서 저는 1,200원 미만으로 환전해서 주식에 도전하는 건 별다른 문제가 없다고 봅니다.

지금까지 얘기한 2020년 글로벌 시장 전망을 요약 정리하면 247쪽 표와 같습니다.

이제 세 가지 축을 기준으로 어떤 종목을 사야 하는지, 어떻게 종

2020년 글로벌 시장 전망

완만한 경기회복	리스크 요인
• 무역 분쟁 휴지기	• 미국 보호무역주의 강화
• 경기는 완만한 회복세 예상	• 노딜 브렉시트
• 미국 연준의 완화 스탠스	• 홍콩, 터키 등 신흥국 리스크
• 중국 경기 부양	• 연준의 섣부른 판단 미스
• 이머징 기저 효과	

자료: 한국투자증권

목을 골라야 하는지 알아봅시다. 하나는 우량주로 미국인은 '블루칩', 중국인은 '백마주'라고 부르는 종목입니다. 퀄리티가 높으면서도 질적 성장이 가능한 '하이퀄리티' 종목이지요. 다른 하나는 인류의 삶을 바꿀 만한 것이라 성장 프리미엄이 있는 종목입니다. 마지막으로 배당수익을 많이 주는 배당주입니다.

먼저 종목을 고를 때 한국, 미국, 중국에서 각각 어떻게 하는지 설명하겠습니다.

한국거래소에서는 공모주를 결정할 때 다섯 가지 척도로 해당 종목이 IPO(기업공개)를 해도 좋은지 살펴봅니다. 그중 경영 능력이 매우 중요하기 때문에 CEO에게 자질이 있는지, 과거에 전과가 있는지 등을 확인합니다. 또한 올라오자마자 공모 자금만 빼먹고 파산할 수도 있으므로 재무 상태를 꼼꼼히 들여다봅니다.

종목 선정 방법 예시

* 한국투자증권 요약

반면 미국의 액티브펀드 중 선두 주자인 웰링턴 자산운용은 잉여현금흐름(Free Cash Flow)을 중요시합니다. 이에 따라 관련 종목에서 잉여현금흐름 마진율로 순위를 매겨 투자 종목을 고릅니다. 또한 현금흐름 대비 현재 주가의 밸류에이션, 자사주 매입 같은 주주친화적인 정책 등 네 가지 관점으로 종목을 발굴합니다.

미국이 성숙 경제라면 중국은 성장경제입니다. 성장경제 투자의 특징은 산업을 무척 중요시한다는 점입니다. 그래서 중국의 국영기업 초상증권은 그 산업이 GDP에 얼마나 기여하는지, GDP 내에서 어떤 업종이 잘나가는지 봅니다. 그중 시장점유율을 과점하는 대표 종목을 고르기 위해서지요.

어떤 종목을 언제 사야 하느냐고 묻는다면 기본은 '좋은 기업을 골라 저렴할 때 사라'는 것입니다. 막연한 얘기지만 아무튼 그것이 기본입니다.

세계 최대에 투자하라

이제, 해외 주식투자 종목을 어떻게 골라야 할까요? 간단하게 접근할 수 있는 방법 한 가지를 말씀드리겠습니다.

브랜드 컨설팅 기업 인터브랜드는 매년 세계인이 사랑하는 브랜드를 1위부터 100위까지 발표합니다. 2001년 여기에 속한 브랜드에는 노키아, 코카콜라, 마이크로소프트, 말보로 등이 있습니다. 당시 이들 브랜드 가치의 합은 1,156조 원이었지요. 그로부터 18년이 흐른 2019년 100대 브랜드의 가치는 2,493조 원으로 약 2.5배 성장했습니다. 연율로는 11퍼센트에 해당하는데 이는 100대 브랜드 종목만 잡았어도 11퍼센트나 상승할 수 있었다는 얘기입니다.

특히 2019년에는 페이스북, 애플, 구글, 아마존의 브랜드 가치 규모가 엄청나게 커졌습니다. 전 세계적으로 중산층 인구가 늘어나면서 샤넬이나 루이비통 같은 명품 브랜드 시장도 커졌고요. 자동차업체 도요타와 BMW, 벤츠도 마찬가지입니다. 한국 기업으로는 삼성, 현대자동차, 기아자동차가 100위 안에 들어가 있습니다. 물론 브랜드 가치는 시가총액과 약간 다르지만 브랜드 명성에서 성장세가 어느 정도인지 힌트를 얻을 수는 있습니다.

여기서 제가 선호하는 종목을 몇 가지 추천하겠습니다.

첫째, 디즈니입니다. 디즈니는 스포츠 채널 ESPN, 공중파 방송 ABC, 마블, 픽사, 루카스필름 등 엄청나게 많은 콘텐츠를 보유하고 있습니다. 투자 포인트는 이들이 넷플릭스에 대항하기 위해 만든 스트리밍 채널 '디즈니 플러스'에 있지요. 첫날 하루에만 가입자 수가 1,000만 명입니다. 이 추세라면 한 달 만에 넷플릭스(미국 기준으로 가입자 수 1억 명)의 3분의 2인 6,000만 명을 모을 것 같습니다. 영화만 봐도 콘텐츠가 무궁무진한 디즈니는 만들었다 하면 히트하잖아요. 참고로 삼성전자의 시가총액은 340조 원 정도고 디즈니는 약 310조 원입니다.

둘째, 마이크로소프트(이하 MS)입니다. 전 세계에서 손꼽히는 해외 펀드들은 모두 MS를 포트폴리오에 넣습니다. 세계 최초로 '소프트웨어를 돈을 주고 산다'는 개념을 정립한 MS의 윈도즈와 오피스는 시장점유율이 85퍼센트일 정도로 과점시장을 형성하고 있습니다. 여기에다 신규로 클라우드 서비스도 하고 있는데 100억 달러짜리 미 국방부 클라우드 서비스를 MS가 따냈습니다. 그만큼 기술력을 인정받는 MS는 시가총액이 약 1,218조 원입니다. 참고로, 애플의 시가총액은 1,300조 원으로 한국 전체 주식시장보다 애플 한 기업의 시가총액이 더 많지요.

셋째, 비자입니다. 비자카드 발급 수는 34억 장으로 전 세계 성인 이면 누구나 하나씩 갖고 있는 셈입니다. 중국에서는 거지도 QR 코드로 찍어서 결제한답니다. 그 모든 결제를 비자가 총괄하기 때문에 그야말로 성장 비즈니스라고 할 수 있습니다. 비자의 시가 총액은 약 460조 원입니다.

넷째, 아마존입니다. 한국인이 가장 많이 갖고 있는 해외 주식 종목이 아마존입니다. 아마존에는 가젤 프로젝트가 있는데 이것은 '최저가 서비스를 통해 경쟁사들을 초토화한 뒤 고객에게 특별한 경험을 제공한다'는 프로젝트입니다. 아마존은 사자고 경쟁자들은 가젤과 같아서 '내가 다 잡아먹겠다'는 의미지요. 파괴적인 혁신 기업의 대명사 아마존의 시가총액은 1,034조 원입니다.

다섯째, 나이키입니다. 운동복과 일상복을 동일하게 여기는 '애슬레저룩'의 선두 주자인 나이키의 시가총액은 약 161조 원입니다. 그동안 아마존에서 물건을 팔던 나이키는 플랫폼을 자사로 떼어왔는데 여기에 벌써 1억 명이 가입했습니다. 특히 중국인이 나이키 브랜드를 좋아하며 나이키는 '운동화 테크'로 충성심을 유도하고 있습니다. 2020년에는 도쿄올림픽도 있어서 나이키 종목이 상승세를 타지 않을까 싶습니다.

제가 생각하는 베스트 브랜드 다섯 가지의 공통점은 '세계 최대'라는 것입니다. 만약 해외 주식에 처음 들어간다면 정보가 많지는 않을 것이므로 이왕이면 '큰 집에서 놀겠다'는 생각으로 고르십시오.

또한 돌이킬 수 없는 미래에는 순응하는 것이 낫습니다. 가령 백화점은 온라인쇼핑몰이 늘어나면서 아무리 주가가 싸도 주식이 계속 빠졌습니다. 반대로 애플은 200퍼센트, 구글은 300퍼센트, 아마존은 900퍼센트씩 올랐지요. 거스를 수 없는 대세는 대체로 알고 있을 것입니다. 고령화에 따른 실버산업, 친환경 자동차, 반도체, 5G, 자율주행차, ADAS(첨단 운전자 지원 시스템)가 부상하리라는 것은 상식에 가깝습니다. 그런 기업에 투자하면 됩니다.

잠깐 역풍 사례를 한번 볼까요? '그레이트 아메리칸 피플(Great American People)'을 외친 GAP는 저성장과 고령화 물결을 이기지 못하고 100위에서 탈락했습니다. 필름카메라 회사 코닥은 아예 사라졌지요. 유튜브가 등장하면서 MTV는 힘을 잃었고 하드웨어 기업인 컴팩과 노키아도 무너졌지요. 거스를 수 없는 미래에 속하면서 인류의 삶을 바꿔놓는 기업을 선택해야 합니다.

인류의 삶을 바꿔놓는 세계 최고의 기업들

인류의 삶을 바꿔놓는 라이프 체인저(Life Changer) 중 가장 먼저 주목하고 싶은 것은 테슬라입니다. 테슬라는 모델명을 'S-E-X-Y'라고 짓는데 모델 S, 모델 X, 모델 Y는 나왔지만 모델 E는 없습니다. 다른 회사가 그 상표권을 미리 등록하는 바람에 이번에 나온 차는 이름이 모델 3입니다. E와 비슷한 3으로 정한 것인지도 모르겠습니다.

제가 생각하는 투자 포인트는 2018년 설립한 중국 내 기가팩토리(테슬라 전기차, 부품 공장)에서 2020년 3월부터 테슬라의 전기차를 생산하는 데 있습니다. 15만 대를 양산하기로 했죠. 그런데 이를 추진할 때 만만디로 유명한 중국 정부가 승인부터 공장 송전망까지 단 6개월 만에 모든 것을 원스톱으로 처리해주었습니다. 미중 무역 전쟁 와중에 테슬라가 중국 내에 투자하자 시진핑 정부가 테슬라에 굉장한 호의를 베푼 것입니다.

그동안 테슬라는 계속 적자 상태였으나 2019년 3분기부터 흑자로 돌아섰습니다. 그 상태를 지속할지 아닐지는 모르겠지만 여하튼 테슬라는 전기차 업계의 선두 주자로 '테슬라를 구입했다=미래를 구입했다'는 등식이 있을 정도입니다. 그만큼 고객 충성도가 있는 테슬라의 시가총액은 약 70조 원입니다.

차량 공유 업체로 알려진 우버도 제가 꼽는 회사입니다. 손정의 비전펀드의 핵심 종목인 우버의 시가총액은 약 84조 원입니다. '세상에 있는 모든 것을 다 태운다'는 기치를 내세우는 우버는 공유경제 대명사로, 손정의 회장이 여기서 비전을 본 것 같습니다. 산업 사이클은 중고시장경제에서 공유경제로 넘어가고 있고 또 공유경제에서 탄탄해야 환경을 개선하는 재활경제로 넘어갈 수 있습니다.

현재 우버의 이용자 수는 전 세계 기준으로 9,900만 명이고 우버가 고용한 운전기사는 3,200만 명입니다. 그러다 보니 현재는 인건비 때문에 투자할수록 적자가 나고 있지요. 차량 공유 시스템이 운전자가 탑승하지 않는 레벨5 단계까지 올라가기 전까지는 이익을 내기 어려울 겁니다. 이 관점에서 당장 공격적으로 투자하기보다는 공유경제의 리더라는 가치를 보고 자율주행차 발전 속도에 준해 조금씩 투자하는 것이 좋습니다.

또한 브랜드 '다빈치'를 소유한 로봇수술 업체 인튜이티브 서지컬 (Intuitive Surgical)이 있습니다. 이제 태동하는 단계지만 다빈치 기계가 한 대당 20억 원이 넘습니다. 한국에서 로봇수술을 받으려면 기본 1,000만 원 정도가 듭니다. 그런데 이 회사는 기계로 돈을 버는 게 아니라 기계를 판 다음 AS로 돈을 법니다. 기계 사용법 교육과 소모품으로 돈을 번다는 얘기입니다. 구조적으로 장기 성장세를 유지할 수 있는 사업 모델을 갖춘 셈입니다. 더불어 전 세계 로봇수술의 85퍼센트를 점유하는 압도적인 기술력을 자랑합니다.

루이비통의 경우 인간의 라이프 체인지에 크게 기여하지는 않지만 루이비통의 아르노 회장이 유럽에서 가장 큰 부자입니다. 디올, 지방시, 펜디, 셀린느 등 유럽의 온갖 명품 브랜드를 매수한 사람이라 '명품 사냥꾼'이라 불리기도 하지요. 시가총액이 247조 원인데 중국의 중산층이 늘어날수록 명품 수요도 확장될 것입니다.

그다음으로 퀄컴은 한마디로 통신칩 분야에서 세계 최고 반도체 기업입니다. 스마트폰을 만드는 전 세계 13대 제조업체가 모두 퀄컴과

거래하고 있지요. 반도체 시장 1등은 삼성이지만 모바일칩은 퀄컴이 1등입니다. 또 5G에서 가장 두드러진 선도기업으로 2020년 5G폰 예상 판매대수는 약 3억 5,000만 대로 이는 4G가 출시된 2012년의 4G폰 판매대수 1억 대보다 훨씬 상회하는 수치입니다. 퀄컴은 ADAS(첨단 운전자 지원 시스템)에서도 두각을 나타내고 있습니다. 다만, 퀄컴 매출의 60퍼센트가 중국에서 발생한다는 점에서 미중 무역 분쟁에 따라 주가 변동성이 심화될 수 있습니다. 퀄컴의 시가총액은 70조 원 정도입니다.

제가 꼽은 라이프 체인저의 공통점은 모두 '세계 최고'라는 것입니다. 보다시피 단순히 상품 서비스나 품질을 개선하는 것만으로는 시장을 리드할 수 없습니다. 아예 변화를 주어야 하지요. 세계 최고 기업들은 그 점에서 선두 주자지만 각각 단점도 있으므로 그 점을 고려하면서 투자해야 합니다.

ETF, 상장 폐쇄형 펀드, 리츠 등 다양한 해외투자법

해외 주식에는 단순히 개별 주식만 존재하는 게 아니라 ETF, 상장 폐쇄형 펀드, 리츠 그리고 전문가에게 운용을 맡기는 랩도 있습니다.

ETF는 분산투자, 전문가 운용, 위험관리, 사후관리 면에서 펀드와 거의 동일합니다. 차이점은 ETF의 경우 시가총액에 준해서 운용하

ETF와 뮤추얼펀드 비교

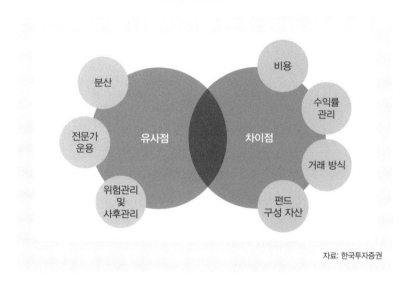

자료: 한국투자증권

기 때문에 펀드보다 싸다는 것입니다. 또한 수익률 관리가 용이하고 주식처럼 매매할 수 있습니다. 가령 액티브펀드는 가입해도 2개월 전의 포트폴리오를 봐야 하지만 ETF는 당일 것을 볼 수 있습니다.

ETF 중에서는 앨러리안MLP ETF를 추천합니다. MLP는 미국 원유 업계에 파이프라인을 공급해주는 미들스트림 산업입니다. 원유 채굴을 업스트림, 그걸 중간에서 수송하는 걸 미들스트림, 석유화학 업체가 사용하는 것을 다운스트림이라고 하지요. 유가가 오르든 떨어지든 운송은 해야 하므로 미들스트림은 유가와 상관없이 돈을 법니다. 앨러리안MLP는 벌어들인 돈의 90퍼센트를 무조건 배당하기

ETF와 상장 폐쇄형 펀드, 리츠 추천 종목

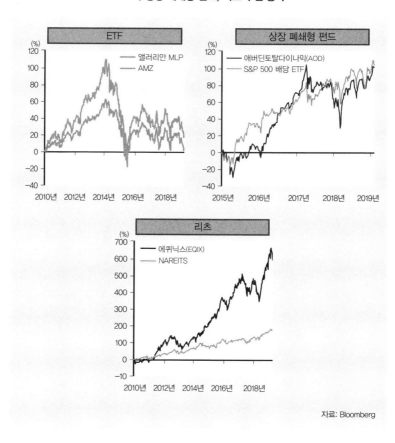

자료: Bloomberg

때문에 배당수익률이 상당히 높습니다. 배당수익률이 9~10퍼센트에 이르고 주가도 잘나갈 때는 80달러까지 갔지만 지금은 7달러 정도입니다.

상장 폐쇄형 펀드는 좀 낯설지도 모릅니다. 우리가 펀드에 가입하면 보통 은행이나 증권사에 가서 설정과 해지로 매매할 수 있습니다. 상장 폐쇄형은 투자자가 환매 청구를 할 수 없습니다. 즉, 투자자가 환매로 투자금을 회수하기 어려우므로 거래소 시장에 상장하게 해서 상장한 펀드 지분을 거래해 투자금을 회수하게 하는 구조입니다. 이 경우 펀드매니저는 자기가 운용하는 운용자산이 변동하지 않기 때문에 자기 돈만 잘 운용하면 그만입니다. '폐쇄'라는 용어는 거기에서 나온 것입니다.

국내 공모 펀드의 경우 레버리지가 안 됩니다. 다시 말해 100억 원짜리 펀드면 100억 원 한도내에서만 운용이 가능합니다. 반면 이 펀드는 최대 40퍼센트까지 돈을 차입할 수 있어요. 따라서 좋은 종목이 있을 경우 40억 원을 빌려 140억 원을 투자할 수 있습니다. 운용에 확신만 있으면 레버리지로 운용 성과를 더 낼 수 있다는 얘기입니다. 더 놀라운 특징은 월 배당을 준다는 점입니다. 매달 0.8퍼센트, 연 8퍼센트의 배당이 나옵니다.

상장 폐쇄형 펀드 중에는 애버딘토탈다이나믹(AOD) 펀드를 추천합니다. 애버딘은 900조 원을 운용하는 영국 최대 운용사로 가치주와 성장주를 혼합해서 운용합니다. 현재 배당수익률은 약 8퍼센트로 예상합니다.

리츠는 부동산과 금융이 만난 구조인데 사무실, 개인 주거용 빌딩, 산업용 빌딩, 호텔, 요양원, 헬스케어, 통신기기를 옥상 위에 설치한 타워, 데이터센터 등에 투자합니다. 이 중 가장 인기 있는 것이 타워와 데이터센터입니다. 가령 5G는 타워 중계기마다 계속 인프라를 설치해야 합니다. 그래서 대표적인 기업 리츠가 '아메리칸 타워(American Tower)'입니다.

리츠 중에서는 전 세계에서 데이터센터를 가장 많이 보유한(200개) 에퀴닉스를 추천합니다. 앞으로 데이터는 무조건 다 돈입니다. 관건은 누가 이걸 많이 갖고 있느냐이므로 리츠 중에서는 에퀴닉스가 좋아 보입니다. 물론 엄청나게 올랐지만 미래 관점에서 성장성이 남아 있기에 추천하는 것입니다.

주식시장에서 위험자산을 선호하는 현상을 리스크온(risk-on)이라 하고 위험을 회피해 안전자산을 선호하는 현상을 리스크오프(risk-off)라고 합니다. 지금은 유동성이 계속 보강되는 상황이고 시스템상 리스크가 보이지 않아 리스크온 시장으로 판단합니다.

따라서 글로벌 대비 시가총액이 1.7퍼센트에 불과한 한국 시장에만 머물게 아니라 혁신 성장 기업을 중심으로 해외 주식에 도전했으면 합니다. 개별 주식 외에 ETF, 상장 폐쇄형 펀드, 리츠 등 다양한 방법이 있으니 하나씩 알아가면서 투자하기 바랍니다.

Q&A

질문　해외 주식에 투자해 10퍼센트를 배당받으면 세금은 얼마나 냅니까?

박진환　미국의 경우 배당을 받으면 15퍼센트가 원천징수됩니다. 즉 세후 배당수익률은 8.5퍼센트입니다. 유의할 점은 국내에서 연간 발생한 이자 및 배당 소득이 연 2,000만 원을 초과한 경우 금융소득 종합과세 대상이 된다는 점입니다. 제가 계속 미국 위주로 설명했는데 여기서 잠깐 중국 쪽을 설명하겠습니다.

중국 시장은 경제, 주식시장, 투자 종목 측면으로 나눠서 살펴봐야 합니다.

경제적 측면은 중국 정부가 통화 완화 정책을 펼 가능성이 크다고 봅니다. 그 이유는 미중 무역 전쟁 휴지기에 유동성 공급을 확대할 가능성이 높기 때문입니다. 미 대선을 앞둔 올 해 중국 정부의 유동성 공급 가능성은 상당히 높다고 판단합니다.

또한 시진핑 정부는 2013년 소강사회(小康社會)를 표방했는데 이를 위해서는 2020년 최소한 경제성장률 6.1퍼센트를 달성해야 원하는 GDP에 도달할 수 있습니다. 하지만 2019년 말 현재 6퍼센트 경제성장도 어렵다는 말이 나오는 상황이라 통화정책, 재정정책을 계속 확장할 확률이 높습니다.

주식시장 측면은 2020년 A주(본토 주식) 전체의 상장주 순이익 증가율이 5.8퍼센트로 좀 둔화할 것으로 보입니다. 그러므로 GDP 내에서 좋아 보이는 주식을 위주로 바벨 전략을 구사하는 것이 좋습니다. 가령 중국이 좋아 보여 ETF를 사면 ETF에 금융주 비중이 40퍼센트라 금융주를 사는 꼴입니다. 그보다는 산업 내에서 내수 진작을 위한 소비주와 5G 중심의 IT주 쪽에서 역도 바벨처럼 끝과 끝을 드는 전략이 유효합니다. 하반기에 통화를 계속 풀면 순환매 현상으로 다른 쪽도 온기가 늘어나 중국이 전체적으로 상저하고가 아니라 상저하온을 보이리라고 판단합니다. 즉, 높은 정도는 아니고 따뜻한 온기쯤 될 것입니다.

투자 종목은 화웨이를 중심으로 한 5G, 유동성을 보강할 경우 증권주 그리고 부동산주 정도가 유망합니다.

질문 저는 요즘 신흥국 주식시장에 관심이 많습니다. 과거에 삼성에 투자했다면 하는 아쉬움이 커서 신흥국에 관심이 많은데요, 특히 눈여겨봐야 할 나라나 산업 섹터가 있으면 조언을 부탁드립니다.

박진환 시간이 부족해서 신흥국은 다루지 못했는데 요즘 한국인이 신흥국 중에서도 베트남을 막연히 친근하게 생각하는 것 같습니다. 한국도 그렇지만 베트남의 단점은 외국인에게 투자를 제한하는 종목이 꽤 많다는 점입니다. 시가총액 상위 10위 내에서 우리가 살수 있는 종목이 거의 없어요. 그러나 최근 규제를 점차 완화하고 있는 추세입니다. 베트남 정부가 외국인 한도 규제 완화를 발표할 때마다 그런 종목을 샀으면 합니다.

삼성의 주가 흐름을 생각해서 신흥국에 관심을 보인다고 했는데 사실 각 나라는 제각각 잘할 수 있는 걸 찾아내서 합니다. 5G 같은 경우 중국이 훨씬 잘하지요. 그러니까 우리의 과거 방식을 현재 떠오르는 국가에 그대로 적용하면 엇비슷하게만 맞습니다. 실제로는 다른 경우도 많지요. 무엇보다 남들과 너무 차별화하려 하지 말고 남도 알고 나도 아는, 그래서 마음이 편한 투자를 권합니다.

세금 04

김동우

등록 임대주택 수가 45채에 달하는 16년 경력의 베테랑 전업투자자. 저서 《투에이스의 부동산 절세의 기술》은 부동산 세금 도서로는 이례적으로 5만 부 판매를 기록하며 인기를 모았다. 이론이 아닌 실전 경험을 바탕으로, 투자자에게 꼭 필요한 절세 지식을 쉽게 풀어주는 부동산 절세 전문가다.

모르면 손해 보는
주택 절세 포인트 5가지

김동우,《투에이스의 부동산 절세의 기술》 저자

외환위기 시절 희망퇴직을 하고 5년 동안 방황한 끝에 제가 주목한 분야는 부동산투자였습니다. 하지만 손에 쥔 돈이 많지 않아 인천과 부천 쪽으로 갔습니다. 당시 그 지역에서 1,000만 원이면 33제곱미터(약 10평)짜리 지하 빌라를 살 수 있었거든요. 10년만 버티면 재개발이나 재건축을 하지 않을까 싶어 그 땅의 지분을 보고 구매했습니다. 어찌어찌하다 보니 보유한 주택이 77채까지 갔는데 4년 만에 인천과 부천이 재개발, 재건축 지역으로 지정되면서 돈을 많이 벌었습니다.

그런데 주택 수가 많다 보니 세무조사가 나왔고 여기에 잘못 대응했다가는 그야말로 흑자 도산하겠다는 생각이 들어 열심히 세금 공부를 시작했습니다.

부동산 세금 부과 체계는 원래 일반 과세로 기본세율을 적용합니다. 한데 부동산시장이 과열되면 투기세력을 억제하기 위해 부동산 세율을 올립니다. 그게 바로 중과세율인데 이는 가능한 한 피해야 합니다. 반면 부동산시장이 침체되면 나라에서 세금을 깎아줍니다. 조금 깎아주면 감면, 100퍼센트 깎아주면 면제라고 합니다. 또 1주택자는 주거 이전의 자유를 보장하기 위해 비과세를 해줍니다. 이런 감면과 면제, 비과세는 적극 활용해야 합니다.

비과세를 적극 활용하라

절세 포인트 첫 번째는 비과세입니다. 비과세란 정부가 과세권을 포기한 것으로 가장 좋은 절세법입니다. 이것은 정부가 주는 최고의 선물이므로 적극 활용하는 것이 맞습니다. 가령 부모님과 결혼한 아들, 딸이 있을 경우 4개의 비과세가 가능합니다.

양도세 비과세 요건에는 크게 세 가지가 있습니다.

먼저 양도일 기준 1세대 1주택자여야 합니다. 그 이전에 주택이 100채였어도 다 팔고 양도일 기준 한 채면 비과세를 적용받습니다.

둘째, 2년 이상 보유해야 합니다. 만약 그 주택이 조정대상 지역에 있으면 2년 이상 거주요건도 충족해야 합니다. 셋째, 양도가액이 9억 원 이하여야 합니다. 9억 원 이상이면 고가주택으로 분류해 과세합니다.

그런데 이 비과세를 만만하게 보다가 사고를 일으키는 사람이 많습니다. 주민등록에 등재한 가족 중 주택이나 오피스텔 혹은 시골집을 보유한 사람이 있으면 비과세 혜택을 받을 수 없습니다.

비과세 사고 1위는 바로 오피스텔입니다. 흥미롭게도 오피스텔을 광고하는 내용을 보면 1가구 2주택에 해당되지 않는다고 합니다. 물론 상업용으로는 그렇지만 오피스텔은 90~95퍼센트가 주거용입니다. 이 점을 반드시 기억하고 상업용으로 구입할 경우 특약에 '임차인은 이 오피스텔을 오로지 상업용으로만 사용한다. 만약 주거용으로 사용해 임대인에게 손해를 끼칠 시에는 손해를 전액 보상한다'는 문구를 넣어야 합니다. 내가 상업용으로 세를 놨는데 임차인이 주민등록을 전입하면 자칫 나중에 비과세 혜택을 받지 못할 수 있거든요.

그다음으로 주의할 것은 공투(공동 투자)입니다. 설령 내 지분이 10분의 1에 불과하더라도 공투하는 순간 주택 수에 들어갑니다. 또 명의를 빌려줘도 안 됩니다. 268쪽 표는 농지에 공투한 사례를 나타낸 것입니다. 보다시피 28억 8,000만 원에 낙찰받았는데 낙찰자가 '가기회 외 122명'으로 되어 있습니다. 만약 이것이 주택이라면 지분이

농지에 공동 투자한 사례

구분	입찰기일	최저매각가격	결과
1차	2015-11-02	2,860,537,000원	입찰
2차	2015-12-02	2,002,376,000원	
낙찰: 2,880,000,000원(100.68%)			
(입찰 2명, 낙찰: 가기회 외 122 ~~차~~ ~~금액 2,700,000,000원~~)			

0.8퍼센트에 불과해도 보유한 주택 수에 들어갑니다.

시골에 다 쓰러져가는 주택을 상속받아도 주택 수에 포함됩니다. 물론 폐가 조치 후 단전, 단수를 하면 주택으로 포함하지 않을 수 있지만 이를 국세청 담당관에게 알리는 과정이 굉장히 어렵습니다.

상가 겸용 주택도 주의할 필요가 있습니다. 오른쪽 표에 나오는 건물은 1층은 상가고 2, 3, 4층은 주택인데 이를 상가 겸용 주택이라고 합니다. 이 경우 주택 면적이 상가보다 많으면 전체를 주택으로 보고 비과세를 해줍니다. 주택 면적이 상가보다 적으면 주택은 주택대로 비과세하고 상가에는 과세합니다. 여기서 한 가지 유의할 점이 있습니다. 주택 면적이 적다고 주택 수에 포함하지 않는 것은 아닙니다. 이 사례도 마찬가지로 주택 수에 포함합니다.

1세대 1주택에서 '세대'란 어떤 개념일까요? 세대란 거주자와 그 배우자가 동일한 장소에서 생계를 함께하는 가족을 말합니다. 그 가족에는 직계존비속과 형제자매가 포함됩니다. 그런데 배우자가 없

상가 겸용 주택 비과세 판정 기준

주택 면적>상가 면적
= 건물 전체를 주택으로 인정

주택 면적<상가 면적
= 주택은 비과세, 상가에 과세

주택 면적과 관계없이
주택으로 인정

어도 1세대로 보는 예외적인 경우가 있습니다. 한 번 결혼한 사람, 결혼했다가 이혼했거나 사별한 사람, 나이 30세가 넘은 사람이 여기에 해당합니다.

30세 미만일 경우 약 70만 원의 소득이 있으면 가능합니다. 예를 들어 22세 대학생에게 집을 사줬는데 2년 만에 주택가격이 상당히 올라 그 대학생을 세대 분리한다면 1세대로 볼 수 있을까요? 1세대로 볼 수 없습니다. 그 대학생이 주유소든 편의점이든 아르바이트를 해서 70만 원을 벌어야 비과세를 적용받습니다.

세대 분리에도 유의사항이 있습니다. 부부는 세대를 달리해도 동일 세대로 봅니다. 부부가 별거를 하든 사이가 좋지 않든 상관없이 같은 세대로 보는 겁니다. 세대 분리는 하루 전, 심지어 당일에도 괜찮지만 분리 기간이 보통 1년 정도는 되어야 합니다. 6개월도 가능하다는 말이 있으나 안심하려면 1년 정도는 필요합니다.

양도세에서 대형 사고는 실질적으로 세대 분리를 하지 않고 주민등록상으로만 옮기는 것입니다. 앞서 말한 22세 대학생이 비과세를 받으려고 이모 집으로 세대를 분리하면 어떻게 될까요? 나중에 비과세 서류를 심사하는 국세공무원의 의심을 받습니다. 대한민국은 전자 시스템이 굉장히 발달해서 교통카드만 봐도 그 사람이 실제로 어디에서 살고 있는지 금세 밝혀낼 수 있습니다. 더구나 아파트에는 CCTV가 있어서 출입 기록이 다 나옵니다. 그러므로 반드시 실질적으로 주민등록 세대를 분리해야 합니다.

여러 채를 보유해도 비과세인 경우

원래 비과세는 주택이 한 채여야 하는데 여러 채를 보유해도 예외로 비과세하는 경우가 있습니다. 그 사례를 살펴봅시다.

먼저 기존 집을 팔고 새로 집을 구입하는 경우입니다. 그러면 일시적으로 집을 두 채 소유하는데 이때 '일시적 2주택 비과세 특례'에 따라 1세대 2주택이라도 비과세를 해줍니다. 이 경우 다음 표에 나오는 법칙 1, 2, 3이 다 맞아야 합니다.

법칙 1, 첫 번째 주택을 산 날부터 1년이 지난 뒤 두 번째 주택을 사

일시적 2주택 비과세 특례

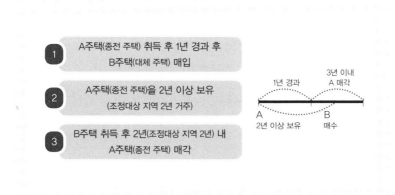

1. A주택(종전 주택) 취득 후 1년 경과 후
   B주택(대체 주택) 매입

2. A주택(종전 주택)을 2년 이상 보유
   (조정대상 지역 2년 거주)

3. B주택 취득 후 2년(조정대상 지역 2년) 내
   A주택(종전 주택) 매각

1년 경과　　3년 이내
　　　　　　A 매각
A　　　　　　　B
2년 이상 보유　　매수

야 합니다. 오늘 첫 번째 주택을 사고 내일 두 번째 주택을 산 뒤 2년이 지나자 첫 번째 주택 비과세, 또 하루 지나고 나서 두 번째 주택 비과세, 이렇게 하루 차이로 비과세를 해주면 안 되겠죠? 그래서 1년간의 시차를 두는 겁니다. 그런데 대부분의 초보 투자자가 이것을 몰라서 2주택의 비과세 혜택을 놓치는 경우가 많습니다.

법칙 2, 첫 번째 주택을 2년 이상 보유해야 합니다. 만약 그 주택이 조정대상 지역에 있으면 2년 이상 거주요건도 지켜야 합니다.

법칙 3, 두 번째 주택을 산 날부터 3년 이내에 첫 번째 주택을 팔아야 합니다. 그것이 만약 조정대상 지역이면 2년 이내에 팔아야 합니다.

이렇게 법칙 1, 2, 3이 다 맞아떨어져야 첫 번째 주택을 비과세해줍니다.

다음 표는 재미있는 사실을 보여줍니다. 먼저 A를 사고 1년 후 B를 삽니다. 2년 뒤 A를 팔면 비과세입니다. 그리고 그것을 팔자마자 C를 사고 1년 후 B를 팔면 역시 비과세입니다. 그런 다음 D를 삽니다.

지금까지 이런 식으로 매년 비과세 혜택을 받을 수 있었습니다. 이 것을 '퐁당퐁당 비과세'라고 하는데 2021년부터 이것을 인정받지 못합니다. 만약 내가 집을 다섯 채 보유하고 있다면 네 채를 다 팔고 한 채가 남았을 때 2021년 양도분부터는 한 채 남은 주택의 보유 기간 은 인정하지 않습니다. 주택 네 채를 양도한 날로부터 새로 2년간 보유하거나 거주해야 비과세 혜택을 줍니다.

일시적 2주택 비과세 특례 활용

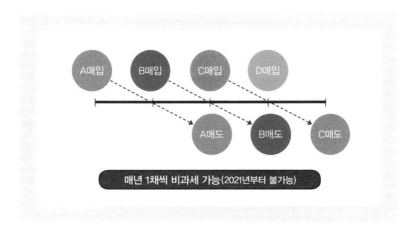

임대주택 등록으로 절세하는 법

또 다른 특례로 거주 주택 특례가 있습니다. 원래 국가는 서민을 위해 양질의 저렴한 주택을 공급해야 하지만 재정에 한계가 있으면 민간 참여를 유도합니다. 가령 민간에서 임대주택을 등록할 경우 비과세를 판정할 때 주택 수에서 빼줍니다. 그리고 현재 살고 있는 주택에 2년간 거주하면 비과세를 해줍니다. 이것이 거주 주택 비과세 특례입니다.

이 특례는 굉장히 다양하게 활용할 수 있습니다. 만약 내가 주택을 스무 채 소유하고 있으면 열아홉 채를 임대주택으로 등록하고 현재 사는 집에 2년간 거주할 경우 비과세 혜택을 받을 수 있습니다. 그리고 앞서 말한 1세대 주택에서도 법칙 1, 2, 3이 맞아야 하는데 간혹 벗어나는 경우가 있어요. 예를 들면 첫 번째 주택과 두 번째 주택의 간격이 1년인데 1년 미만일 수 있습니다. 또 두 번째 주택을 산 날부터 3년 내에 팔아야 하지만 3년이 지날 수도 있지요. 한편 원래 첫 번째 주택만 비과세를 받는데 양도차익이 두 번째가 더 많은 경우가 있습니다. 이럴 때는 나머지 주택을 임대주택으로 등록하면 임대주택을 뺀 나머지 거주 주택은 비과세를 받을 수 있습니다. 아주 좋은 절세법이죠.

물론 임대주택에도 필요한 요건이 있습니다. 가액은 상관없고 등록일 현재 기준시가가 6억 원(수도권 이외 3억 원) 이하여야 합니다. 여기에 맞으면 지자체와 세무서에 사업자 등록을 하고 5년 이상 임대하면 됩니다. 단, 임대료를 연간 5퍼센트 이상 올릴 수 없습니다.

거주 주택은 2년 보유, 2년 거주지만 현재 살지 않아도 괜찮습니다. 드문드문 살아도 무방합니다. 1년 살다가 다른 곳에 갔다 와도 통산 2년이면 상관없습니다. 여기서 주의할 것은 거주요건입니다. 2017년 8.2대책 이전에 취득했든 이후에 취득했든, 조정대상지역이든 아니든 무조건 2년을 거주해야 합니다. 간혹 자신은 8.2대책 이전에 샀으니까 괜찮겠지 하고 거주하지 않고 팔았다가 낭패를 보기도 합니다. 제가 아는 분이 그런 착각을 하는 바람에 양도차익이 1억 원인데 세금을 2,200만 원이나 냈습니다.

2019년 2월 세법을 개정하면서 이제는 거주 주택 비과세 특례를 평생 한 번만 줍니다. 귀한 쿠폰이니 소중히 사용해야겠죠. 가령 주택을 세 채 보유한 사람이 두 채를 임대주택으로 등록하고 한 채에 자신이 거주하면 거주 주택은 비과세를 받을 수 있습니다. 이때 비과세를 받고 새로 주택을 구입한 뒤 다시 2년을 거주하면 어떨까요? 과거에는 또 비과세를 받았지만 2019년 2월 12일부터는 쿠폰이 한 장밖에 없으므로 비과세를 받을 수 없습니다.

주택이 두 채라도 양도세 비과세를 받을 수 있는 예외 사유를 또 들어보겠습니다. 예를 들어 아들도 집이 한 채 있고 부모님도 집이 한 채 있는데 두 집이 합가하면 합가일부터 10년 내에 먼저 파는 주택은 비과세를 해줍니다. 나머지 한 채도 비과세 요건을 갖추면 역시 비과세를 받을 수 있습니다. 대신 부모님 중 한 분이 60세 이상이어야 한다는 요건을 충족해야 합니다. 설령 60세가 아니어도 암이나 희귀성 질환을 앓고 있으면 특례에 넣어줍니다.

또한 각각 집을 한 채씩 갖고 있는 남녀가 결혼해서 두 채가 된 경우 5년 이내에 먼저 파는 주택은 비과세를 해줍니다. 보통 재혼하는 부부에게 이런 일이 많이 일어나지요.

내 의지와 상관없이 부모님의 사망으로 집을 상속받았을 경우 내가 원래 갖고 있던 주택을 팔면 비과세를 해줍니다. 반면 상속 주택을 먼저 팔면 과세합니다. 그리고 농어촌 주택, 이농 주택, 귀농 주택, 고향 주택도 이들 주택을 없는 것으로 보고 내가 갖고 있는 일반 주택은 비과세를 해줍니다.

조세특례법을 시행할 때가 매수의 기회다

절세 포인트 두 번째는 감면입니다. 아예 세금을 내지 않는 비과세와 달리 감면은 세금을 깎아주는 것입니다. 그리고 반드시 신고를 해야 감면받을 수 있습니다. 국세청에서 세금을 깎아주는데 왜 신고하지 않느냐고 먼저 연락해오는 일은 절대 없습니다. 내 혜택은 스스로 챙겨야 합니다.

감면 혜택을 주는 경우는 세 가지입니다. 먼저 감면을 받을 수 있는 주택을 팔면 양도세를 50퍼센트, 때로 100퍼센트까지 깎아줍니다. 또 비과세 주택 수를 판정할 때 이 주택은 없는 것으로 봅니다. 청약할 때나 대출받을 때, 중과세할 때는 아니고 오로지 비과세 주택 수 판정에서만 가능합니다. 마지막으로 이 주택에 만약 중과를 하더라도 중과를 배제해줍니다.

대표적인 사례가 2013년 4.1부동산대책입니다. 당시 4월 1일부터 12월 말까지 신축과 미분양의 양도세를 100퍼센트 깎아줬습니다. 5년간 면제 조건이 붙었는데 여기에는 1세대 1주택도 포함했습니다. 물론 농어촌특별세 20퍼센트는 냈지만 이때 거래된 주택은 비과세 판정할 때 주택 수에 들어가지 않았습니다. 이런 주택은 매매계약서에 감면확인서 날인이 찍힙니다. 혹시 집에 있는 매매계약서에 이런 도장이 찍혔다면 축복받은 것이나 마찬가지입니다.

2018년 신문기사에서 본 내용인데 마곡지구에서 4억 원에 아파트를 분양받은 어떤 분이 아파트가 11억 원으로 올랐어도 양도세를 한 푼도 내지 않았답니다. 5년 동안 양도세를 100퍼센트 깎아주기로 했으니까요. 그는 "정부가 부동산 경기부양을 위해 양도세를 한시적으로 비과세하는 대책을 내놓을 때가 집값의 바닥이다"라는 결론을 내렸더군요. 만약 조세특례제한법이 나오면 매수 관점에서 고민해보기 바랍니다.

다음 표는 조세특례법을 시행할 때 단순히 주택을 구입하는 것에서 그치지 않고 경매로 활용한 사례입니다.

조세특례법을 경매로 활용한 사례

양도소득금액	42,057,960원
(-) 양도소득 기본공제	2,500,000원
과세표준	39,557,960원
(X) 세율(주택 1년 미만)	40%
산출세액	15,823,184원
(-) 감면세액(5년간 양도차익 100%)	15,823,184원
(=) 납부세액	0원
농어촌특별세(감면세액 20%)	3,164,636원

이분이 경매 정보지를 보니 경매로 나온 물건의 소유자가 10년 동안 보유하고 있었답니다. 직감적으로 '이건 1세대 1주택이구나' 싶어서 찾아가 물었습니다.

"혹시 집을 한 채만 갖고 있습니까?"

"그렇습니다."

"제가 이 집을 낙찰받겠습니다. 낙찰받아 오면 저와 같이 구청에 가서 감면확인서를 받아주십시오. 그러면 제가 이사 비용을 두둑이 드리겠습니다."

결국 이분은 감면 도장을 받고 1년도 되지 않아 그걸 팔았습니다. 양도차익이 4,200만 원인데 기본공제 250만 원을 빼고 과세표준이 3,950만 원입니다. 1년 미만 주택은 세율이 40퍼센트라 40퍼센트

세율을 곱하니 1,580만 원이 나옵니다. 한데 4.1부동산대책으로 감면을 받아 이분이 낼 세액은 0이 되었지요. 그중 20퍼센트인 300만 원만 농어촌특별세로 낸 거죠. 그야말로 멋진 투자입니다.

한데 조세특례제한법은 부동산시장 불황이 상당 기간 진행 중일 때 나오기 때문에 신문기사는 온통 부정적인 내용을 쏟아냅니다. '부동산 시스템 붕괴'라거나 '숨죽인 부동산시장 거래 절벽 이어져'라면서 공포 분위기를 조성하지요. 이럴 때 꿋꿋하게 매수 관점에서 고민해야 합니다.

부산에 투자한 유명한 성공 사례가 있습니다. 부산은 2004년부터 계속 내리막길을 걷는 중이었는데 여기에다 2008년 리먼 브라더스 사태가 터지면서 부동산이 바닥을 치자 그분은 1,000만 원짜리 갭투자에 나섰습니다. 1,000만 원짜리 갭투자는 예상대로 5,000만 원으로 올라갔고 오히려 부산은 상승 모드로 돌아섰지요. 그때가 2009년이었는데 2년 후 다른 지역을 보니 대구, 포항, 구미가 부산과 똑같은 상황에 놓였답니다. 그가 부산에서 번 돈으로 대구에 투자하자 예상대로 또 대구가 올랐습니다. 그때가 2011년이었어요. 2년 후 수도권을 보니 부산하고 똑같아서 수도권 집을 쓸어 담았는데 역시나 집값이 많이 올랐습니다. 더구나 그는 1세대 1주택자의 주택을 샀기 때문에 세금을 별로 내지 않았습니다.

리먼 브라더스 사태가 터진 뒤 한국은 조세특례제한법을 일곱 번이나 제정했습니다. 부동산이 어려우니까 집을 사라고 혜택을 많이 준 것이지요. 어떤 분은 2013년 4.1부동산대책이 나왔을 때 어찌나 좋던지 온몸에 소름이 돋았다고 합니다. 또 어떤 분은 돈을 벌 기회라는 생각에 밤잠을 설쳤답니다.

조세특례제한법이 매년 나오는 것은 아니지만 10년에 한 번씩은 나옵니다. 지방은 따로 나올 수도 있고요. 이미 2018년 신문기사에 '불 꺼진 지방 아파트 … 부동산 전문가 진단', '양도세 한시 감면 등 특단의 대책 나와야' 같은 내용이 실렸습니다. 나중에 후회하지 말고 조세특례제한법이 나오면 꼭 매수를 고민해보기 바랍니다.

중과세를 결정하는 3가지 조건

절세 포인트 세 번째는 중과 피하기입니다. 조정대상 지역에만 해당하는 중과는 한마디로 원투펀치입니다. 먼저 조정대상 지역에서 중과 주택 수가 두 채면 기본세율에서 10퍼센트포인트를 가산합니다. 이때 세율이 16~52퍼센트입니다. 주택이 세 채 이상이면 20퍼센트포인트를 가산해 세율이 26~62퍼센트에 이릅니다. 여기에다 장기보유특별공제까지 적용해주지 않습니다.

그렇다고 무조건 중과 대상이 되는 것은 아닙니다. 280쪽 표의 조건이 모두 맞아떨어져야 비로소 중과합니다.

우선 조정대상 지역에 위치해야 합니다. 2019년 말 현재 서울 전

중과 대상 조건

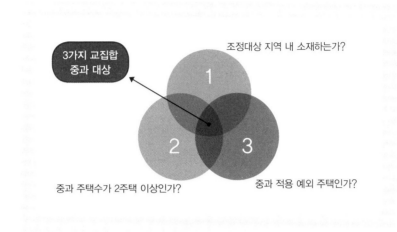

3가지 교집합 중과 대상

조정대상 지역 내 소재하는가?

1

2

3

중과 주택수가 2주택 이상인가?

중과 적용 예외 주택인가?

지역, 경기도 일부 지역 그리고 세종시가 조정대상 지역입니다. 최근 부산은 해제되었지요. 만약 여러분이 조정대상 지역에 투자했다면 아주 잘한 겁니다. 저는 의정부, 평택, 대전에 투자했는데 조정대상 지역이 아닙니다. 비록 중과 대상은 아니지만 투자는 다른 사람보다 잘 못한거죠. 조정대상 지역이 아니면 중과를 신경 쓸 필요가 없지만 만약 조정대상 지역의 주택을 팔 생각이라면 반드시 세무 전문가와 상담한 뒤 양도를 결정하기 바랍니다.

　그다음으로 중과 주택 수가 두 채 이상이어야 합니다. 서울·수도권과 광역시, 세종시는 모두 중과 주택 수에 들어가지만 그 외의 지역은 기준시가가 3억 원을 넘어야 중과 주택에 속합니다.

예를 들어 춘천에 2억 원짜리 아파트 다섯 채가 있고 강남에 10억 원짜리 아파트가 한 채 있다면 이 중 중과 주택 수는 몇 채일까요? 한 채입니다. 춘천은 기타 지역이고 주택가가 3억 원 이하라 중과 주택 수에 들어가지 않습니다. 만약 강남의 이 주택을 팔면 일반세율일까요, 아니면 중과세율일까요? 일반세율입니다. 중과 주택 수가 한 채니까요. 두 채 이상일 때부터 중과세율을 적용하므로 일반세율이지요.

그럼 강남의 이 아파트는 비과세일까요? 비과세가 아닙니다. 비과세와 중과세 판정은 별개입니다. 먼저 비과세를 판정하는데 비과세가 되면 거기서 끝입니다. 이와 달리 비과세가 되지 않으면 그다음에 중과세로 판정합니다. 이 사례에서 춘천의 2억 원짜리 다섯 채를 임대주택으로 등록하고 강남의 아파트에 2년간 거주하면 거주 주택

중과 제외 주택

3주택 중과 제외	2주택 중과 제외
1. 수도권, 광역시 밖 3억 원 이하	1. 3주택 조건 모두
2. 상속 주택	2. 취학, 근무, 질병
3. 장기임대주택	3. 혼인·봉양합가
4. 조세특례법상 감면 주택	4. 소송 취득
5. 어린이집, 사원용, 문화재	5. 일시적 2주택
6. 저당권 실행	6. 1억 원 이하 소형

비과세 특례로 비과세를 받을 수 있습니다.

중과 요건을 갖췄어도 아예 중과에서 빼주는 주택도 있습니다. 장기임대주택이나 감면 주택처럼 나라에서 사라고 권유한 것, 내 의지와 상관없이 늘어난 상속 주택, 채권자가 저당권을 실행해 취득한 주택은 빼줍니다.

결국 중과대상 요건에 모두 부합할 때 비로소 중과합니다. 다시 한번 강조하지만 조정대상 지역의 주택을 팔 때는 반드시 전문가와 상담한 후 양도를 결정하기 바랍니다.

'똑똑한 한 채'가 중요한 이유

과연 중과에는 어떻게 대응해야 할까요? 우선 중과 주택을 줄여야 하므로 수익성 낮은 주택부터 처분해야 합니다. '똑똑한 한 채'를 얘기하는 이유가 여기에 있습니다. 그리고 배우자나 자녀에게 증여하는 방법도 있습니다. 임대주택으로 등록하는 것도 한 방법이고요. 그러나 2018년 9.13대책 이후부터는 조정대상 지역에서는 임대주택 요건을 갖추더라도 중과 제외를 해주지 않습니다.

또 일단 소나기는 피하고 봐야 하니 조정대상 지역이 아닌 곳에 가서 주택 투자를 하십시오. 아니면 지금 주택은 너무 규제가 심하니 상가나 땅으로 눈을 돌리는 것도 좋습니다. 법인을 활용하는 것 역시 괜찮은 방법입니다.

법인에는 여러 가지 이점이 있습니다. 그걸 하나씩 살펴봅시다.

첫째, 개인보다는 대출받기가 유리합니다. 2018년 9.13대책 이전만 해도 임대 사업자 대출은 80퍼센트까지 해줬지만 이제 이것은 막혔습니다. 그러다 보니 매매 사업자 대출과 법인 대출로 몰렸는데 2019년 10월 14일 법인과 매매 사업자 대출에도 규제가 들어갔어요. 그래서 앞으로는 개인과 마찬가지로 법인도 대출받기가 쉽지 않습니다.

둘째, 건강보험료를 줄일 수 있습니다. 건강보험료는 12월부터 매년 1년간의 실적을 바탕으로 달라지는데 지역 가입자는 소득, 재산, 자동차에 점수를 매기고 여기에 일정 액수를 곱해 책정합니다. 반면 직장 가입자는 오로지 소득에만 부과합니다. 이 경우 갭투자를 한 사람은 어떻게 될까요? 갭투자로 재산은 엄청나게 늘었는데 전세를 놓으니 소득은 없습니다. 이럴 때 법인을 만들어 해당 법인의 임직원으로 들어가면 직장 가입자로 전환되어 소득, 재산, 자동차에 부과하던 건강보험료가 소득에만 부과되어 건강보험료를 절감할 수 있습니다.

셋째, 명의입니다. 현재 양도세 비과세 요건을 갖추어 놓았는데 갑자기 좋은 매물이 나와서 이것을 또 취득하면 주택 수가 늘어나 양도세 비과세 혜택을 받을 수가 없습니다. 이때 그 물건을 법인 명의로 구매하면 됩니다. 또 요즘 제일 관심이 높은 투자가 새 아파트 청약인데 청약받기 전에 주택을 사면 유주택자가 되므로 청약을 받을 수가 없습니다. 만약 청약받기 전 좋은 물건이 있으면 그 물건은 법인 명의로 투자하십시오.

넷째, 단기매매입니다. 다음 표의 주택 매매 세율표를 보면 주택의 경우 1년 미만은 세율이 40퍼센트입니다. 한데 법인세는 단기매매 세율이 아예 없습니다. 여기에다 무조건 2억 원 이하는 10퍼센트입니다. 다주택자의 경우 중과세율 20퍼센트를 적용받지만 법인은 중과세율도 없습니다. 단기매매를 하거나 중과를 피하고 싶다면 법인을 이용하는 것이 좋습니다. 물론 주택인 경우 10퍼센트 추

주택 매매 세율표

소득세		법인세	
과표구간	세율	과표구간	세율
1,200만 원 이하	6%		
1,200만~4,600만 원	15%		
4,600만~8,800만 원	24%	2억 원 이하	10%
8,800만~1억 5,000만 원	35%		
1억 5,000만 원~3억 원 이하	38%	2억~200억 원 이하	20%
3억~5억 이하	40%	200억~2,000억 원 이하	22%
5억 원 초과	42%	2,000억 원 초과	25%
주택: 단기매매 1년 40% 다주택자 중과세율 적용		주택: 단기매매 세율 X 중과세율 X, 추가 세율 10%	

가 과세가 있지만 그래도 세율상 월등히 유리합니다.

말하자면 개인과 법인 '투 트랙'을 구사하십시오. 개인과 법인의 장점은 살리고 단점은 서로 보완하는 것이지요. 가령 양도세 비과세는 개인만 대상이 되니 비과세 받을 주택은 개인 명의로 하고, 반면 법인은 중과세율을 적용받지 않으니 중과대상 주택투자는 법인 명의로 하는 겁니다. 1인 법인 내지 가족 법인을 만들어 적절히 운영하면 좋은 절세법을 구사할 수 있습니다.

한편 '차등배당' 제도로 가문의 부동산을 만들 수 있습니다. 예를 들어 회사 지분을 아버지가 99퍼센트, 아들이 1퍼센트 갖고 있는데 이번에 이익금을 배당하려 한다고 해봅시다. 정상으로 배당하면 아버지와 아들이 정해진 퍼센트대로 가져가야 하지만 모든 주주가 반대하지 않는 한 한 사람에게 몰아서 줄 수 있습니다. 즉, 아들에게 모두 배당해도 아무 문제가 없습니다.

그러면 증여세 과세대상이 되지 않느냐? 네, 증여세 과세대상이 될 수 있습니다. 그런데 세법상 배당금에 대한 증여세가 배당소득세보다 많을 경우에 증여세를 매길 수 있습니다. 차등배당금이 2019년 기준으로는 약 53억 원 이상이 되어야 증여세를 부과할 수 있으므로 대부분의 차등배당에는 증여세 과세 문제가 발생하지 않습니다.

이런 경우도 있습니다. 예를 들어 100억 원짜리 빌딩이 있는데 50억 원을 대출받아서 순자산이 50억 원이라고 합시다. 이때 빌딩 주인은 50억 원을 현물출자해 50억 원짜리 법인을 만듭니다. 그리고 그의 아들이 1,000만 원을 투자해 주주로 참여합니다. 만약 그 빌딩의 1년 간 비용을 공제한 월세 수입금이 2억 원이 나온다면 그 빌딩의 수입 금 모두를 아들에게 차등배당할 수 있습니다. 차등배당금을 받은 아 들은 배당금 2억 원으로 아버지가 갖고 있는 지분을 삽니다. 법인의 자본금이 50억 원이니 25년이면 아들이 아버지의 빌딩을 합법적으 로 가질 수가 있지요. 이렇게 가문의 부동산을 만드는 것입니다.

보유세 폭탄 피하는 법

절세 포인트 네 번째는 보유세 폭탄 피하기입니다. 2019년 종부세 고지서를 받고 많이 놀랐을 텐데 서울의 경우 대부분 2배 올랐습니 다. 문제는 종부세 폭탄이 한 해로 끝나는 게 아니라는 데 있습니다.

그럼 다음 표에서처럼 2019년 공시가격 예상 상승률을 기준으로 한번 계산해봅시다.

만약 6억 원짜리 아파트를 다섯 채 갖고 있으면 총 30억 원으로 2019년에만 보유세가 3,660만 원입니다. 2020년부터 공정시장가액 비율이 계속 오른다는 것을 감안하면 2022년부터는 4,300만 원의 보유세를 부담해야 합니다. 그런데 정부는 공시가격을 계속 현실화 하겠다고 발표했습니다. 가령 앞으로 매년 10퍼센트만 올라도 1년 에 거의 9,400만 원씩 세금을 준비해야 합니다. 양도소득세가 아무

보유세 연도별 시뮬레이션(2019년 공시가격 예상 상승률 기준)

연도별 예상 세액		2018년	2019년	2020년	2021년	2022년
공정시장가액비율		80%	85%	90%	95%	100%
재산세		7,380,000원	7,380,000원	8,118,000원	11,044,800원	14,396,145원
종합부동산세		14,231,343원	29,282,301원	36,748,800원	51,794,008원	79,920,859원
보유세 합계	금액	21,611,343원	36,662,301원	44,866,800원	62,838,808원	94,317,004원
	상승률	–	70%	22%	40%	50%
	공시가격		30억 원	33억 원	36억 원	40억 원

리 많다 한들 그것은 양도차익에서 내는 것이고 딱 한 번만 내면 끝입니다. 하지만 종부세는 보유한 주택을 팔 때까지 두고두고 내야 하는 세금입니다.

종부세를 절감하려면 무엇보다 6월 1일을 기억해야 합니다. 6월 1일 현재 보유자가 그해의 재산세와 종부세를 다 부담해야 합니다. 그러므로 4월이 되었을 때 여러분이 매도인이라면 '나는 5월 31일 출국했다가 한 달 후 귀국하니 잔금을 미리 치러달라'고 요구하십시오. 반대로 여러분이 매수인이면 '나는 외국에 나갔다가 6월 2일 귀국하니 그다음 날 잔금을 치르겠다'고 해서 그해의 종부세를 피하기 바랍니다. 요즘에는 똑똑한 사람이 많아 서로 양보하지 않으려고 하는데 이럴 때는 반반씩 부담하는 것이 좋습니다.

보유세를 계산할 때는 정부에서 주택을 어떻게 평가하고 있는지 꼭 알아야 합니다. 주택은 매년 4월 30일, 토지는 5월 30일 공시합니다. 이것은 인터넷에서 '부동산 공시가격 알리미'를 검색하면 나옵니다. 여기에서 개별 단독주택 공시가격과 공동주택 공시가격을 검색할 경우 정부가 평가한 가격을 알 수 있습니다.

그러면 종부세 계산법과 절감법을 알아봅시다.

먼저 내가 보유한 전국의 모든 주택을 합한 다음 1주택자는 9억 원을 빼고, 2주택 이상인 사람은 6억 원을 뺍니다. 여기에 공정시장가액비율(할인율)을 곱해야 하는데 2018년 80퍼센트, 2019년 85퍼센트였고 2020년에는 90퍼센트 그리고 2022년까지 100퍼센트로 오릅니다. 앞으로 3년 동안은 가만히 있어도 세금이 늘어난다는 얘기입니다. 이렇게 곱한 가액이 과세표준입니다.

이제 세율을 곱해야 하는데 주택이 조정대상 지역에 2~3채 이상이면 추가 세율이 있어서 0.6~3.2퍼센트의 7단계 누진세를 내야 합니다. 과세표준에 따른 세율을 곱할 경우 종부세가 나오지요. 이때 6억 원을 초과하는 부분은 종부세도 내고 재산세도 내야 하기 때문에 6억 원 초과 재산세는 이중과세라 그 부분은 빼줍니다.

우리가 가장 많이 활용해야 하는 것이 다음 표에 나오는 1세대 1주택자 세액공제입니다. 부부 공동 명의는 1세대 1주택자 세액공제에서 제외됩니다. 1세대 1주택자 세액공제를 받으려면 세대원의 주택이 1채여야 하고 그 집에서 살고 있어야 합니다. 이 경우 3억 원을 더 추가해 9억 원을 공제해줍니다.

1세대 1주택자 종부세 혜택

 요건 세대원 가운데 1명만이(공동 소유 X) 1주택만 소유하고 해당 주택에 거주

 혜택
❶ 3억 원 추가공제(공제금액 9억 원)
❷ 임대주택은 종부세 계산 시 주택 수에서 제외
❸ 장기보유 세액공제와 고령자 세액공제(최대 70%)

만약 임대주택이 있으면 그것도 주택 수에서 빼줍니다. 그러면 설령 보유한 주택이 다섯 채라도 1세대 1주택 조건을 누릴 수 있습니다.

실제로 다양한 세액공제가 있습니다. 최대 50퍼센트까지 공제해주는 장기보유 세액공제와 최대 30퍼센트까지 공제해주는 고령자 세액공제 혜택이 있습니다. 두 공제는 중복 공제가 가능하지만 최대 70퍼센트를 초과할 수는 없습니다. 또한 '세 부담 상한'도 있습니다. 2018년까지만 해도 아무리 재산세와 종부세를 많이 부과하더라도 전년도 재산세와 종부세 합계액의 150퍼센트까지만 부과할 수 있었습니다. 하지만 2019년부터는 조정대상 지역 2주택 보유자는 전년도 부과액의 200퍼센트까지, 3주택 이상 보유자는 전년도 부과액의 300퍼센트까지 부과할 수 있도록 세법이 개정되었습니다. 여기에다 농어촌특별세 20퍼센트도 내야 하므로 앞으로 종부세가 폭탄으로

날아올 겁니다.

종부세를 줄이는 4가지 방법

종부세를 줄이는 방법에는 네 가지가 있습니다.

첫 번째, 1세대 1주택 세액공제를 활용합니다. 1세대 1주택자로 내가 그 집에 살면서 명의를 한 명으로 하면 9억 원까지 공제받고 추가로 임대주택을 등록해도 세금을 다 빼주기 때문에 이것이 가장 좋은 절세 수단입니다.

두 번째, 배우자나 자녀에게 증여합니다. 증여는 살아 있을 때 미리 주고, 쪼개서 나눠주고, 빌려주라는 세 가지 원칙을 지켜야 합니다. 어차피 줄 것이면 빨리 주라는 것이죠. 증여와 상속을 비교하자면 전반적으로 증여가 훨씬 좋습니다. 단, 10년 내에 사망할 경우 그 재산은 상속재산에 포함되니 주의해야 합니다. 증여 전문 세무사는 사전 증여 프로그램을 잘 짜면 상속은 자동으로 준비할 수 있다고 말합니다. 미리미리 플랜을 짜지 않을 경우 상속세로 건물이 통째로 넘어가거나 경영권을 아예 넘겨야 하는 지경에 놓이기도 합니다.

증여세는 10년간 합산해서 공제합니다. 배우자 간에는 각각 6억 원이고 직계존비속 간에는 5,000만 원, 미성년자면 2,000만 원, 사위나 장모 같은 기타 친족은 1,000만 원까지 공제해줍니다.

증여세율은 5단계 누진세율로 아래 표에서 보다시피 1억 원까지는 10퍼센트입니다. 이처럼 1억 원까지는 별다른 부담이 없기 때문에 증여 전문가들은 1억 원까지를 최대한 활용하라고 말합니다. 1억 원 세율은 1,000만 원이지만 사전 신고를 하면 3퍼센트를 깎아줍니다. 그러니까 1억 원을 증여할 경우 증여세는 970만 원입니다.

그다음에 배우자에게는 10년 단위로 계속 6억 원을 넘겨줍니다. 아이가 태어날 때 2,000만 원, 10년이 경과되면 다시 2,000만 원, 10년 후 성년이 되었을 때 5,000만 원을 증여하면 증여세를 부담하지 않습니다. 여기에 증여세 970만 원을 내면 1억 2,000만 원까지 증여할 수 있습니다. 10년 후 또 증여세를 970만 원만 부담하고 1억 2,000만 원, 10년 후 성인이 되면 또 증여세를 970만 원만 부담하고 1억 5,000만 원, 이런 식으로 자녀에게 많이 증여할 수 있습니다.

상속증여세법상 자녀에게 빌려주는 것도 연간 증여재산가액이

증여세율

과세표준	세율	누진 공제
1억 원 이하	10%	0원
1억 원 초과 ~ 5억 원 이하	20%	1,000만 원
5억 원 초과 ~ 10억 원 이하	30%	6,000만 원
10억 원 초과 ~ 30억 원 이하	40%	1억 6,000만 원
30억 원 초과	50%	4억 6,000만 원

1,000만 원 이하면 증여세를 내지 않습니다. 현행 세법으로 계산을 해보면 2억 1,700만 원까지는 자녀에게 무상으로 돈을 빌려주어도 증여세가 없습니다. 2억 1,700만 원에 현행 세율 4.6퍼센트를 곱하면 1,000만 원 미만이기 때문입니다. 여기에는 조건이 있습니다. 설령 가족 간이라도 반드시 차용금 증서를 만들어야 합니다. 그 날짜에 발급했다는 것을 확실히 하기 위해 인감증명을 첨부하고 거기에 인감도장을 찍길 바랍니다. 그런 다음 바로 그 계좌에 넣어주면 합법적으로 돈을 빌려주는 셈입니다. 증여세 없이 5,000만 원, 970만 원 증여세 물고 1억 원, 증여세 없이 빌려주는 돈 2억 원, 합하면 총 3억 5,000만 원을 자녀에게 합법적으로 줄 수 있습니다. 그러면 10억 원짜리 부동산도 전세를 끼거나 대출을 받아 살 수가 있지요.

예를 들어 아버지가 결혼한 아들 부부에게 돈을 준다고 해봅시다. 아들 5,000만 원, 손자와 손녀 각각 2,000만 원, 며느리는 기타 친족으로 1,000만 원을 줍니다. 딸에게는 5,000만 원, 외손자와 외손녀에게는 각각 2,000만 원, 사위는 1,000만 원을 줄 수 있습니다. 여유가 있으면 1억 원씩 더 보태 딸에게 1억 5,000만 원, 외손자와 외손녀에게 각각 1억 2,000만 원, 사위에게 1억 1,000만 원을 줄 수 있습니다. 이 경우 증여받은 사람이 증여세 970만 원을 각각 부담해야 합니다. 결국 3,880만 원을 내면 5억 원이라는 자산이 들어오는 거죠.

이것으로 법인을 설립하면 15~20억 원짜리 물건을 살 수 있습니다. 물론 그 이익은 손자와 손녀에게 차등배당으로 물려줄 수 있고요. 이런 방식으로 가문의 부동산을 만드는 겁니다.

채무와 함께 부담부증여를 하는 것도 하나의 방법입니다.

예를 들어 과거에 5억 원에 산 아파트가 지금 10억 원인데 8억 원에 전세를 주었다고 해봅시다. 그것을 아버지가 아들에게 증여할 경우 세법상 8억 원에 대해서는 양도로 보고 양도소득세를, 나머지 차액 2억 원에 대해서는 증여로 보아 증여세를 과세합니다. 한마디로 증여세 3,000만 원에 10억 원짜리를 넘길 수 있는 겁니다. 물론 8억 원에 대해서는 양도소득세를 부담해야 하지만 만약 아버지가 1세대 1주택 비과세 대상이라면 양도소득세도 부담하지 않습니다. 결국 증여세 3,000만 원만 내면 10억 원짜리 물건도 넘길 수 있습니다. 이것이 부담부증여의 매력이지요.

이처럼 증여가 좋긴 하지만 어르신의 입장에서는 다 주면 안 됩니다. 지금은 100세 시대이므로 자신이 먹고살 것은 남겨놔야 합니다.

상속세의 경우 배우자는 없고 자녀만 있으면 5억 원까지는 상속세가 없습니다. 배우자만 있고 자녀는 없으면 7억 원까지 상속세를 내지 않습니다. 자녀도 있고 배우자도 있으면 10억 원까지 상속세가 없습니다. 그래도 꼭 더 주고 싶다면 효도계약서를 만드십시오. 이것을 대법원에서 유효하다고 판결을 내렸으니까요.

세 번째는 임대주택으로 등록하는 것이고 네 번째는 법인을 활용하는 것입니다. 임대주택 등록은 앞서 설명했으니 생략하고 법인 활용은 이해를 돕기 위해 〈한국경제〉에 실렸던 다음 표의 사례로 설명

서울 15억 원짜리 주택 두 채 종부세 시뮬레이션

구분	개인 2주택 (8년 보유, 3년 보유)	개인 1주택(8년 보유) + 법인 1주택(3년 보유)
시가표준액	30억 원	15억 원 + 15억 원
기본공제액	6억 원	9억 원 + 6억 원
세율	최고 1.8%	최고 0.7% + 최고 1%
납부세액	3,096만 원	194만 원 + 435만 원 = 629만 원

자료: 조용건 변호사 겸 공인회계사

하겠습니다.

보다시피 30억 원짜리와 15억 원짜리 주택을 두 채 보유하고 있는데 30억 원이면 기본공제 6억 원을 공제하고 납부세액이 3,096만 원입니다. 이때 개인주택 하나를 법인에 팔면 '개인 15억 + 법인 15억' 이므로 개인은 1주택이라 9억 원을 공제받고 법인도 따로 6억 원을 공제받습니다. 이렇게 세율을 낮출 경우 둘을 합해도 629만 원입니다. 단독보다 무려 2,400만 원을 절감할 수 있는 겁니다.

특히 이런 의사결정을 할 때는 복잡한 방정식을 풀어야 합니다. 명의를 바꾸면 종합소득세, 양도소득세, 종부세를 절감할 수 있을까? 건강보험료가 추가로 오르지 않을까? 증여세를 추가 부담하지 않을까? 자금 추적을 받을 여지는 없을까? 부가세는 없을까? 이 모든 것을 종합해서 어느 쪽이 이득인지 따져봐야 하는 거지요.

국세청을 적극 활용하라

절세 포인트 마지막은 국세청을 활용하는 것입니다. 세금 문제에 부딪히면 반드시 국세청부터 찾아가십시오. 전화상담은 126번인데 세금과 관련해 궁금한 것이 있으면 지체 없이 전화해서 2번과 1번을 순서대로 누르십시오. 여기에는 하루 종일 상담을 해주는 상담관이 수십 명 포진하고 있습니다. 아쉽게도 20분 정도 기다려야 통화가 가능하지만 아침 9시 정각에 전화하면 통화하기가 쉽습니다.

만약 전화 상담으로 자신의 상황을 다 이야기하기 어렵다면 홈텍스를 이용해 인터넷 상담을 하십시오. 인터넷에서 내가 원하는 사항을 모두 적고 서류까지 첨부해 상담할 수 있습니다. 홈텍스에서 인터넷 상담을 하면 보통 48시간 내에 답이 옵니다. 제가 해보니 빠르면 11시간 만에 오더군요.

주택임대사업은 국토부 주거복지과 소관이지만 이곳도 통화하기가 힘듭니다. 그래서 시군구청 주택과에 전화해야 하는데 임대사업 업무를 가장 잘 알고 있는 구청은 강남구청입니다. 저는 강남구청을 자주 활용합니다.

지방세는 행정안전부 소관이지만 이것도 해당 시군구청 세무과로 전화하면 됩니다. 더구나 이곳은 행정안전부와 핫라인을 개설해두고 있어서 통화 당사자가 잘 모를 경우 "제 전화번호는 몇 번인데요. 행정안전부에 물어보고 좀 알려주십시오" 하면 5시 반쯤 연락이 옵니다. 그 외 다른 행정 부서는 국민신문고를 이용하시면 됩니다.

부동산과 관련해 모르는 것이 있으면 반드시 부동산 전문 세무사를 찾아가야 합니다. 지금 1주택자 비과세가 미적분보다 더 어렵답니다. 너무 복잡해서 양도소득세 세무를 기피하는 소위 '양포 세무사'까지 있을 정도랍니다.

먼저 일을 저지르고 난 뒤에 상담을 하면 안타깝지만 답을 찾기가 어렵습니다. 꼭 움직이기 전에 전문가에게 상담을 받아보길 권합니다. 특히 세법은 더욱 그렇습니다. 등기부등본은 국가 장부라 우리 마음대로 고칠 수 있는 게 아닙니다. 따라서 일단 계약을 하고 나면 취소가 불가능해서 알토란 같은 계약금이 날아갈 수 있습니다.

투자 성과는 세전수익률입니까, 아니면 세후수익률입니까? 세후수익률입니다. 여러분 투자에다 절세를 더하십시오. 투자의 종착역은 바로 세금입니다.

※ 이 원고는 2019년 12월 7일 기준 세법을 기준으로 재정리했습니다. 부동산세법은 계속 바뀌고 있으므로 의사결정 전에 현행 세법을 꼭 확인하시기 바랍니다.

창업 성공법 **05**

박성덕

KB국민은행 소호 컨설팅 허브(HUB)에서 자영업 성공 창업을 지원하는 소상공인 전문가다. 청년 창업가 출신으로 서울시 청년창업센터, 경기도 소상공인지원센터, 고양 인쇄소공인특화지원센터에서 근무했다.

불황을 뚫어라!
줄 서는 대박집 창업 공식

박성덕, KB국민은행 창업전문위원

우스갯소리로 흔히 하는 말 중에 '9988 234'라는 것이 있는데 이 것은 99세까지 88하게 살다가 이(2)틀 아프고 삼(3)일째 죽(4)는다 는 의미입니다. 여기에는 또 다른 뜻도 있습니다. 한국의 전체 사업 체 중 99퍼센트가 중소기업이고 여기에 종사하는 사람들이 88퍼센 트입니다. 소상공인이 한국 경제의 근간인 셈이죠. 그런데 바로 이들 이 2등, 3등을 하면 죽는 현실에 처해 있습니다.

조선시대 《태종실록》에 보면 창업수통(創業垂統)이라는 말이 나오 는데 여기서 '창업'은 나라를 처음 세우는 것을 뜻합니다. 당시 창업은 그만큼 대단한 일이었으나 지금은 가까운 세무서에 가서 5분이면 창업할 수 있습니다. 사업자 등록을 받는 건 그리 어렵지 않지요. 조선시대에 그 어렵던 창업을 세월이 흐른 지금 누구나 할 수 있게 된 것입니다.

한국의 자영업체는 총사업체 대비 85.3퍼센트로 약 319만 개가 있습니다. 여기에 종사하는 사람은 650만 명 정도입니다. 굉장히 많은 숫자인데 외환위기 이후 꾸준히 증가하고 있지요. 경기 불황, 베이비붐 세대의 은퇴, 마땅한 일자리 부족 등 여러 가지 이유로 창업자가 계속 늘고 있는 겁니다.

자영업체 비율은 OECD 평균이 약 15퍼센트지만 한국은 26.8퍼센트에 달합니다. 한국보다 많은 나라는 그리스, 터키, 멕시코 정도인데 사실 이들 나라는 관광대국입니다. 관광객이 워낙 많이 몰려오다 보니 그들을 상대로 한 자영업자가 많은 것입니다. 선진국을 보면 미국 6.5퍼센트, 일본 11퍼센트로 한국이 2~3배 이상 많습니다.

한국 자영업체의 생존율을 보면 1년 생존율이 62퍼센트로 1년 만에 40퍼센트 정도가 폐업합니다. 5년 생존율은 27퍼센트에 불과합니다. 특히 외식업, 즉 음식점 창업자는 생존 기간이 고작 3년입니다. 왜 그럴까요? 일단 외식 업체가 너무 많습니다. 인구 1만 명당 125개의 외식 업체가 있는데 이는 음식점이 60~70명당 하나라는 얘기입니다. 결국 갓 태어난 아기부터 90~100세 어르신까지 고객이 우리 가게에 날마다 와야 하루에 60명 정도가 온다는 계산이 나옵니다.

구조적으로 그 정도 고객을 기대하기는 쉽지 않습니다. 잘나가는 곳은 하루 몇백 명, 몇천 명도 오지만 한 명도 오지 않는 곳도 있거든 요. 자영업체가 어려운 이유는 창업 준비를 소홀히 했거나 다른 문제가 있을 수도 있지만 일단 구조 자체가 아주 힘든 상황 입니다.

연령대별 생활밀접업종 창업률을 보면 20~30대는 인터넷쇼핑몰을, 40~50대는 한식당을 많이 창업했습니다. 40~50대는 모아놓은 재산도 있고 인터넷에는 상대적으로 약하니 '먹는장사는 망하지 않

연령대별 생활밀접업종 신규 사업자 수 상위 10개

(단위: 명)

순위	전체		39세 이하		50세 이상	
	업종	신규사업자	업종	신규사업자	업종	신규사업자
1	한식전문점	8만 6,677	통신판매업	5만 5,499	한식전문점	5만 8,530
2	통신판매업	7만 6458	한식전문점	2만 8,147	부동산중개업	2만 8,147
3	부동산중개업	2만 5,206	옷가게	8,299	통신판매업	8,299
4	옷가게	1만 8,314	커피음료점	7,856	옷가게	7,856
5	커피음료점	1만 7,030	미용실	5,526	분식점	5,526
6	분식점	1만 4,265	피부관리업	5,475	커피음료점	5,475
7	미용실	1만 2,365	분식점	5,320	실내장식가게	5,320
8	실내장식가게	1만 1,159	부동산중개업	4,728	노래방	4,728
9	호프전문점	1만 390	호프전문점	3,985	호프전문점	3,985
10	교습학원	9,751	패스트푸드점	3,954	편의점	3,954

는다'는 속설에 따라 음식점을 많이 창업한 것 같습니다.

성장률 면에서 상위 10개 업종을 보면 스포츠시설 운영업, 펜션, 게스트하우스, 애완용품점, 커피전문점이 많이 증가했습니다. 특히 외식업종에서는 커피가 압도적으로 증가했고 일식집과 패스트푸드도 많이 늘어났습니다. 반대로 하위 업종을 보면 결혼 관련 업종이 많이 감소했습니다. 또한 주5일제, 주52시간 근무 등으로 술 문화가 바뀌면서 호프집이나 간이주점도 대폭 줄어들었습니다.

한국에 치과 의원이 2만 개가 넘는다는 것을 알고 있나요? 예전에는 '의사' 하면 최고의 직업으로 여겼지만 요즘에는 개업의도 잘나가는 곳만 번창하지 어려운 곳이 많습니다. 장비가 고가라 빌려서 사용하는 경우도 많고 야간 진료, 주말 진료 등 1년 365일 내내 쉼 없이 일하는 의사들도 있습니다.

그런데 그토록 많은 치과 의원보다 더 많은 게 있습니다. 통계청 집계 결과 전 세계 맥도날드 매장을 합친 것보다 더 많은 치킨집(3만 7,000개)입니다. 그래서 '치킨공화국'이라는 말도 있지만 그것보다 더 많은 것도 있어요. 알다시피 편의점이 골목 구석구석까지 들어차 있습니다. 하지만 여기가 끝이 아닙니다. 미용실은 편의점보다 더 많습니다.

그리고 미용실보다 훨씬 더 많은 것이 바로 카페입니다. 커피전문점 창업을 준비하는 사람들에게 왜 카페를 선택하느냐고 물어보면 음식점보다 더 고급스럽고 편해 보여서라고 합니다. 절대 그렇지 않습니다. 브랜드가 널리 알려진 대형 카페는 투자 비용이 많지만 브랜드 네임 덕을 봅니다. 개인 브랜드 카페에는 하루에 고객이 한 명도 없는 경우도 있습니다. 10평 미만의 작은 공간에서 혼자 매일 근무하는 게 쉬운 일이 아닙니다. 대개는 '아무도 없는 곳에서 내가 뭘 하는 거지?' 싶어 1년을 버티지 못합니다.

창업 준비 기간이 짧은 한국

자영업 창업에도 트렌드가 있습니다. 굳이 트렌드를 따라야 하는 것은 아니지만 그래도 알고 대처하거나 반영하는 것이 좋습니다.

먼저 2017년 경리단길, 가로수길이 번창했습니다. 물론 지금은 많이 쇠퇴하고 대신 망리단길이 생겼지요. 이때 '골목 셰프'라고 해서 일반인이 자주 찾기 어려운 유명 호텔이나 최고급 레스토랑에 있던 셰프들이 골목시장에 나오기 시작했습니다. 2017년부터 너무 고가라서 맛보기 어려웠던 최고 셰프들의 요리를 골목시장에서 맛보게 된 것이지요. 당시 제가 고양시에 있었는데 상가에서 대만 카스텔라와 생과일주스 전문점 쥬씨가 사라졌고 대신 인형뽑기방이 대폭 늘어났습니다.

그리고 2017년 네이버에서 자영업자들을 위해 많은 서비스를 시작했습니다. 모두(modoo)를 활용한 모바일 홈페이지 무료 제작, 예약 시스템, 톡톡 서비스가 대표적입니다. 카카오도 현재 플러스 친구로 바뀐 옐로우아이디 서비스를 제공했습니다.

이전까지는 맛있기만 하면 음식이 잘 팔렸는데 인스타그램에 올릴 사진도 찍고 인증도 해야 하니 고객이 비주얼을 따지기 시작했지요. 여기에다 문화센터에서 취미생활로 즐기던 사람들이 공방, 원데이 클래스, 쿠킹 클래스 등 소자본을 투자해 취미생활을 창업으로 바꿔놓았습니다.

2018년부터 최저임금 이야기가 나오고 임대료도 상승하다 보니 자영업자들이 직원을 두지 않고 혼자 경영하는 사례가 늘어났습니다. '나 홀로 자영업자'가 많이 생겨난 것입니다. 여기에다 전주 남부시장, 광주 1913송정역시장 등에서 청년몰이 히트하기 시작했습니다. 죽어가던 전통시장 중 몇 군데가 성공하자 전국 지자체가 전통시장의 청년상회를 기획하고 지원해주었지요. 처음에는 사업이 잘되었지만 1년 정도 지나자 공실이 생겼습니다. 정부에서 지원을 해주는 1년이 지나면 임대료를 내야 하다 보니 청년 창업자들이 못 버텨낸 것입니다.

또한 2018년부터 생산성을 높여주는 '매장 과학'을 도입해 최적의 동선을 찾기 시작했습니다. 세계적인 프랜차이즈 맥도날드도 창업할 때 테니스 코트에 생산시설 그림을 그려놓고 종업원들을 계속 움직이게 하면서 동선을 체크했습니다. 주방과 홀의 생산성을 높이려면 동선 연구가 필요했지요. 특히 2018년에는 프랜차이즈 갑질 논란이 심했습니다. 피자집과 치킨집 회장들의 갑질 논란이 불거지면서 본사와 가맹점이 이익을 공유하는 소셜 프랜차이즈가 많이 생겼죠.

2019년 창업 트렌드는 뭘까요? 바로 키오스크, 코인 세탁, 무인 독서실, 무인 카페 등 무인화 시스템입니다. 한데 종업원을 쓰지 않고 무인으로 하면 인건비는 절약할 수 있으나 매장을 관리하기가 어렵습니다. 만약 노숙자나 술 취한 사람이 난장판을 만들어놓으면 그때마다 CCTV를 보고 쫓아오기는 힘든 일입니다.

또 다른 추세는 덤벨 경제입니다. 주52시간 근무제 덕분에 요즘 밀레니얼 세대들은 6시에 퇴근해 회사나 집 근처에서 헬스클럽, PT룸, 필라테스를 이용합니다. 이것이 전 세계적인 추세다 보니 덤벨 경제라는 용어까지 생겼습니다. 옷도 운동복과 일상복을 겸할 수 있는 레깅스 스타일 의류 시장이 폭발적으로 성장했고요.

액티비티도 하나의 추세로 자리를 잡았습니다. 이제 눈으로만 관광하던 시대를 지나 해양스포츠나 짚라인을 이용하는 것처럼 직접 체험하는 시대로 바뀌었습니다. 여기에다 구독경제가 신문·우유·요구르트를 넘어 정수기, 안마기, 면도기 등으로 확대돼 매달 회비를 내면 한 달 사용분을 배달해줍니다.

그다음으로 공유경제도 각 산업으로 빠르게 스며들었습니다. 택시 업계의 타다, 외식 업계의 공유주방이 대표적입니다. 외식업을 창업하면 매장을 구하고 설비를 갖추느라 최소 1억 원 이상이 들어갑니다. 그렇지만 공유주방을 선택할 경우 월 사용료 20~30만 원만 내면 창업할 수 있습니다. 미리 테스트해보는 것은 물론 주방을 따로 차릴 필요 없이 음식을 만들어 배달하는 것도 가능합니다. 사실 지금은 요리에 재능이 있는 사람이 창업해도 살아남기가 쉽지 않습니다. 이럴 때 공유주방을 이용해 작게 창업해서 경험이 쌓이면 점점 확장해가는 것도 한 방법입니다.

공유경제가 발달한 이유는 주머니가 얇아졌기 때문입니다. 요즘 밀레니얼 세대는 안타깝게도 역사상 처음 부모세대보다 더 가난한 세대입니다. 물론 먹는 것, 입는 것, 자는 것은 좋아졌지만 치열한 경쟁에서 살아남는 것이 그 어느 때보다 어려워졌습니다. 그런 환경이 공유경제 개념을 만들어낸 것 같습니다.

전 세계에서 강소기업이 유난히 많은 독일에는 마이스터 제도가 있습니다. 이 마이스터 자격증을 따야 창업할 수 있지요. 그런데 독일도 전 세계적인 불황으로 생산성이 포화 상태에 이르자 151개 업종 중 110개가 없어지고 지금 41개 업종만 남았는데 그 자격증을 따야 창업이 가능합니다. 힘들게 자격증을 따고 경험을 쌓아야 창업이 가능해서 세계 최고 기술력을 갖춘 강소기업이 탄생하는 모양입니다.

세계 최고의 수공업자, 자영업자가 많은 이탈리아에도 전문자격증 제도가 있습니다. 이곳에서는 자격증을 따고 2년 정도 견습공 생활을 하지 않으면 창업할 수 없도록 법으로 규정해놓았습니다. 반면 한국은 창업이 너무 쉬워서 그런지 준비가 부족한 상태에서 뛰어드는 경우가 많습니다.

일단 자영업 창업 준비 기간이 6개월 미만인 사람이 60퍼센트가 넘습니다. 고작 한 달만 준비하는 사람도 10퍼센트가 넘고요. 전 재산을 투자해 창업하면서 6개월도 준비하지 않으니 어떻게 위험하지 않을 수 있겠습니까. 취업도 몇 년을 열심히 공부해야 가능한데 창업을 그보다 쉽게 생각하는 건 말이 안 됩니다. 더구나 창업할 때 순수하게 내 돈으로만 하는 사람은 드뭅니다. 대다수가 창업 자금이 부족해 여기저기에서 융통하지요. 그러다가 일이 뜻대로 풀려가지 않으면 가족 전체가 어려워집니다.

창업할 때는 반드시 충분한 준비 기간을 거쳐야 합니다. 준비되지 않은 창업을 하면 절대 안 됩니다.

대박집은 어떻게 성공했을까

창업에서 성공의 본질은 기본에 충실히 임하는 것 외에는 없습니다. 다들 알면서도 그것을 실천하기가 쉽지 않을 뿐이지요. 특히 가장 많은 창업자가 선호하는 외식업에서 기본은 QSC입니다. Q는 Quality(퀄리티)로 외식업에서 '맛'은 기본입니다. S는 Service(서비스)인데 고객이 서비스가 좋다는 느낌을 받아야 진짜 서비스입니다. C는 Clean(클린)으로 깨끗한 환경입니다. 집을 짓듯 '클린'이라는 바닥을 쌓고 '서비스'라는 기둥을 세워 '퀄리티'라는 지붕을 얹는 것이 창업 과정입니다.

말은 쉬워도 실천은 어려운 이 과정을 해내는 대박집에는 어떤 공통점이 있을까요?

첫째, 절박하고 절실합니다. 대박집 창업자에게는 하나같이 시련과 실패 경험이 있습니다. 그래서 그런지 아주 절박하고 절실한 마음으로 최선을 다해 일합니다.

둘째, 원재료를 신선하고 좋은 것만 씁니다. 대박집은 재고가 남지 않아 계속 신선한 재료를 공급하지만 파리가 날리는 집은 재료를 냉장고에 며칠씩 넣어둡니다. 재료는 냉장고에 들어갔다 나오는 순간 생명력이 끝납니다. 절대 제 맛을 내지 못하기 때문이죠. 안타깝게도 이것이 악순환을 불러옵니다. 맛이 떨어지는 집에 고객이 두 번은 가지 않을 테니 계속해서 묵은 재료를 쓰다가 파리만 날리는 것이지요.

셋째, 회전율이 높습니다. 제가 아는 매장 중에 여름에는 콩국수, 겨울에는 닭칼국수만 파는 집이 있는데 사람들이 줄을 서서 먹습니다. 그 집은 한 종류만 팔아서 그런지 줄이 금세 줄어들고 먹는 사람들도 얼른 먹고 나갑니다. 그렇게 해서 하루 매출이 2,000~3,000만 원이라고 합니다. 가끔 인스타그램에 유명한 맛집에서 1시간 넘게 기다렸다며 사진을 올리는 사람이 있는데 그렇게 오래 기다려야 하거나 음식 개수가 많으면 매출액이 낮을 수 있습니다. 회전율이 낮으니까요.

넷째, 초심을 잃지 않습니다. 창업할 때의 열정을 그대로 이어가는 것은 쉽지 않습니다. 어느 정도 자리를 잡으면 좀 느슨해지고 가격을 올릴 궁리를 하는 등 변하는 거죠. 이럴 때 고객은 바로 눈치를 챕니다. 현실을 말하자면 10명이 창업할 경우 1명이 살아남을까 말까 합니다. 대박집은 100명 중 1명이 될까 말까 하고요. 그러니 최소한 아르바이트라도 몇 달 해서 경험을 쌓아야 합니다. 창업은 누구나 할 수 있지만 오래가려면 경험이 풍부하고 점포에 차별점이 있어야 합니다. 오랜 준비 기간과 경험으로 나만의 경쟁력을 갖춰야 한다는 얘기입니다.

다섯째, 가성비를 넘어 가심비를 제공합니다. 가성비 좋은 곳이 널려 있기 때문에 이제는 고객에게 감동을 줘야 합니다.

여섯째, 점포 분위기가 독특합니다. 요즘에는 최고급 자재를 써서 근사하게 인테리어를 한다고 잘되는 것이 아닙니다. 지금은 점포 콘셉트가 더 중요해서 폐공장, 옛날 골목 같은 독특한 분위기가 더 뜨고 있습니다.

일곱째, 홍보를 잘합니다. 예전에는 역세권이나 유동인구가 많은 상권입지가 가장 큰 경쟁력 요소였습니다. 요즘은 SNS가 워낙 발달해 후미진 곳에 있어도 소문만 나면 산속에 있든 논밭 한가운데에 있든 다 찾아옵니다.

여덟째, 파트너와 마음이 잘 맞습니다. 함께 일하는 종업원은 정말 중요합니다. 대박집에는 창업자가 몇십 년 동안 함께 일해 식구보다 더 잘 아는 종업원이 간혹 있습니다. 이런 종업원을 찾기 어려워서 그런지 대박집은 가족 경영을 하는 경우가 많습니다.

한 분야에서 전문가가 되려면 최소 1만 시간은 그 일을 해봐야 한다고 합니다. 이것을 '1만 시간의 법칙'이라고 하지요. 외식업을 창업할 경우 보통 하루 10시간 이상을 일에 매달립니다. 그렇게 3년 정도 일해야 전문가가 될 수 있습니다. 즉, 최소한 3년은 버텨야 합니다. 하지만 1만 시간의 법칙보다 더 중요한 것이 있어요. 자신의 일이 몸에 배어 습관화해야 합니다. 습관화하면 나도 모르는 사이에 머리가 아니라 몸이 먼저 움직입니다. 그래서 습관이 무서운 겁니다.

제가 2011년 무렵부터 아들들과 캠핑을 다녔는데 캠핑을 가면 개수대와 화장실 샤워장이 엉망인 곳이 많았습니다. 내 집이 아니니 캠퍼들이 깨끗하게 쓰지 않은 거지요. 그런데 유독 한 집만 정말 깨끗했지요. 개수대가 막히지도 않았고 화장실 샤워장도 잘 정리되어 있었고요. 그 이유가 궁금해서 주인에게 물어봤더니 자기가 다른 것은 모르겠고 한 시간에 한 번씩 청소를 깨끗이 해야겠다는 목표를 세웠답니다. 처음에는 20분 정도 걸렸는데 나중에는 5분도 걸리지 않더랍니다. 이제는 시간만 되면 자신도 모르게 청소를 하고 있는 자신을 발견한답니다. 완전히 습관이 된 것이지요. 그 집은 주말에 예약하기가 굉장히 어렵습니다.

혹시 작은 승리의 법칙이라고 S = V1 + V2 + V3를 알고 있나요? 여기서 'V'는 빅토리(Victory)인데 작은 승리가 최소한 3개 정도 쌓여야 성공할 수 있다는 법칙입니다.

먼저 내가 실천할 수 있는 목표를 하나 세우십시오. 어지간하면 실패하지 않을 목표를 하나 세워 그 작은 목표부터 하나씩 성공하는 겁니다. 계속 패배만 하는 스포츠팀은 1승을 거두기가 정말 어렵습니다. 승리도 해본 팀이 한다고 성공도 성공해본 사람이 하는 겁니다. 작은 성공을 최소한 3개 이상 쌓았을 때 원하는 성공을 할 수 있습니다. 만약 창업하면 일단 실현 가능한 목표를 하나 설정해 거기에서 성공한 뒤 다음 목표를 세우십시오. 그렇게 점차 앞으로 나아가다 보면 성공에 이릅니다.

소상공인 지원 기관을 똑똑하게 이용하는 법

만약 창업을 염두에 두고 있다면 중소벤처기업부(중기부) 산하기관 중 '소상공인시장진흥공단'을 꼭 기억해야 합니다. 이 기관에서는 창업자를 위해 자금뿐 아니라 창업 교육, 마케팅 등 많은 것을 지원해줍니다. 담보력과 자금력이 부족한 사람에게는 대신 정책자금 보증을 서주기도 합니다. 그 정책자금은 지역별로 다 있는 신용보증재단에서 지원하지요. 소상공인 창업 자금을 신용보증재단은 최대 5,000만 원, 소상공인시장진흥공단은 7,000만 원까지 지원해줍니다.

창업 자금을 신청하는 사람들은 처음에 평균 2,000~3,000만 원을 받습니다. 창업 자금을 받으려면 사업자 등록증이 있어야 하는데 처음에는 매출이 별로 없으므로 2,000~3,000만 원을 지원하고, 향후 매출 발생을 증빙하면 최고 한도 내에서 더 받을 수도 있습니다.

이런 정보가 없을 경우 급한 마음에 캐피탈이나 카드론을 이용하다가 신용등급이 뚝뚝 떨어지기도 합니다. 그걸 쓰는 순간 신용등급이 2, 3등급씩 금방 떨어져요. 순식간에 6~7등급으로 뚝 떨어지면 금융권 대출을 받을 수 없습니다. 할 수 없이 저축은행 같은 제2금융권을 찾을 경우 금리가 10퍼센트를 훌쩍 넘고 20퍼센트대까지 감수해야 합니다. 자칫 잘못하면 더 비싼 사채까지 쓰고요.

기술이 있어서 제조업을 창업하면 중소벤처기업진흥공단(이하 중진공)에서 1억 원 이상까지도 지원을 해줍니다. 아이디어가 뛰어나거나 지식재산권(특허 등)이 있을 경우 기술보증기금(이하 기보)을 활용하는 것이 좋습니다. 중진공이나 기보에서는 기술을 평가한 뒤 대출금을 지원하는데 창업 1년 이내 기업은 4,000만 원 이상 받으면 벤처기업 인증을 받을 수 있습니다. 이걸 마케팅에 활용하면 아주 좋지요.

도소매, 규모가 큰 음식점 등 소상공인을 넘어서는 기업, 1억 원 이상 자금이 필요한 기업은 신용보증기금을 활용하세요. 소상공인시장진흥공단의 경우 음식점·서비스·도소매는 5인 미만 사업장, 제조업·건설업·운송업은 10인 미만 사업장으로 지원 가능한 범위를 법으로 정해놨습니다. 하지만 신용보증기금은 매출액 대비 대출을 해주므로 매출액에 따라 억 단위 이상을 지원받을 수도 있습니다.

문제는 신용등급이 낮은 사람입니다. 신용등급이 6등급 이하거나 이전에 실패를 경험한 사람은 '서민금융진흥원'의 자금 지원을 받는 것이 좋습니다. '미소금융'이라는 말을 들어본 적이 있을 텐데 서민금융진흥원에서 저신용자나 취약 계층을 대상으로 지원을 해줍니다.

정부가 지원하는 제도 중 자영업 창업을 하고자 하면 소상공인시

소상공인시장진흥공단 신사업 창업사관학교

지원 내용 및 대상	신사업 아이디어를 가진 예비 창업자 대상 이론 교육, 체험, 멘토링, 자금 등 패키지 지원			
구분	지원규모 (연간)	세부 평가 내용	대상	
신사업 아이디어 발굴·보급	100건	'신사업 아이디어 톡톡'을 통해 상시로 대국민 아이디어를 접수하고, 우수한 아이디어를 선정(발굴수당 지급) 및 보급	국민	
창업 이론 교육	450명	기본 교육, 전문 교육, 분반 교육 등 창업 준비 및 점포 운영시 필요한 이론 교육 제공	사업자 등록을 하지 않은 예비 창업자	
점포경영 체험 교육	360명	사업 모델 검증 및 성공 가능성 제고를 위해 신사업 아이디어 점포 체험의 기회 제공	이론 교육 수료생 최종 선정자	
멘토링	252명	점포 체험 기간(약 120일)동안 점포 운영에 필요한 전문가 1:1 멘토링 지원	점포 체험 교육생 중 희망자	
사업화 지원	120명	매장 모델링, 시제품 제작, 브랜드 개발, 홈페이지 제작, 홍보 및 마케팅 등 창업 소요 비용의 일부 지원(50% 본민 부담 조건)	점포 체험 교육 수료생 중 최종 선정자	

장진흥공단에서 진행하는 '신사업 창업사관학교'를 활용하세요. 이곳에서는 이론 교육은 물론 미리 체험해보는 것도 가능하고 마케팅도 지원해줍니다. 여기에다 나중에 상환하지 않아도 되는 창업지원금 2,000만 원을 지원해줍니다.

누구나 지원해주는 게 아니고 사업공고 후 사업계획서를 받아 업체를 선정합니다. 만약 사업계획서를 작성하는 것이 어렵다면 소상공인 지원 기관에 가서 도움을 요청하세요. 신사업 창업사관학교에 가서 미리 경험해보는 것도 좋습니다. 만약 실패해도 내 자본이 덜 들어가고 경험을 쌓을 수 있으니까요.

외식업 중에서도 카페나 제과제빵은 가능하며 외식업의 경우 특별한 신기술 요소를 가미할 경우 지원받을 수 있습니다. 그러니까 누구나 할 수 있는 게 아니라 나만의 플러스알파가 있어야 하는 겁니다.

소상공인진흥공단에서 창업 지원을 목적으로 제공하는 생활혁신형 지원 제도인 '성공불융자'에 선정되어 자금 대출을 신청하면 2,000만 원까지 지원해주는데 3년 후 실패할 경우 갚지 않아도 괜찮은 자금입니다. 3년 후 매출액 기준 등으로 평가를 받아 원금 상환과 점포 운영이 어렵다는 판단이 나오면 갚지 않아도 되는 겁니다. 다만 그 3년 동안 이자 2.5퍼센트를 지불합니다. 열심히 하고도 실패하면 어쩔 수 없는 일이지요. 그런 사람이 나중에 재기할 경우 사업 경험이 있어서 성공할 확률이 높습니다.

KB국민은행은 2019년 7월 'KB bridge' 앱을 개설했는데 이 앱에서는 정책자금 1만 4,000여 가지 중 내게 맞는 것을 무료로 추천해 줍니다. 또 신규 거래를 하려 할 때 사업자번호나 상호를 입력하면 그 회사의 신용도를 알아볼 수 있는 '파트너 제도'도 있습니다. 여기에다 창업자 커뮤니티도 만들 수 있고 추천받은 정책자금과 관련해 컨설팅을 요청하면 상담도 해줍니다. 그 밖에 분야별 전문가의 이론 교육과 실습 교육으로 구성되는 중장기(7~8주) 멘토링 프로그램인 'KB멘토링스쿨'과 전국에 13개의 'KB소호컨설팅센터'도 있으니 많이 활용하기 바랍니다.

　　다시 한 번 강조하지만 창업하기 전에 온갖 변수를 다 감안해서 철저히 준비해야 합니다. 특히 퇴직 후에 전 재산을 털어 넣거나 정책자금을 빌려서 창업했는데 실패하면 재기하기가 어렵습니다. 그리고 처음부터 너무 크게 시작하지 말고 소규모로 출발해 점차 경험을 쌓으면서 넓혀가는 것이 좋습니다. 시작부터 잘나가는 곳은 없습니다. 3년 정도 지나야, 아니 최소한 1년은 넘어야 고객이 알아봐줍니다.

　　또한 과거에는 창업해서 열심히만 하면 성공하던 시대도 있었지만 이제는 열심히 한다고 성공하는 시대가 아닙니다. 지금은 내가 좋아서 밤낮없이 달려드는 사람을 이길 수 없습니다. 그러므로 창업을 하더라도 내가 즐기면서 할 수 있는 일을 선택하기 바랍니다.

노후설계 06

김경식

플레인바닐라투자자문 대표. 대우증권에서 19년간 금융상품 개발 및 관리를 담당했고. 운영 중인 블로그 이웃 수가 2만 5,000명을 넘는다. 밑은 막히고 위는 열린 투자를 통해 개인들의 부(富) 업그레이드를 돕고 있다.

연 7% 마법 연금으로
업그레이드하라

김경식, 플레인바닐라투자자문 대표

연금은 영어로 펜션(Pension)입니다. 우리가 여행을 가서 흔히 이용하는 그 펜션이 맞습니다. 사실 유래까지 같아요. 베네치아나 프랑스의 시골에 작은 집을 한 채 사놓고 임대해주면서 노후를 보내려는 희망을 '펜션'이라고 불렀는데, 그것이 지금까지 연금이라는 단어로 내려오고 있습니다.

오늘날 투자자들이 투자할 수 있는 상품은 굉장히 다양합니다. 문제는 간혹 상품 내용을 제대로 이해하지 못하는 상태에서 투자했다가 돈을 날리는 데 있습니다. 저는 그 이유가 '복잡함'에 있다고 봅니다. 너무 복잡하면 투자자들이 전혀 이해하지 못하면서도 덥석 투자하는 우를 범하기 십상이지요.

사실 저는 '투자는 단순해야 한다'고 생각합니다. 그래서 먼저 얘기하고 싶은 내용도 단순함, 즉 심플(simple)입니다. 세계적인 부호이자 투자자인 워런 버핏이 2005년부터 헤지 펀드매니저와 내기를 했습니다. 워런 버핏은 미국 S&P500 ETF 하나에 투자하겠다고 했고 헤지 펀드매니저는 당시 최고의 연봉을 받는 5명의 펀드매니저로 진용을 구성하고 온갖 전략을 짜서 경쟁했지요. 워런 버핏이 한 것은 아무것도 없습니다. 그는 그냥 8년 동안 가만히 놔뒀을 뿐이지요. 헤지 펀드매니저들은 계속 시장을 주시하며 사고팔았고요. 그러면서 그들은 고객에게 수수료 2퍼센트에 성과보수 20퍼센트를 얹어서 받았습니다. 워런 버핏이 승리를 확신한 이유는 단 하나였어요. 고비용은 절대 이기지 못한다! 결국 7년 뒤 40퍼센트의 수익률을 낸 워런 버핏이 압승했습니다.

투자는 복잡하고 어렵게 하는 것이 아니라 단순하게 하되 평균을 믿고 장기투자로 가면 됩니다. 실제 증권회사 전문가들보다 정보에 취약한 어르신들이 투자 성과가 좋은 경우를 자주 목격했는데, 이분들은 대부분 평균을 기준으로 투자를 결정하는 습관이 몸에 배어 있었습니다. 3년 전후로 코스피지수가 지나치게 평균보다 낮을 경우에만 분할로 매수하고 지나치게 많이 올랐다고 생각하면 정리하는 단순한 패턴입니다.

현금흐름이 있는 자산에 장기투자하라

제 투자 철학은 '밑을 막고 위가 열린 투자를 하라'는 것입니다. 이 것은 손실은 제한하고 수익은 무한대로 열어놓으라는 의미입니다. 손실은 제한하면서 수익은 열어놓는 것이 가능하냐고요? 밑이 막히 고 위가 열린 투자 수단은 분명 있습니다. 예를 들어 전환사채(CB) 와 신주인수권부사채(BW)는 채권이면서 위가 열려 있어 주식이 오 르면 그 주식의 상승분을 얻습니다. 하지만 일반인이 CB나 BW에 투자하는 것은 너무 어려운 일이므로 전문가의 손길이 필요합니다.

물론 다른 수단도 있습니다. 《주식에 장기투자하라》를 쓴 와튼스 쿨의 제러미 시겔 교수는 200년 가까운 주식시장 데이터를 분석해 보니 주식에 17년 이상 장기투자한 경우 최소수익률이 1퍼센트, 최 대수익률이 12퍼센트였다고 했습니다. 알다시피 채권은 밑이 막혀 있어요. 채권에 투자하거나 은행에 예금하면 밑이 막혀 있어서 마음 은 편해도 금리가 아쉽지요. 그 금리를 뛰어넘는 좋은 수단이 주식 이지만 주식에 단기투자하면 손실을 보는 경우가 많습니다. 그런데 200년 동안의 데이터를 분석한 결과 17년 이상 보유한 사람은 손실 을 본 적이 한 번도 없었다는 얘기입니다.

그렇다면 자산을 배분하고 현금흐름이 있는 자산에 장기투자해야 합니다. 322쪽 표는 밑은 막고 위는 열린 투자법으로 자산을 배분 하는 방식을 보여주고 있습니다.

밑은 막히고 위는 열린 투자법

주식과 채권	주식과 채권, 부동산	주식
위험자산에 10% 안전자산에 90% 당연히 90%는 보존 업사이드 기회 10%	고정 현금 유입 장착 (배당·이자·임대) 원금 회수 가능성과 업사이드 기회	장기투자 약 20년 투자시 밑이 막히는 현상

현금흐름을 위한 대표적인 투자 수단은 부동산입니다. 부동산에 투자할 경우 매달 임대수익을 얻을 수 있으니까요. 2019년 한 해 동안 주식, 채권, 부동산 중에서 수익률 1위는 리츠입니다. 리츠에는 사무실 리츠, 오피스 리츠, 호텔 리츠 등 여러 가지가 있으며 2019년 23퍼센트 정도의 수익을 냈습니다. 주식은 약 20퍼센트, 채권은 6퍼센트 수익을 냈습니다. 예금은 가만히 놔뒀을 테니 1~2퍼센트 수익이 났겠지요.

왜 리츠가 주식을 압도했을까요? 리츠 열풍이 불면서 NH프라임리츠와 롯데리츠가 상장한 첫날 상한가를 쳤는데 이럴 때일수록 선별적으로 투자해야 합니다. 물론 부동산 리츠는 현금흐름이 굉장히 좋은 자산입니다. 사람들은 리츠가 배당을 준다는 것 때문에 많이 투자하고 있지만 열풍이 불 때는 좀 떨어져서 바라볼 필요가 있습니다.

리츠에 투자할 때 자주 잊는 것 중 하나는 부동산투자도 밑이 열려 있다는 사실입니다. 즉, 손실이 날 수 있습니다. 더구나 리츠는 여러분이 집을 살 때 대출을 받듯 레버리지를 사용합니다. 이런 부분은 위험한 점이므로 꼼꼼히 확인할 필요가 있습니다.

주식에도 배당이라는 현금흐름이 있지 않나요? 주식 뒤에는 바로 기업이 있습니다. 예를 들어 삼성전자 시가총액이 약 300조 원인데 한 해 벌어들이는 영업이익은 70조 원입니다. 거기에서 투자활동을 하고 배당을 준 다음 남는 잉여현금흐름이 40조 원입니다. 즉, 현금 흐름 10~12퍼센트대를 계속 누적하고 있다는 얘기지요. 그 현금흐름에 주목하십시오.

강남 부동산에 투자했을 때 대출이 없을 경우 임대수익으로 약 2퍼센트를 기대할 수 있습니다. 다만 현금흐름이 약해도 가격이 오르니까 투자하는 거지요. 아무튼 수익률이 굉장히 높게 나오는 쪽은 기업, 즉 주식입니다. 단, 주식에서 리스크를 낮추려면 장기투자해야 합니다.

주식의 반대편에 있는 것이 바로 채권입니다. 재밌게도 채권과 주식 두 개를 겹쳐놓으면 손실이 잘 나지 않습니다. 가령 주식 쪽에서 빠지면 채권이 오르고, 채권이 빠지면 주식이 오르면서 상호 보완하기 때문입니다. 그러므로 두 개에 적절히 분산투자하는 것도 한 방법입니다. 324쪽 표를 보면 주식과 채권이 동시에 빠진 경우는 지난 29년 동안 딱 두 번 있었습니다. 그 정도로 발생 빈도가 높지 않습니다.

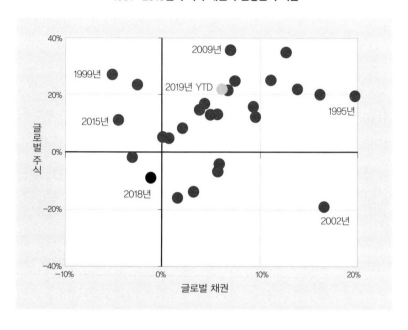

1991~2019년 주식과 채권의 연평균 수익률

실제로 지난 30년 동안 운용해온 블랙록자산운용(이하 블랙록) 펀드를 살펴봅시다. 이 펀드는 자산배분 펀드로 주식 60퍼센트, 채권 30퍼센트, 현금 10퍼센트로 분산합니다. 이것을 평균으로 삼아 30년간 운용했는데 누적수익률이 1,400퍼센트, 연간수익률이 9.4퍼센트로 나왔습니다. 그러니까 주식 60, 채권 30, 현금 10으로 분산해도 연간수익률이 무려 9.4퍼센트라는 말입니다. 물론 중간에 2008년 발생한 리먼 브라더스 사태 같은 일이 생기면 10퍼센트 이상 손실을 보기도 합니다. 이걸 부정하지 마십시오. 일시적으로 1~2년간 손실을 볼 수 있음을 인정하고 그냥 감내해야 합니다. 이런 위험만 감내하면 어느 시점에 가입해도 계속 고점을 만들어갈 수 있습니다.

하지만 이제 세상이 바뀌었으니 블랙록처럼 '주식＋채권＋현금'이 아니라 '주식＋대체＋채권'으로 가십시오. 대체(Alternative)란 '주식과 채권이 아닌 다른 대안'을 말합니다. 대표적인 대체에는 부동산과 인프라가 있습니다. 제게 부동산과 인프라 중에서 어느 쪽이 낫느냐고 묻는다면 '인프라'로 답하겠습니다. 여러분이 톨게이트, 공항, 면세점, 철도 등에서 지불하는 돈이 죄다 인프라 비용입니다. 이러한 비용은 갈수록 늘어날 겁니다. 저는 '주식 60 ＋ 부동산·인프라 30 ＋ 채권·현금 10'으로 분산해서 30년 정도 놔두면 연 7～9퍼센트 수익률은 내리라고 전망합니다.

달러화, 엔화, 위안화로 투자 통화를 분산하라

1950년 워런 버핏이 투자자문사를 설립했을 때 가장 먼저 투자한 사람들은 친인척과 친구입니다. 그때 버핏이 그들에게 요구사항을 전달했는데 거기에 다음 내용도 있었습니다.

'절대 뉴스를 보고 주가가 폭락했다고 나한테 질문하지 마십시오.'

이 말은 뉴스에 귀를 좀 막고 있으라는 얘기입니다. 적절히 분산하고 가만히 놔두면 어쩌다 출렁거리는 때가 오긴 해도 그 위기는 금세 지나갑니다. 6개월에서 1년 정도만 지나면 다시 고점을 형성하게 마련입니다. 단, 좋은 기업을 선택해야 합니다.

좋은 기업은 여러분이 직접 고르세요. 가령 삼성전자나 엔씨소프트, 아마존 같은 좋은 기업을 사놓으면 됩니다. 만약 준비를 갖추지 못했다면 전문가에게 물어보고 해도 괜찮습니다. 그들이 권하는 기업은 보통 현금흐름이 좋고 마진율(매출총이익률)이 높은 기업이지요. 저는 주식투자를 할 때 가장 먼저 마진율을 보고 한계비용(Marginal Cost)도 꼭 봅니다. 구글이나 네이버 같은 기업의 좋은 점은 한계비용이 제로(0)라는 것입니다. 이들 기업은 생산량 증가에 따른 비용이 계속 나가지 않습니다. 그냥 판을 깔아놓으면 고객이 알아서 들어와 광고도 하고 물건도 팔기 때문에 그대로 수익을 얻습니다. 이처럼 한계비용이 낮으면서 영업마진율은 높은 기업을 사면 됩니다.

그런 정보를 알려면 재무제표를 봐야 합니다. 요즘 회계이론, 재무이론을 쉽게 설명하는 책이 많이 나와 있으니 읽어보고 재무제표를 적절히 활용하기 바랍니다. 책 한 권만 제대로 읽어도 재무제표를 충분히 볼 수 있습니다. 이것이 부동산보다 더 쉬울 수 있는데 어디에 투자하라는 책을 보거나 얘기를 들으면 자꾸만 생각이 바뀝니다. 가령 작년에는 무엇이 좋았고 올해는 무엇이 좋을 거다 하는 식의 얘기를 들으면서 매번 바뀌는 거지요. 그런 것에 따라 움직이다 보면 계속 수수료만 뜯깁니다. 스스로 준비해서 직접 골라보십시오.

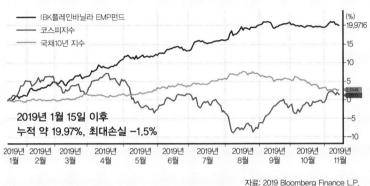

대체 자산을 편입했을 때의 분산투자 결과

2019년 1월 15일 이후
누적 약 19.97%, 최대손실 −1.5%

자료: 2019 Bloomberg Finance L.P.

좋은 주식이 정말 많습니다. 잉여현금흐름이 12퍼센트에 달하는 그런 기업들이 분명 있거든요.

그 근거는 위의 표에 있습니다. 플레인바닐라투자자문에서 2019년 초부터 새로 시작한 펀드를 주식, 대체, 채권으로 분산해서 운용한 결과 20퍼센트 수익을 냈습니다.

여기서 가운데 선은 한국 국채 10년물에 투자했을 때의 수익률입니다. 맨 아래 선은 한국 코스피에 투자했을 때의 수익률이고요. 즉, 주식이 언제나 좋은 것은 아닙니다. 맨 위의 선은 해외 주식을 비롯해 주식, 부동산, 인프라, 채권으로 분산해서 6-3-2-1 비율로 투자한 결과입니다.

여기에 숨어 있는 마법을 하나 더 말하자면 '통화'입니다. 통화를 열어놓고 분산투자하십시오. 맨 위의 선처럼 수익률이 높은 데는 안전자산인 달러는 물론 엔화, 유로화, 위안화로 분산해놓은 영향도 있습니다.

우리가 은행에 가서 환전하면 환전 비용이 굉장히 비쌉니다. 그런데 환헤지를 하지 않은 펀드를 사거나 환헤지를 하지 않은 상태로 그 나라 주식에 투자할 경우 자연스럽게 달러를 보유하는 상황에 놓여 통화를 분산할 수 있습니다. 이는 주식, 지역, 국가, 통화를 분산하는 셈입니다. 해외 주식에 투자할 때는 환헤지를 하지 말고 그냥 두세요.

한국은 굉장히 다이내믹한 국가지만 중국이나 북한과의 관계상 원화 가치가 아주 강하지는 않을 전망입니다. 그러니 달러가 떨어질 때마다 주식투자하듯 조금씩 모아두면 좋은 결과를 내리라고 봅니다.

반드시 분산투자하라

많은 전문가가 2020년에는 글로벌 경기가 좋지 않아 경기 침체에 빠질 가능성이 있다고 경고합니다. 그래서 2020년을 전망할 때 금리 하락과 부동산 상승을 예측하지요. 주의해야 할 것은 미국 국채 10년물 금리가 앞으로 상승할 소지가 높다라는 점입니다. 이 경우 지금까지 올랐던 리츠나 그 밖에 다른 자산이 고개를 숙이고 채권가격은 떨어집니다. 대신 주식은 약간 좋아질 가능성이 있습니다. 적어도 2020년 상반기에는 이 흐름대로 투자해야 합니다.

채권은 기본적으로 금리도 1.6~2퍼센트에 불과하지만 여기에다 자본 손실까지 볼 수도 있습니다. 물론 단기채권, 즉 3~6개월짜리는 상관없습니다. 아무튼 지금은 채권 버블과 금리 상승을 조심해야할 때입니다. 그렇다고 돈을 장롱 속에 넣어 두지는 마십시오. 아직은 일본과 유럽의 일부처럼 마이너스 금리 상태라 은행예금에 보관료를 내야 하는 것도 아니잖아요.

채권과 인플레를 조심하되 일단 무언가에 투자를 해야 하는데 안전한 주식이 보이면 거기에 투자하세요. 그게 어렵다면 앞서 말한 것처럼 분산투자를 하는 것이 좋습니다. 특히 지금 같은 시기에는 330쪽 표에서 제시하는 세 가지를 꼭 기억해야 합니다.

첫째, 비용 절약을 위해 절세 혜택을 반드시 이용하십시오. 대표적인 것이 비과세종합저축과 연금저축, ISA 계좌입니다. 이런 상품은 세금을 내지 않는데 이는 곧 비용을 줄일 수 있다는 의미입니다.

둘째, 펀드는 검증된 것 세 개에만 투자하고 한 달에 한 번 정도 들여다보십시오. 다만 1등 펀드는 피하고 늘 상위 25퍼센트 안에 들어가는 펀드를 사세요. 올해 1등 펀드가 내년에도 1등 펀드일 가능성은 낮습니다. 3년 정도 상위 25퍼센트를 유지해온 펀드가 좋은 펀드입니다.

투자할 때 꼭 기억해야 할 세 가지

첫째, 절세 혜택을 적극 활용하라

비과세종합저축, 연금저축, ISA 계좌

둘째, 검증된 3개 글로벌 펀드에 집중하라

유행에 따른 테마투자 지양, 성장과 인컴을 고르게 구성

셋째, 정기적으로 투자 비중을 조정하라

기계적으로 투자 비중을 맞추는 작업과 동시에
상황에 따라 펀드 교체 등을 선택

셋째, 정기적으로 투자 비중을 조정하십시오. 예를 들어 중국 펀드를 샀는데 수익이 30퍼센트 나면 비중이 39퍼센트로 불어납니다. 그럼 그 9퍼센트를 팔아 다른 펀드로 분산투자하라는 얘기입니다. 이것을 리밸런싱이라고 하는데 이럴 경우 반복해서 비싼 걸 팔고 싼 걸 다시 살 수 있습니다. 좋은 펀드를 샀는데 그 성과가 일시적으로 좋지 않으면 그건 기회입니다. 만약 이것을 스스로 판단하기 어렵다면 로봇처럼 기계적으로 해도 괜찮습니다. 즉, '3개월마다 리밸런싱해서 다시 3-3-3-1로 맞춘다'는 식으로 원칙을 정해두고 무조건 지키는 것입니다.

당장 2020년을 딱 꼬집어서 예측하려고 하면 신이 아닌 이상 맞히기가 어렵습니다. 날고 긴다는 진짜 선수들도 그런 예측은 매번 틀

립니다. 그보다는 추세를 보십시오. 커다란 추세가 어떻게 변할지 보는 것이 타당합니다.

잠깐 10년 단위로 추세를 뒤돌아볼까요? 1970년대에 가장 핫한 자산은 금이었습니다. 1980년대에는 일본 주식이 미친 듯이 올랐지요. 1990년대 후반에는 미국 주식이 엄청나게 올랐습니다. 2000년대 10년간은 중국과 한국 같은 이머징 시장이 많이 올랐어요. 그다음 2010년부터 페이스북, 애플, 아마존, 넷플릭스, 구글처럼 한계비용이 거의 없는 기업이 부상했지요. 그러니까 너무 단기간에 얽매이지 말고 추세를 생각하면서 길게 보십시오.

높아지고 있는 주식배당률

그럼 2020년에는 뭐가 달라질까요? 다음 한 해를 예측하는 것은 굉장히 어려운 일이지만 저는 어쩔 수 없이 해야 하는 입장이라 한번 해봤습니다.

우선 경기순환, 즉 사이클에 너무 민감할 필요는 없습니다. 332쪽 표에서 위아래로 열심히 왔다 갔다 하는 선이 사이클입니다. 사이클은 그 간격이 1~10년으로 아주 짧습니다. 요즘은 이것이 점점 좁혀져서 주기가 1년 정도에 불과합니다.

예를 들어 삼성전자 디램 가격은 2019년 마이너스 30퍼센트고 낸

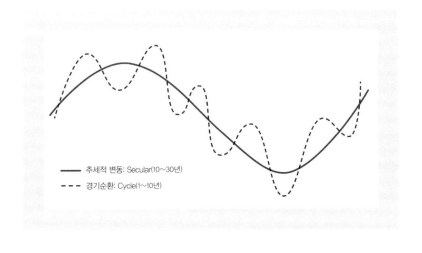

추세변동과 순환변동

──── 추세적 변동: Secular(10~30년)

----- 경기순환: Cycle(1~10년)

드플래시는 마이너스 15퍼센트에서 마이너스 17퍼센트입니다. 그런데 2020년 전망치는 15~20퍼센트 오른다고 나와 있습니다. 그만큼 사이클이 아주 짧아진 것이지요. 결국 사이클이 아니라 그래프의 굵은 선처럼 서큘러, 즉 추세 변화를 봐야 합니다. 진짜 부자들은 코앞의 전망이 아니라 추세 변화를 물어봅니다. 돈도 있고 시간도 있으니까 미래를 보고 묻어둘 만한 것을 찾는 것이지요.

사실 경기순환은 별로 중요하지 않습니다. 실제로 금리 역전 차트를 보면 그 주기가 굉장히 짧습니다. 여기에다 각국 정부가 통화정책을 공격적으로 쓰기 때문에 변화를 예측하기가 어렵습니다. 즉, 정부 개입이 적극적이라 사이클 자체가 아주 짧아졌습니다.

추세변동 가능성에서 우선 주목해야 할 것은 채권입니다. 다음 표는 1970년부터 현재까지 미국 국채 금리 추이를 보여줍니다. 미국 국채는 1980년대 두 번의 오일쇼크를 겪으면서 금리가 16퍼센트까지 갔었지요. 이후 30년에 걸쳐 1.7퍼센트 정도를 유지하고 있습니다.

그런데 금리는 인플레이션에 가장 민감합니다. 2019년 말 현재 미국 나스닥이 올랐는데 그 이유는 추가로 20만 개의 일자리가 늘어나 실업률이 3퍼센트대고 임금상승률도 1969년 이후 가장 낮은 3.2퍼센트이기 때문입니다. 이처럼 고용지표가 좋아서 인플레이션을 고려해야 합니다.

일반적으로 주식배당수익률이 채권 금리보다 낮았지만 지금은 주식배당수익률이 더 높아지고 있습니다. 여기에다 인플레이션 위험

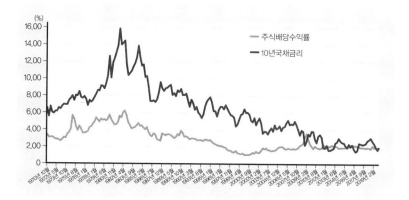

추세변동 가능성 – 금리

까지 있지요. 그래서 채권을 좀 멀리했으면 합니다. 리츠처럼 채권과 비슷한 상품도 마찬가지입니다.

2019년 말 현재 삼성전자를 1년 동안 보유했으면 배당수익률이 2.8퍼센트입니다. 신한은행에 예금이 있을 경우 이자가 1.6퍼센트지만 신한은행 주식을 보유했으면 배당이 3.8퍼센트 정도입니다. 이렇게 주식배당수익률이 점차 높아지고 있어서 주식이 매력적입니다.

반드시 이머징에 주목해야 하는 이유

추세변동을 염두에 두고 이머징에도 주목해볼 필요가 있습니다. 1990년만 해도 전 세계 GDP의 80퍼센트를 유럽과 미국이 차지했습니다. 하지만 지금은 신흥국의 GDP 비중이 점점 올라오고 있어요. 아마도 5년 뒤면 그 비율이 5 대 5 정도로 갈 겁니다.

물론 중국, 인도, 베트남에 투자할 때 약간 망설여지는 것도 사실이지만 전체 GDP 규모가 선진국과 이머징이 반반씩 나누는 상황으로 가고 있다는 점을 고려해야 합니다. 당연히 우리도 그에 맞춰 투자 비중을 조정해야 합니다. 너무 미국과 유럽에 치중하기보다 이머징의 주식과 자산 비중도 늘려가야 한다는 얘기입니다.

인구 변화와 함께 평균연령도 눈여겨봐야 합니다. 전 세계 인구는 66억 명 정도인데 그중 아시아에 약 50억 명이 있습니다. 더구나 아시아는 2050년까지 53억 명 정도로 늘어납니다. 인구에는 오차가 거의 없습니다. 일단 태어나면 시간이 흐르면서 그대로 나이가 드니까요. 특히 인구가 미친 듯이 늘어나고 있는 지역이 아프리카입니다.

그리고 평균연령은 곧 노동력을 의미합니다. 평균연령이 상승하는 국가가 노령화한다는 말도 있지만 가장 빠르게 상승하는 연령대가 30대입니다. 2050년에도 20~30대를 유지하는 곳은 아프리카겠지만 아직 아시아도 괜찮습니다. 반면 라틴아메리카는 평균연령이 빠른 속도로 올라갈 전망이라 저는 그쪽에 장기투자하는 것을 권하지 않습니다. 생산성도 부족하고 자원 의존적이며 포퓰리즘이 강한 데다 평균연령마저 빨리 늘어나고 있기 때문입니다.

추세변동에서 저는 계속 테크놀로지를 강조하고 싶습니다. 그중에서도 1번은 소프트웨어입니다. 사실 2019년 중국에서 대형주 중 가장 많이 오른 주식은 마오타이입니다. 마오타이는 전 세계 어디에서도 흉내 낼 수 없지요. 전 세계에서 중국만이 누리는 프리미엄이 마오타이 주식입니다.

한데 제가 요즘 미중 무역 갈등을 보면서 소프트웨어는 전기·전자 섹터가 아니라 인프라 섹터가 아닌가 하는 생각이 듭니다. 예전에 중국은 관공서나 병원에서 MS 워드를 많이 썼는데 지금은 자국 소프트웨어를 많이 씁니다. 결국 지금은 이머징의 소프트웨어를 중요하게 볼 필요가 있습니다. 여기에 더해 헬스케어도 전망이 아주 밝습니다. 그러니까 헬스케어와 소프트웨어는 그 나라에서 가장 큰 주식을 그냥 보유해도 좋습니다. 중동과 방글라데시에도 좋은 헬스케어 기업이 있는데 이런 것을 사서 놔두세요.

그 나라를 대표하는 소프트웨어와 병원·제약에 주목해야 합니다. 예를 들어 유한양행은 한국의 대표적인 제약주인데 이 회사는 금융위기 때도 주가가 올랐습니다. 2008년 금융위기 무렵 5년간 수익률이 무려 400퍼센트였지요. 유한양행이나 삼성전자로 분산해놓으면 어떤 위기가 와도 탄탄하게 움직일 가능성이 높습니다. 특히 제약주는 불황에 아주 강합니다. 그러므로 포트폴리오를 짤 때 이런 점을 고려해 연금처럼 활용했으면 합니다.

2020년 투자 환경을 위협할 3가지

앞으로 다가올 위험은 크게 세 가지로 분류할 수 있습니다. 그것은 신용위험, 통화위험 그리고 경기 침체입니다.

신용위험은 부채가 너무 많아지는 것인데 GDP 대비 부채가 한국이 200퍼센트, 중국도 200퍼센트입니다. 한국은 민간 부채가 많고 공공부채는 50퍼센트 미만으로 낮습니다. 민간 부채가 많은 이유는 부동산에 있지요. 이럴 때 금리가 확 올라서 상환 능력을 잃으면 위험해집니다.

미국이 2008년 금융위기를 겪은 것은 부동산 버블 때문입니다. 민간의 GDP 대비 부채 증가율이 120퍼센트였다가 170퍼센트로 50퍼센트나 급등하면서 버블이 터져버린 것이죠. 한국은 몇 년째 200퍼센트에 이르고 있지만 정부가 완만하게 통제하고 있습니다. 물론 갑자기 금리가 급등해 촉매 요인으로 작용할 수도 있으나 그런 일이 아니면 이것이 버블로 터질 확률은 낮습니다.

중국은 부채 증가 속도가 굉장히 빠른데 그 내용을 보면 민간 부채가 아니라 기업 부채입니다. 흥미롭게도 중국 기업은 대주주가 거의 다 중국 정부입니다. 결국 중국의 기업 부채는 곧 공공부채입니다. 여기에다 중국은 민간 부채 비율을 낮추려고 이것을 공공부채로 이전하고 있습니다. 중국이 부채 측면에서 약간 숨고르기를 하고 있는 것이죠. 결국 미국과 달리 부채 리스크가 이머징에서 터질 가능성은 그리 높지 않습니다.

진짜 위험한 것은 경기 침체입니다. 이미 이상한 징후가 보이고 있지요. 은행에 예금하고 오히려 보관료를 내야 하는 마이너스 금리나 장단기 금리 역전이 대표적입니다. 물론 금리 역전은 미국이 서둘러 조치를 취한 덕분에 다시 돌아왔지만 전문가들에 따르면 다시 돌아와도 정확히 1년 6개월에서 2년 뒤 경기 침체가 온다고 말합니다. 실제로 그 근거로 삼을 만한 사례가 여섯 번이나 있었어요. 금리 역전이란 상식적으로 국채 3년물보다 10년물 금리가 더 높아야 하는데 이것이 역전된 것을 말합니다.

중요한 것은 위기가 와도 견뎌내는 회사가 있다는 점입니다. 소프트웨어 회사나 게임 업체처럼 마진율이 높으면서 한계비용이 낮은 기업은 설령 금리가 올라도 끄떡없습니다. 이들 회사는 유보 부채 대비 유보 현금이 5~8배에 이르기 때문입니다. 한마디로 현금을 쌓아놓고 있지요. 고정비용이 나가지 않고 부채가 없는 기업은 아무리 위기가 닥쳐도 문제가 크지 않습니다. 오히려 이들에게 위기는 기회로 작용합니다.

자산배분을 구체적으로 얘기하면 주식, 부동산·리츠·인프라, 채권을 6-3-1이나 5-3-2 비율로 투자할 것을 권합니다. 펀드는 피델리티자산운용의 글로벌 테크놀로지 펀드, 블랙록의 월드 헬스사이언스 펀드 같은 것이 좋습니다. 테크놀로지와 건강·헬스케어 쪽이 유망하다는 얘기입니다.

부동산은 미국, 일본, 유럽 중 어디를 골라야 하는지 문제인데 제가 계산해보니 일본이 그나마 낫더군요. 그러나 일본 사무실 투자는 너무 많이 올랐고 임대주택 쪽을 고려해 일본 리츠를 선택하는 것이 좋을 듯합니다. 일본이 젊은층 감소로 외국인을 계속 받아들이면서 경기부양책을 많이 쓰고 있기 때문입니다.

한국은 신한알파리츠, 이리츠코크랩, 맵스리얼티1보다 고속도로를 14개 보유하고 요즘 값이 싸진 맥쿼리인프라에 주목하세요. 맥쿼리인프라는 시가배당률이 약 5.9퍼센트로 채권보다 훨씬 매력적입니다.

다음 표에 나와 있듯 맵스미국11호, 맵스미국9-2호, 맵스호주2호

국내 리츠와 부동산, 인프라 현황

상품명	순자산 (억 원)	시가 총액 (억 원)	할인율 (%)	시가 배당률 (%)	투자 자산
신한알파리츠	2,773	4,269	-53.9	3.11	판교 크래프톤 타워, 용산 프라임 타워
이리츠코크렙	2,688	4,884	-81.7	4.67	뉴코아 야탑, 일산 등
맵스리얼티1	6,099	5,032	17.5	3.87	을지로 센터원 등
맥쿼리인프라	21,168	41,362	-95.4	5.91	국내 유료 도로 및 교량, 항만 등
맵스미국11호	1,644	1,536	6.6	7.15	미국 오피스(스테이트팜 임차)
맵스미국9-2호	3,198	3,221	-0.7	7.01	미국 오피스(스테이트팜 임차)
맵스호주2호	1,331	1,229	7.7	6.80	호주 오피스(교육부)
이지스글로벌 229	1,754	1,737	1.0	5.15	독일 오피스(데카뱅크, 도이치뱅크)

같은 상장형 수익증권도 배당률 6~7퍼센트를 꾸준히 내는 자산입니다. 임차인이 대부분 정부기관이라 신용도가 아주 높습니다. 이런 곳을 저렴할 때 사두면 분기나 반기마다 꼬박꼬박 연 6~7퍼센트씩 배당이 들어옵니다. 리츠 ETF, 리츠펀드, 미국 리츠, 유럽 리츠보다 한국에 상장한 것을 사는 게 훨씬 더 효과적입니다.

340쪽 표는 2020년에 유망한 기타 포트폴리오입니다. 한 가지 조심해야 할 부분은 베트남입니다. 2020년 베트남은 동력이 좀 식을 듯하므로 다른 이머징 펀드를 선택하는 것이 낫습니다.

펀드도 어느 하나에 치중하지 말고 주식형, 부동산형, 인프라, 채

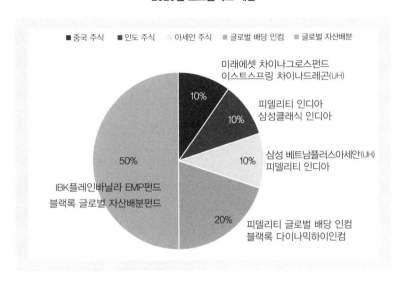

2020년 포트폴리오 제안

■ 중국 주식　■ 인도 주식　■ 아세안 주식　■ 글로벌 배당 인컴　■ 글로벌 자산배분

미래에셋 차이나그로스펀드
이스트스프링 차이나드래곤(UH)
10%

피델리티 인디아
삼성클래식 인디아
10%

삼성 베트남플러스아세안(UH)
피델리티 인디아
10%

피델리티 글로벌 배당 인컴
블랙록 다이나믹하이인컴
20%

IBK플레인바닐라 EMP펀드
블랙록 글로벌 자산배분펀드
50%

권형으로 분산하십시오. 분산투자를 하는지 확실히 확인한다면 펀드 두 개에 투자해도 충분히 효과를 낼 수 있습니다. 아예 고배당 대체 자산 중심의 펀드와 성장 기업 펀드 두 개로 압축해 각각 50퍼센트씩 투자하는 것도 좋습니다. 앞서 말했듯 테크놀로지 중 자국을 대표하는 소프트웨어 기업과 건강관리 회사, 제약주 등이 성장 기업입니다. 이런 기업에 분산투자하면 연 7퍼센트 수익이 환상이 아니라 현실로 다가올 것입니다.

김기웅

서울대학교 의과대학 정신과학교실 주임교수, 서울대학교 자연과학대학 뇌인지과학과 교수로 학생들을 가르치고 있으며, 분당서울대학교병원 정신건강의학과에서 환자들을 진료하고 있다. 분당서울대학교병원 치매−경도인지장애센터장, 국립중앙치매센터장, 국가치매관리위원, 대한민국 의학한림원 정회원 등을 역임하고 있다.

나이 들어 깜빡깜빡?
치매 없이
건강 장수하는 비결

김기웅, 분당서울대학교병원 정신건강의학과 교수

'재테크' 하면 흔히 수익을 많이 내는 것을 떠올리지만 사실 불필요한 지출을 줄이는 것도 재테크입니다. 그런데 나이가 들어 가장 불필요한 지출을 만들어내고 그 지출을 스스로 통제할 수 없게 만드는 것이 바로 '건강 문제'입니다. 다른 방법으로 아무리 돈을 많이 모아도 건강을 제대로 통제하지 못하면 전체적으로 오히려 마이너스인 경우가 많습니다. 그 대표적인 질환이 바로 치매입니다.

건강 전문가 알라나 샤이크(Alanna Shaikh)는 테드(TED) 강연에서 사람들이 치매 문제에 두 가지 방식으로 대응한다고 말했습니다. 첫 번째는 가장 많이 나타나는 반응으로 "치매는 굉장히 심각한 병이지만 나는 괜찮을 거야. 나한테 그런 힘든 병이 생기겠어?" 하고 부정하는 겁니다. 두 번째는 "치매는 건강관리만 잘하면 예방할 수 있대. 치매 예방에 좋게 생활하면 나한테는 치매 문제가 오지 않을 거야. 열심히 살면 나한테는 복이 오겠지?"라고 생각하는 것입니다.

하지만 그녀는 자기 아버지를 보니 그렇지 않다며 자신은 치매에 걸릴 준비를 한다고 말합니다. 아무리 열심히 노력하고 건강하게 생활해도 생활습관으로 바꿀 수 있는 치매 위험은 35퍼센트에 불과하기 때문이랍니다. 치매에 걸리도록 타고난 사람은 건강 조절과 관계없이 65퍼센트 비율로 치매에 걸린다는 얘기입니다. 그래서 자신은 치매에 걸리지 않도록 최선을 다하겠지만 동시에 걸릴 때를 대비해 준비를 하겠다는 겁니다.

알라나 샤이크의 말을 듣고 어쩌면 '저렇게까지 생각해야 하나'라는 생각이 들지도 모릅니다. 치매에 걸릴 때를 준비하는 사람도 많지 않을 테고요. 어쨌든 머릿속으로는 치매가 위험하다는 것과 그 대비가 필요할지도 모른다는 것을 인정할 것이므로 그 내용을 한번 살펴봅시다.

사실 치매는 단일한 질병 이름이 아니라 두통이나 복통 같은 하나의 증상군 명칭입니다. 우선 치매라고 하려면 '내가 기억력이 옛날 같지 않아'라며 스스로 기억 감퇴를 느껴야 합니다. 혹은 본인이 느끼지는 못하더라도 가까운 가족이나 친구가 눈치챌 수 있어야 합니다. 그리고 IQ 검사를 하듯 기억력을 포함한 포괄적인 인지기능 검사를 해서 검사 결과가 남보다 뒤떨어지는 것으로 나와야 합니다. 여기에다 그 변화가 잠깐 나타나는 게 아니라 6개월에서 1년 이상 계속 이어져야 하지요.

단순하게 오랫동안 만나지 않은 친구 이름이 기억나지 않는 것처럼 사는 데 불편이 없는 정도는 괜찮습니다. 반면 내가 물건을 주문했는지 하지 않았는지 기억나지 않아 반복해서 주문하거나, 직장생활이 곤란할 정도로 기억력이 떨어지거나, 일상생활에서 가스 불 끄는 걸 자꾸 잊어서 냄비를 태울 정도로 문제가 생길 때 통상 치매라고 부릅니다. 그 원인이 무엇이든 지금 그런 상태라면 치매라고 합니다.

치매 상태를 만드는 질병은 약 100가지에 달합니다. 그것은 크게 세 종류로 나누지요. 하나는 퇴행성 치매로 뇌가 일반적으로 늙는 속도보다 훨씬 빨리 늙어서 뇌세포가 자꾸 죽는 병입니다. 다른 하나는 혈관성 치매로 뇌를 먹여 살리는 혈액공급이 원활하지 않아 뇌세포가 죽는 경우입니다. 나머지 하나는 속발성 치매로 뇌가 제대로 일하는 데 필요한 몸의 건강 상태나 면역 상태에 문제가 생겨 뇌기능을 제대로 발휘하지 못하는 증상을 말합니다.

여러분이 많이 들어봤을 '알츠하이머병'은 퇴행성 치매를 유발하는 원인 질환 중 가장 흔한 병으로 전체 치매의 3분의 2를 차지합니다. 혈관성 치매는 전체의 5분의 1에서 6분의 1을 차지하고 나머지

치매의 종류

퇴행성 치매 (Degenerative Dementia)	속발성 치매 (Secondary Dementia)	혈관성 치매 (Vascular Dementia)
• 원발성 퇴행성 치매(primary degenerative dementia) – 알츠하이머병(Alzheimer's disease) – 루이소체병(Lewy body disease) – 전측두엽치매(frontotemporal lobar degeneration) • 속발성 퇴행성 치매(secondary degenerative dementia) – 파킨슨병(Parkinson's disease) – 피질기저핵증후군(corticobasal syndrome) – 진행성핵상마비(progressive supranuclear palsy)	• 피질하(허혈성) 혈관성 치매(subcortical vascular dementia) • 다발성 뇌경색 치매(multi-infarct dementia, MID) • 단일 뇌경색 치매(strategic infarct dementia) • 열공성 뇌경색 치매(lacunar states) • 저산소 허혈 뇌병증(hypoxic-ischemic encephalopathy) • 뇌출혈(ICH, SAH, SDH)	• 감염(매독, HIV, HSV, prion, 결핵, 진균 등) • 출혈(지주막하 출혈, 경막하출혈 등) • 대사(비타민 결핍, 갑상선기능저하 등) • 중독(알코올, 일산화탄소, 약물, 중금속 등) • 종양(원발성 또는 전이성뇌종양 등) • 외상(뇌 좌상 등) • 수두증 • 지속성간질 • 혈관염 • 유전질환(윌슨병, 헌팅톤병 등)

10퍼센트를 90~100개에 이르는 많은 질환이 차지하고 있습니다. 질환이 워낙 많다 보니 다 다루기는 어렵고 가장 흔한 세 가지 질환에 집중해서 살펴보겠습니다.

조금만 진행되어도 판단력이 망가지는 알츠하이머병

알츠하이머병은 알로이스 알츠하이머가 아우구스테 데테(Auguste Deter)라는 여성 환자를 만나면서 발견한 병입니다. 이 환자는 당시 51세였는데 기억력이 많이 떨어지고, 말을 잘 못하고, 남편이 바람을 피운다며 의심하고, 피해망상 증상이 있고, 연월일시를 구분하지 못하고, 환청도 듣는 특이한 상황이었지요. 일반적인 정신장애와 달리 아무리 치료해도 나아지지 않았는데 나중에는 말을 거의 하지 못하고 걸음걸이까지 나빠져 욕창이 생길 만큼 움직이지도 못한 채 4년 반쯤 앓다가 사망했습니다.

그 여성 환자의 뇌 조직을 분석한 알로이스 알츠하이머는 정상적인 뇌에서 보이지 않는 '신경반'과 '신경섬유륜'이라는 이상 소견을 발견했습니다. 신경반은 원래 있으면 안 되는 나쁜 단백질 덩어리 '아밀로이드 베타'를 말합니다. 이런 것이 신경세포를 죽이면서 신경세포 내에 실타래 같은 병리 소견 신경섬유륜이 생겨 뇌세포가 자꾸 죽었던 것이지요.

건강한 뇌는 해마 부분이 빈틈없이 꽉 차 있지만 알츠하이머병에 걸린 뇌는 그 부분이 텅 비어 있습니다. 또한 앞서 말한 병리 때문에 기억력을 담당하는 뇌 부위부터 쪼글쪼글 말라갑니다. 그 탓에 기억력부터 나빠지지만, 종국에는 이런 병리가 뇌 전체로 번져가 말하는 능력, 길 찾는 능력, 판단하는 능력, 움직이는 능력 등이 다 나빠집니다.

과학이 발달한 지금 살펴보니 신기하게도 아밀로이드 베타로 인해 머릿속에 알츠하이머병이 발병한 시점부터 사람이 '내 기억력이 옛날 같지 않아' 하고 느끼는 데 10~20년이 걸립니다. 뇌 속에 병이 생겨도 10~20년간 전혀 증상 없이 지나간다는 얘기입니다. 내가 증상을 느끼는 것은 아밀로이드 베타 때문에 뇌가 상당 부분 망가진 후의 일입니다. 이런 이유로 요즘에는 증상을 느끼기 전에 알츠하이머병을 알아보는 진단법이 많이 나오고 있습니다.

알다시피 알츠하이머병을 앓은 유명인이 많은데 대표적으로 레이건 전 미국 대통령과 마거릿 대처 전 영국 수상이 있습니다. 사실 레이건은 재임할 때 이미 내부에서 알츠하이머병 진단을 받았다고 합니다. 임기가 끝난 뒤 재임하는 동안 국회에서 연설한 것, 질문에 답한 것 등을 비디오로 분석해 그 말과 표현이 알츠하이머병 증상에 해당한다고 증언하는 자료가 인터넷에 많이 있습니다. 재임 시에는 알츠하이머병으로 인한 경도 인지장애 단계였을 가능성이 있다는 말입니다. 사실 알츠하이머병은 초기에 단순히 기억력만 나빠지는 경우가 많기 때문에 옆에서 그것만 보완해주면 커다란 판단 실수는 없습니다. 레이건도 집권 후기를 별다른 문제없이 잘 마쳤지요.

그러나 알츠하이머병은 어느 정도 진행되면 판단력을 망가뜨립니다. 셰익스피어가 쓴 4대 비극 중 하나인 《리어왕》의 주인공 리어왕이 하나의 사례입니다. 셰익스피어의 글을 보면 리어왕은 전형적인 알츠하이머병 환자로 보입니다. 판단력이 흐려진 리어왕은 바른말을 하는 막내딸을 쫓아내고 감언이설을 하는 큰딸과 둘째 딸에게 나라를 반으로 쪼개 나눠줍니다. 그랬다가 결국 나라도 망하고 본인과 막내딸도 비참한 최후를 맞이하지요.

루이소체 치매와 파킨슨 치매의 특징

알츠하이머병 다음으로 흔한 퇴행성 치매가 '루이소체 치매'입니다. 루이소체 치매는 뇌 속에 알파-시누클레인(α-Synuclein)이라는 이상 단백질이 생기면서 뇌세포가 자꾸 죽는 병이지요. 특이하게도 이 병은 세 가지 특징적인 증상을 보입니다.

하나는 '환시'로 헛것을 보는 증상입니다. 헛것을 보되 마치 영화의 한 장면처럼 생생하게 봅니다. 갑자기 "어어, 안 돼! 안 돼!" 해서 왜 그러냐고 물으면 "저기 차가 오는데 애가 건너가려고 해!"라고 할 정도로 생생한 환시를 보는 경우도 있습니다. 또 어떤 물체를 보고 있으면 그 물체로 보였다가 다른 물체로 바뀌어 보이는 현상인 '변형간'도 있지요. 예를 들어 테이블 위에 놓은 둥그런 화병이 도깨비 얼굴로 보였다가 화병으로 보였다가 왔다 갔다 하는 겁니다. 때로는 눈앞에 물체가 아니라 머리 뒤에 있는 물체를 보기도 합니다. 가령 침대에 누워 침대 밑에 있는 호랑이나 뱀을 보기도 하죠. 만약 이런 증상이 루이소체병 때문이라고 진단하지 않고 섣불리 환각을 없애는 약을 쓰게 되면, 심각한 부작용을 보일 수 있어 각별한 주의가 필요합니다.

다른 하나는 기억장애가 나타나기 전 걸음걸이가 나빠지는 증상입니다. 마치 파킨슨병 환자처럼 보폭이 좁아지고 걸음이 느려지는 증상을 보이는 겁니다. 또한 정신이 맑았다가 흐렸다 해서 '기억력이 좀 나쁘신가?' 하고 걱정하다가 조금 지나면 괜찮아지는 상태가 반복되면서 가족이 이것을 치매로 여기지 않고 다른 병이 있다고 생각해 진단 시기가 늦어지는 경우가 많습니다.

마지막으로, 발병하기 전에 렘 수면장애 증상을 보이는 경우가 많다는 점입니다. 우리가 잠을 자다가 꿈을 꾸면 꿈속에서 말을 하고 뛰어다녀도 몸은 가만히 있습니다. 이는 꿈을 꿀 때 하는 활동을 뇌가 근육으로 전달하지 않도록 차단하는 기능을 하기 때문입니다. 한데 그 차단 기능에 이상이 생기면 꿈속의 생각과 행동이 근육으로 전달됩니다. 이 경우 깨어 있는 사람처럼 생생하게 잠꼬대를 하고 심지어 가볍게 몸부림을 치다가 일어나 앉아 대화하거나 걷기도 합니다.

루이소체병 환자는 발병하기 10년 전부터 이러한 렘 수면장애를 보이는 경우가 아주 많습니다. 대표적으로 유명한 배우 로빈 윌리엄스가 60대에 이 병으로 장기간 고생하면서 루이소체 연구에 기여하다가 사망했지요. "나비처럼 날아서 벌처럼 쏜다"는 말을 남긴 무함마드 알리도 루이소체병의 사촌쯤인 파킨슨 치매를 앓았습니다. 파킨슨 치매도 걸음걸이가 나쁘고 루이소체병이 보이는 환각도 체험합니다. 이처럼 서로 증상이 닮았지만 파킨슨 치매는 항상 걸음걸이부터 나빠져 5~10년을 앓다가 기억력이 떨어지고 환각을 본다는 점이 다릅니다.

다시 말해 파킨슨 치매는 파킨슨병을 한참 앓은 뒤 치매가 오고 루이소체 치매는 치매 증상이 파킨슨 증상과 거의 동시에(1년 이내) 옵니다. 그러나 이 둘은 뇌의 병리조직이 굉장히 닮아 있습니다.

뇌에 혈액이 공급되지 않을 때 발생하는 혈관성 치매

그다음으로 흔한 치매 원인 질환은 혈관성 치매입니다. 뇌는 혈관 덩어리로 뇌가 일을 하려면 수많은 혈관이 뇌세포에 끊임없이 혈액을 공급해주어야 합니다. 여기에 문제가 생기면 뇌세포가 사멸해 제 기능을 발휘하지 못합니다. 그 증상에는 여러 가지가 있는데 대표적인 질환으로는 뇌경색, 피질하 소혈관질환, 뇌내 출혈, 경막하 출혈이 있습니다.

뇌경색은 혈관이 막히는 바람에 혈액이 공급되지 않아 뇌세포가 죽는 것입니다. 그 죽은 부위가 제 기능을 못하면서 치매 증상으로 이어지는 것이지요. 피질하 소혈관질환은 아주 가는 혈관이 점진적으로 막혀 뇌가 전반적으로 하얗게 죽으면서 인지기능이 떨어지는 질환입니다. 피질하 소혈관질환의 경우, 혈관 하나가 막힐 때마다 항상 우리가 새로운 증상을 느끼는 것은 아니지만, 긴 시간을 두고 쌓이게 되면 치매 증상을 보이게 됩니다.

뇌내 출혈은 뇌혈관이 터져 피가 나올 경우 그 피가 뇌 조직을 압박해서 뇌기능을 제대로 하지 못하는 증상입니다. 뇌속 혈관뿐 아니라 어딘가에 툭 부딪히거나 뇌 바깥의 혈관이 터지면서 두개골과 뇌 사이에 서서히 피가 차는 것을 경막하 출혈이라고 합니다. 점점 피가 차면 이것이 뇌를 눌러 뇌기능이 떨어집니다.

피질하 소혈관질환을 제외한 혈관성 치매는 뇌경색이나 뇌출혈이 생기면 기능이 금방 뚝 떨어지는 경우가 많습니다. 그래서 우리가 언제 증상이 시작되었는지 곧바로 알 수 있습니다. 알츠하이머병은 10~20년에 걸쳐 서서히 나빠지므로 20년쯤 지나야 기억력이 나빠지는 걸 느끼지만, 혈관성 치매는 어제까지 괜찮다가 오늘 갑자기 기억력이 뚝 떨어지거나 말을 하지 못합니다. 치료를 잘하면 좀 좋아졌다가 다시 뇌경색 혹은 뇌출혈이 생길 경우 또다시 기능이 나빠집니다. 마치 계단을 내려가는 것처럼 증상이 나빠진다고 해서 '계단식 악화'를 혈관성 치매의 특징으로 봅니다.

이 혈관성 치매를 앓은 유명인 중 대표적인 사람은 처칠 전 영국 수상, 루스벨트 전 미국 대통령, 스탈린입니다. 특히 스탈린은 혈관성 치매 때문에 피해망상이 생겨 다른 사람이 찾지 못하도록 미로 속에 숨어 살면서 부하들을 엄청나게 숙청했지요. 역사서에 나오는 '피의 숙청'은 바로 이 증상 때문에 생긴 것이라고 합니다.

옛날 일은 잘 기억하지만 어제 일은 기억 못하는 경우

1990년대까지만 해도 한국인은 전체 치매 환자 3명 중 1명이 혈관성 치매였습니다. 짜게 먹고 건강관리도 하지 않아 혈관 건강이 나빠지는 바람에 혈관성 치매가 많았지요. 그러다가 지난 20년 동안 건강관리에 관심이 높아지면서 혈관성 치매는 30퍼센트 정도 줄었습니다. 반면 평균수명이 늘어나다 보니 알츠하이머병과 루이소체 치매가 늘어나 알츠하이머병과 혈관성 치매 비율이 1 대 2에서 6 대 1로 바뀌었습니다. 이것은 대다수가 점차 알츠하이머병으로 바뀌어가고 있다는 의미입니다.

치매 환자의 증상은 원인에 따라 어떤 증상이 먼저 나타나는가에만 차이가 있을 뿐 결국 뇌의 어느 부위가 망가지느냐가 증상을 결정합니다. 알츠하이머병의 경우 기억을 담당하는 뇌의 측두엽부터 망가져 다른 부위로 번져가므로 처음에는 기억력만 나쁘고 다른 증상은 없습니다. 그러다가 더 나빠지면 환각이나 파킨슨 증상이 나타납니다. 반면 루이소체 치매는 환각부터 보이고 시간

치매 환자의 대표적인 증상

인지 증상	정신행동 증상
옛날 일은 기억하는데…	아무리 설명해도 소용없네…

신경학적 증상	신체 증상
먹기 싫어 안 삼키는건지…	간단한 일인데 못하네…

이 지나면 기억장애가 나타납니다. 또 전두엽부터 나빠지는 치매는 의심하거나 공격적으로 변하거나 성격이 나빠지는 성격장애로 시작해 기억이 나빠지는 증상으로 진전합니다.

그중 치매 환자가 보이는 기억 증상의 특징 하나만 알아두십시오. 본인이나 가족이 자꾸 깜박깜박하면 불안하니까 괜찮은지 확인하려고 종종 오래된 일을 기억하는지 테스트합니다. 가령 10년 전 가족여행을 갔을 때 본 것을 물어봅니다. 대개 10년 전의 일은 잘 기억합니다. 그러면 기억력에 문제가 없다고 생각해 염려하지 않아도 되겠다고 판단합니다.

사실 초기 치매 환자는 이미 머릿속에 들어 있는 정보를 꺼내 떠

올리는 데는 별다른 문제가 없습니다. 반면 새로운 정보를 머릿속에 집어넣는 것은 아주 힘들어 집니다. 10년이나 20~30년 전 기억은 이미 건강할 때 머릿속에 넣어둔 것이라 잘 기억합니다. 반면 어제 있었던 일은 머릿속에 집어넣지 못해 기억하지 못합니다. 그러니까 치매에 가까운 기억장애인지 아닌지 알고 싶으면 옛날 일은 잘 기억하는데 요즘 일은 잘 기억하지 못하는지 살펴봐야 합니다.

치매 환자는 보통 의심이 많고 고집이 세지고 불필요한 일을 계속 하려고 합니다. 한번 하겠다고 하면 확 꽂힌 사람처럼 외골수로 파고듭니다. 같은 이야기나 행동만 반복하려고 하는 경향도 있습니다. 이때 가족은 대개 '착각하시는구나. 내가 잘 설명해서 그렇게 행동할 필요가 없다고 설득하면 그 행동을 하지 않겠지?'라고 생각합니다. 틀렸습니다. 그런 행동은 대부분 착각이 아니고 확실한 믿음에 따른 겁니다.

예를 들어 어느 시어머니가 자기 서랍에 넣어둔 용돈을 며느리가 가져갔다며 의심한다고 해봅시다. 논리적으로 생각하면 며느리가 어머니에게 쓰시라고 드린 돈을 며느리가 다시 가져갔을 리는 없지요. 그저 어머니의 착각에 불과하지만 그걸 설득해서 이해하게 만들려는 노력은 대부분 실패합니다. 치매 증상이 있는 한 어머니 입장에서는 마치 눈앞에서 본 것처럼 생생한 사실로 여겨지기 때문에 오히려 자신이 의심받는다고 생각합니다. 그럴 때는 가져갔을 리 없다고 설득하기보다 함께 그 돈을 얼른 다시 찾아드리는 방식으로 해결해야 합니다.

병이 진행되면 여러 가지 신경학적 증상이 생기고 몸의 움직임도 나빠집니다. 몸동작뿐 아니라 음식을 삼키는 동작도 나빠져 가족을 당혹스럽게 만듭니다. 입에 밥을 물고 한참 씹으면서 이제 삼키라고 해도 삼키지 않고 계속 물고 있습니다. 옆에서 보면 답답하고 맛이 없어서 그러나 싶기도 하지만 그렇지 않습니다.

우리가 무얼 삼키려면 입 안의 수많은 근육이 박자를 맞춰 움직여야 하는데 그게 여의치 않아서 못 삼키는 거예요. 이럴 때는 우선 밥 숟가락을 작은 것으로 바꿔주는 것이 좋습니다. 한 입에 들어가는 음식의 양을 줄이면 박자에 맞춰 근육을 움직이기가 좀 쉬워져서 음식을 삼킬 수 있습니다. 그래도 어려울 경우에는 음식을 끈적끈적한 죽처럼 만들어서 주어야 합니다. 여기서 더 진행되면 대소변을 가리는 일마저 어려워지고 아예 움직이지 못해서 욕창이 생기는 등 다양한 신체 증상을 겪습니다.

영화 〈스틸 앨리스(Still Alice)〉는 알츠하이머병 환자가 초기부터 중기까지 겪는 증상을 정확히 보여줍니다. 이런 것을 보면 '아, 이 증상이 일상생활에서 이렇게 나타나는구나' 하는 생각이 들 것입니다. 한국드라마 〈기억〉도 증상 고증을 상당히 잘해서 참고할 만한 것이 많습니다. 2019년 방영한 한국드라마 〈눈이 부시게〉도 상당한 주목을 받았지요. 여기서 주인공 할머니가 자신이 젊은 시절을 산다고 착각하고 이미 손주까지 있는 아들에게 "너 언제 장가가? 빨리 장가가야지" 하고 말합니다. 이를 '과거에 사는 경향'이라고 말합니다. 실제로 치매 환자들이 이런 증상을 많이 보입니다.

치매 진단법과 치료법

치매를 진단할 때는 다음 과정을 거칩니다.

일단 전문의가 여러 가지 신체 증상과 병력이 소위 '치매'라고 할 만한 상황에 맞는지 판단하는 진찰을 합니다. 이어 기억력이 얼마나 떨어졌는지 객관적으로 확인하는 신경심리검사를 합니다. 그다음에 혈액검사를 진행하고 머리 촬영으로 수백 가지 원인 질환 중 어떤 종류로 인해 뇌에 치매가 생겼는지 찾아냅니다.

이 검사 중 대표적인 것이 MRI 사진입니다. 가령 정상인의 해마는 꽉 들어차 있지만 알츠하이머병에 걸리면 MRI상에서 해마가 작아진 것으로 보입니다. 이처럼 뇌 MRI 영상은 치매의 원인 질환을 구분할 수 있는 많은 정보를 제공합니다.

그러나 뇌 MRI 영상만으로는 원인 질환을 판단하기 어려운 경우가 많습니다. 알츠하이머병은 뇌에 병이 생기고 나서 증상이 나타나기까지 거의 20년이 걸립니다. 증상이 나타나기 전에 MRI를 찍어보면 뇌가 멀쩡해 보입니다. 뇌 속에 나쁜 단백질이 쌓여 뇌세포를 계속 공격하는 바람에 뇌세포들이 병을 앓는데도 말입니다. 이때 병을 앓아 일을 제대로 하지 못하는 뇌세포가 있는지 확인하는 검사가 PET(양전자 방출 단층촬영)입니다.

PET에는 두 종류가 있습니다. 하나는 뇌세포가 당분을 잘 써서 일을 잘하는지 보는 당 PET고, 다른 하나는 뇌 속에 아밀로이드 베타가 쌓였는지 보는 아밀로이드 PET입니다. 아밀로이드 PET를 찍으면 지금 증상이 없어도 내가 알츠하이머병에 걸릴 가능성이 어느 정도인지 알 수 있습니다. 당 PET로는 MRI상 아직 멀쩡해 보여도 뇌에 치매를 일으킬 기능장애가 이미 생겼는지 알아냅니다. 또한 뇌의 어느 부위가 일을 하지 않는지 찾아내 루이소체병에 가까운지, 아니면 알츠하이머병에 가까운지 진단합니다. 그래서 병원에 가면 치매를 검사할 때 혈액검사와 함께 MRI 촬영을 하고 초기 때는 추가로 PET 사진을 찍는 경우가 많습니다.

치매 치료는 네 종류, 즉 약물 치료, 인지행동 치료, 신경조절 치료, 환경조절 치료를 복합적으로 진행합니다. 이것은 전 세계의 공통적인 표준 치료법으로 이 중 약물 치료는 인지기능을 개선해주는 약을 주로 이용합니다.

간혹 아직 치매는 아니지만 인지기능이 떨어졌으니 뇌 영양제를 섭취해 치매를 예방하는 것이 좋겠다고 권하는 경우가 있습니다. 치매는 이런 약들로 예방할 수 없습니다. 더러는 경증 치매라며 뇌 영양제를 섭취해 증상을 조절하라고 권하기도 합니다. 안타깝지만 이런 뇌 영양제만으로는 치매의 증상이나 경과를 조절하는 것이 불가능합니다. 일단 질병이 있으면 검증받은 치료제를 먹는 것이 맞습니다. 치매를 예방해준다고 검증된 약은 아직 존재하지 않습니다. 진단을 받아 병이 있으면 약을 먹고 병이 없으면 불필요한 약을 먹기보다 예방에 좋은 활동을 하는 게 좋습니다.

또한 공인된 치매치료제 역시 치매를 완치시키거나 진행을 정지시킬 수는 없기 때문에 여러 가지 인지훈련도 해야 합니다. 현재 뇌 활동을 자극하는 전기 치료나 초음파 치료 등을 많이 개발하고 있는데 임상시험을 통과하면 치료에 이용할 수 있을 것입니다. 여기에다 G7을 중심으로 전 세계가 2025년까지 치매 신약을 꼭 만들어내겠다고 연구 중입니다. 혹시 2025년 무렵 신약이 한두 가지 등장하지 않을까 기대하고 있습니다.

사실 치매는 환자 스스로 자신을 컨트롤하는 것이 불가능하므로 가족에게도 교육과 지원이 필요합니다. 환자와 가족이 생활하는 환경을 함께 조절해야 장기간 제대로 치료할 수 있지요. 누가 혼자 전적으로 매달려서 환자를 돌보는 것은 어려우므로 가족이 십시일반으로 돌보는 부담을 나누는 것이 환자와 가족 모두에게 가장 좋은 방법입니다.

중앙치매센터 홈페이지에서는 치매 환자를 돌보는 데 필요한 기본 기술을 익히도록 영화를 제공합니다. 재미있는 영화로 어떻게 돌봐야 하는지 교육하는 자료를 제공하는 거지요. 그 자료를 보면 알겠지만 환자를 중심으로 환자에게 맞춰 돌보는 방식이 훨씬 좋습니다.

치매 위험을 25퍼센트 줄이는 법

그럼 여러분 자신의 상태를 진단해봅시다.

현재 한국인 평균수명이 83세인데 65세 이상은 10명 중 1명, 80세 이상은 4명 중 1명, 90세 이상은 2명 중 1명이 치매입니다. 역대 미국 대통령 중 약 10분의 1인 4명이 확인된 치매 환자였고, 역대 영국 수상 역시 4명이 확인된 치매 환자였습니다.

이것이 우리가 살고 있는 세상입니다. 제가 현재 55세인데 제 나이대 평균수명이 85~90세입니다. 그렇다면 치매에 걸릴 확률이 최소 3분의 1이지요. 누구나 3분의 1 확률로 5~10년간 치매를 앓는다는 얘기입니다. 그러니까 치매는 '나는 피해갈 수 있다'는 방식으로 접근할 수 있는 문제가 아닙니다.

우리는 과연 어떤 노력을 기울여야 할까요? 일단 우리가 노력해서 해결할 수 있는 것은 35퍼센트 정도입니다. 먼저 몸과 머리를 많이 써야 합니다. 또한 좋은 것을 먹으려고 애쓰기 보다는 술, 담배 등 나쁜 것을 하지 않는 것이 더 효과적입니다. 여기에다 다치지 않게 조심해야 합니다. 질환의 경우 당뇨, 비만, 우울증이 치매 위험을 각각 1.5~2배까지 높이므로 주의할 필요가 있습니다. 이런 질환에 걸리지 않는 것이 좋겠지만 일단 걸린다면 반복되거나 심해지지 않도록 관리해야 합니다. 특히 중년부터 노년까지만 잘 관리해도 치매 위험을 4분의 1 정도 떨어뜨릴 수 있습니다.

3·3·3 치매 예방 수칙

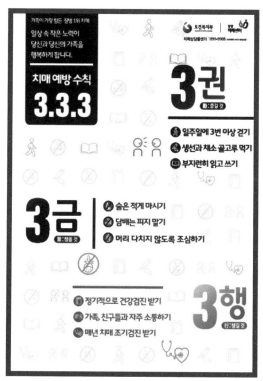

자료: 중앙치매센터

이러한 내용을 잘 요약해놓은 것이 '3·3·3 치매 예방 수칙'입니다. 중앙치매센터에서 치매 예방 수칙을 비롯해 그 각각을 어떻게 실천해야 하는지 도구, 자료, 방법을 안내하고 있으므로 이용하기 바랍니다.

양가 부모 네 분 중 한 분이 치매에 걸릴 가능성은 거의 100퍼센트고 양가 부모 중 두 분이 치매일 가능성도 25퍼센트나 됩니다. 친

부모 두 분이 치매를 동시에 앓을 확률도 약 6.2퍼센트입니다. 만약 집에 치매 환자가 1명 있으면 1인당 연간 2,200만 원의 비용이 듭니다. 이 중 3분의 2는 직접 비용으로 진료비, 약값, 돌보는 비용입니다. 3분의 1은 돌보는 시간과 여러 가지 부대 비용인 간접 비용이지요.

조기에 발견해 꾸준히 치료하면 그렇지 않은 경우보다 8년 동안 시간으로는 대략 7,800시간, 돈으로는 6,000만 원 정도를 아낄 수 있습니다. 치매를 치료하지 않아 중증도가 높아지면 그만큼 약값과 돌보는 비용이 훨씬 더 많이 들어갑니다. 반면 조기에 치료할 경우 그만큼 비용을 절약할 수 있습니다. 대충 계산해도 1년에 한 달 정도 1,000만 원을 들여 휴가를 갈 만한 비용을 절감할 수 있지요.

그래서 그런지 요즘 치매 보험이 인기라고 합니다. 다만 과거에 나온 치매 보험은 중증 상태가 아니면 보험 혜택을 받을 수 없는 경우가 많으므로 약관을 잘 살펴봐야 합니다. 치매 초기부터 돌볼 수 있는 보험일수록 실질적으로 도움이 되겠죠. 혹시 집에 환자가 있으면 1명당 200만 원씩 소득공제를 받을 수 있다는 점도 기억하세요.

치매 이후를 대비하라

치매 판정을 받으면 재산 관리와 신상 관리 측면에서 결정해야 할 것이 꽤 많습니다. 지금은 치매 환자도 본인이 요양원에 가지 않겠다고 하면 강제로 입원시킬 수 없습니다. 가족이 요양원 운영자와 협의해 강제로 입원시키면 처벌 대상입니다. 이런 일을 대비해 의사 결정을 대신해주도록 '성년후견제도'가 있는데 이는 후견인이 환자의 의견을 듣고 이해해 환자 입장에서 최선의 결정을 하도록 하는 제도입니다.

그러니까 미래 치매를 준비할 때는 금전 관리도 중요하지만 의사 결정도 대비해야 합니다. 이것은 가정법원에서 판결을 받는 것이라 절차 비용이 든다는 점도 고려해야 합니다. 저소득층은 전국 치매안심센터에서 공공후견 지원 서비스를 무료로 해줍니다.

현재 전 세계가 치매 환자 증가 때문에 애를 먹고 있는데 한국의 평균 치매 환자 증가 속도가 전 세계보다 2배 정도 빠릅니다. 워낙 고령화 속도가 빠르기 때문입니다. 반면 한국의 생산 인구는 빠른 속도로 줄어 치매 환자를 돌보는 비용을 벌어줄 사람이 급속도로 줄어들고 있습니다. G7 국가는 물론 전 세계 국가수반이 나서서 국가 치매 대책을 수립하고 있지만 아직 한국처럼 빠른 속도로 치매 관련 대책을 세우고 서비스를 갖추는 나라는 없습니다.

중앙치매센터 홈페이지에 가면 '알짜정보 내비게이션' 서비스가 있는데 여기에 나이, 주소, 약간의 경제 상태를 입력하면 여러분이 이용할 수 있는 치매 관련 서비스를 모두 안내해줍니다. 이용 절차까지 상세히 알 수 있지요. 또한 앱 '치매 체크'를 다운받을 경우 모바일로 이들 서비스를 바로바로 찾아보도록 업데이트를 해주므로 이걸 이용하는 것도 좋습니다. 이도저도 모두 귀찮고 골치 아프다면 치매상담콜센터를 이용하세요. 전화번호가 1899-9988인데 이것은 '18세 기억을 99세까지, 99세까지 88하게 살자'는 뜻입니다. 이곳은 365일 내내 24시간 운영하므로 언제든 편할 때 연락해서 치매와 관련된 모든 것을 물어볼 수 있습니다. 치매 어르신을 돌보다가 너무 힘들고 속상한데 이야기할 상대가 없을 때 이용해도 괜찮습니다. 물론 전화는 모두 무료입니다.

우리가 재테크를 하는 것도 나중에 건강하게, 행복하게 쓰기 위해서입니다. 그러므로 치매 없는 건강테크에 신경 쓰고 설령 치매가 있더라도 증상을 경감해 내가 하고 싶은 것을 하며 살아갈 준비를 갖춰야 합니다.

질문　제 어머니가 77세인데 연초에 놀라는 일이 있고 나서 우울증이 치매 초기로 갔다고 하거든요. PET-CT와 MRI로 뇌를 촬영한 결과는 이상 소견이 하나도 없습니다. 인지검사를 하면 20점 정도로 나와서 병원을 세 군데 갔어도 딱 치매라고 이야기하는 병원은 없었고요. 노인성 질환에 따른 우울증 아니면 우울증으로 인한 노인성 질환이라고 하지 치매라고 하는 데가 하나도 없었습니다. 제가 볼 때는 치매 같아서 가는 데마다 어머니를 어떻게 돌보는 것이 좋은지 많이 여쭈어봤어요. 보통 경도 인지장애가 있는 분들을 대상으로 안심센터에서 주간보호센터처럼 운영하며 전문적으로 치료해주는 곳도 있는데 제 어머니는 낯선 곳을 못 견뎌하십니다. 그래서 지금은 친구들과 만나 시간을 보내고 있습니다. 어머니 같은 상태라면 기존에 만나던 분들과 낮에 만나 노는 게 좋은지, 아니면 전문적으로 치료해주는 안심센터 프로그램에 가는 게 좋은지 알고 싶습니다.

김기웅　우울증의 경우 젊은 사람은 괴롭고 불안하고 비관하는 것이 주된 증상이라면 나이가 드신 분은 만사가 귀찮고 힘이 없고 머리가 돌아가지 않는 것이 주요 증상입니다. 우울증이 심해서 마치 치매처럼 기억 점수가 잘 나오지 않을 때를 '가성 치매'라고 부릅니다. 그 가성 치매가 실제 치매를 일으키는 알츠하이머병과 겹쳐 있는 경우도 있습니다. 만약 검사를 해봤는데 확인 가능한 퇴행성 뇌질환이나 혈관성 뇌질환이 나타나지 않았다면 우선 우울증 치료에 더 집중하는 게 좋을 듯합니다. 아직 인지기능이 제대로 돌아오지 않았다면 우울증 치료를 충분히 하지 못했을 가능성이 높습니다.

우울증은 약만으로 치료하기가 어렵습니다. 물론 약이 가장 중요하지만 일찍 자거나 하루 종일 집에서 무료하게 지내면 노인성 우울증이 완전히 나아지지 않습니다. 즉, 초저녁에 자고 밤이나 한밤중에 깨는 생활을 할 경우 우울증 약을 먹어도 우울증 생활에서 완전히 벗어나기 힘들어요. 몹시 괴로운 증상만 좀 가벼워질 뿐이지요. 77세 쯤이면 자기 전 약은 반드시 10시 이후에 먹고 또 늦게 자야 합니다.

낮에 안심센터에 다니는 것도 좋습니다. 특별히 어떤 좋은 것을 하려고 하지 말고 아무것도 하지 않고 멍하게, 무료하게 보내는 시간만 없애면 괜찮아요. 머리에 좋은 어떤 활동을 하려고 너무 애쓰지 않아도 된다는 얘기입니다. 무료하게 늘어져 있으면 보통 TV를 보다가 졸다가 자다가 하거든요. 그런 것만 막으면 됩니다. 요리를 좋아하면 요리를 즐기고 화초나 텃밭 가꾸기를 좋아하면 그걸 해도 돼요. 잠깐 동네에 나가거나 산책을 해도 좋고요. 그러니까 멍하게 늘어져 있는 시간을 없애면서 잠자는 시간을 잘 조절하고 우울증을 치료하며 경과를 보는 것이 좋을 듯합니다.

2020 대한민국 재테크 트렌드

첫판 1쇄 펴낸날 2020년 1월 20일

엮은이 조선일보 경제부
발행인 김혜경
편집인 김수진
책임편집 김수연
편집기획 이은정 김교석 이지은 조한나 유예림 임지원
디자인 한승연 한은혜
경영지원국 안정숙
마케팅 문창운 정재연
회계 임옥희 양여진 김주연

펴낸곳 (주)도서출판 푸른숲
출판등록 2003년 12월 17일 제 406-2003-000032호
주소 경기도 파주시 회동길 57-9, 우편번호 10881
전화 031)955-1400(마케팅부), 031)955-1410(편집부)
팩스 031)955-1406(마케팅부), 031)955-1424(편집부)
홈페이지 www.prunsoop.co.kr
페이스북 www.facebook.com/prunsoop **인스타그램** @prunsoop

ⓒ조선일보 경제부, 2020
ISBN 979-11-5675-809-9(03320)

이 도서의 국립중앙도서관 출판시도서목록(CIP)은 e-CIP 홈페이지(http://www.nl.go.kr/ecip)와
국가자료공동목록시스템(http://www.nl.go.kr/kolisnet)에서 이용하실 수 있습니다. (CIP2020000749)